ロゴスと存在
ヘーゲルの論理思想

概念の主体性

山口祐弘
［著］

LOGOS and BEING
Logical Thinking of Hegel

Subjectivity of the Concept

晃洋書房

目次

序説　論理学の再生と形而上学の復権

序

ヘーゲルは、『論理の学』第一版の序文（一八一二年三月二十二日付）において、論理の学は「本来的形而上学」であり、「世界創造以前の永遠の本質における神の叙述」であると言う。また、それを「純粋な思弁哲学」と規定する。[1] これは、論理学および形而上学の伝統的な観念からしても、またヘーゲル自身の思想的発展の上からも、意外と思われかねない説明である。確かに、人間の思惟の形式と法則を明らかにし誤謬を防ぐ規範学という論理学の通念からすれば、それを形而上学と一体化することは困難である。ヘーゲル自身、イェーナ初・中期（一八〇一～二年、一八〇四～五年）の講義「論理学・形而上学」においては、両者を区別し、論理学をたかだか有限な思惟諸規定を批判して哲学に導くもの、更には形而上学に至るための階梯、弁証法として位置づけていたのである。[2]

しかし、一八〇五、六年に芽生えた「意識の経験の学」の構想を一八〇七年に『精神の現象学』[3]として実現し公刊すると、彼は論理学の役割をこれに譲り、論理学を形而上学と一体のもの、形而上学そのものとするに至る。それは、「純粋な思弁」によって世界創造の原理を解き明かそうという野心的な企てである。その背景には、「一般的論理学」に対して「超越論的論理学」を提唱し、前者が認識の内容を捨象して思惟の形式のみを扱うのに対し、後者は認識と認識の対象の成立に関わる原理の探求であるとしたカントの思想があることは否定すべくもない[4]。しかし、そのカントから見ても、人間の思惟についての反省が世界の原理の解明であるとするのは余りにも性急である。批判哲学の登場以来、思惟と存在の一致を安易に主張することは独断主義への後退と見なされかねない。「存在」の概念は、現象としての世界の事物についてしか適用できず、物自体としての世界に適用することは禁じられる（K.d.r.V.,A598,B626.)[5]。そうである以上、真の存在に迫ろうとする形而上学の意図はすでに拒まれていることになる。

論理学を形而上学と規定するためには、そうした限定を超えて、改めて思惟と存在の一致を語りうる次元を拓かねばならない。思惟と存在の新たな意味と関係を見出さねばならない。それは、形而上学のみならず論理学そのものが変貌し、新生することを要求する。その課題から見れば、カントの批判哲学ですら、近代においてすでに凋落の傾向にあった形而上学に終焉を宣告しただけであったと見なされる[6]。カント自身は形而上学の再興を企てたのであったにせよ、その衰退の原因を見極め、それを真に再生させる道を拓かねばならない。そのため、ヘーゲルは、カントが批判した伝統的形而上学を独自に批判の俎上に乗せ、カントと併せてその欠陥と限界を明らかにしようとするのである。そのためには如何なる論理と論理学が必要とされたか、そして、それはどこに達しえたのか、これを見届けることが本章の課題である。

一　形而上学再建の課題

『論理の学』第一版への序文において、ヘーゲルはほぼ二十五年来哲学的な思考の方法に生じた重大な変化に言及している。それが記された一八一二年から二十五年前と言えば、カントの『純粋理性批判』[7]の第二版が刊行された一七八七年に当たる。それ以後、或いはそれをきっかけに生じた変化とは何であったのか。ヘーゲルは言う。「この時代より前に形而上学と呼ばれたものは、いわば根こぎにされ、学問の系列から姿を消してしまった。かつての存在論、合理的心理学、宇宙論、或いは以前の自然神学ですら、その声はどこかでまだ聞こえようか、また聞かれえようか」（W.d.L.I/1.S.5.）[8]。「一方では以前の形而上学の内容に対して、他方では形式に関して、また両方に対して関心が失われているというのが実情である」（ibid.）。形而上学の衰退と没落、それはヘーゲルの深く憂慮するところであった。そして、その責めはカントにあると思われた。「カント哲学の公共的な学説——悟性は経験を飛び越えてはならない。さもなければ、認識能力は、単独では幻想しか生まない理論理性となるだろう——は、思弁的な思惟を断念することを学問の側から正当化した」（ibid.）。そうした学説が、直接的な必要事にしか眼を向けず訓練と実践的教養のみを重視する時代の要求に合致するものとして歓迎されたのである。学問と常識が形而上学の没落に手を貸したのであった。

こうして、実生活に役立つ教養は備えているものの形而上学を持たない国民が出現することとなった。ヘーゲルは、このように「形而上学を持たない教養ある国民」を見るという事態を「奇妙な光景」と表現する（ibid.S.6.）。だが、同時に新たな胎動が始まっていることにも彼は注目する。新しい創造が開始されており、その発酵の時代はもう過ぎ去っているとも言う。そして、今やそれに学問の形式を与えることが課題であると考えるのである。

とはいえ、形而上学はこうした動きの中で取り残されている。その廃墟の上に立って、「本来的な形而上学」（die eigentliche Metaphysik）を構築することが、ヘーゲルの念願とならざるをえない。ヘーゲルは、イェーナ時代初・中期形而上学を論理学とともに講じてきた。論理学を形而上学への導入部門と位置づけ、有限な思惟諸規定を止揚して形而上学に導く役割を与えたのである。だが、自然的意識を学に導く「意識の経験の学」の構想を抱き『精神の現象学』として公にするにいたって、その役割を同書に委ね、論理学を形而上学と一体のものとするに至る。そのためには、論理学そのものの改革がなされなければならない。ヘーゲルはそれを「純粋に思弁的な哲学」（die rein speculative Philosophie）と規定することになる（ibid.S.7.）。こうして、カント以後の動向を見据えながら、ヘーゲルは形而上学を論理学として構築することを自らの課題とするのである。

だが、カントをこのように形而上学の破壊者とのみ断ずるのは、一方的であろう。カントこそは、近代思想の中で形而上学が懐疑に曝され、危機に直面していることを憂慮し、その可能性を追求した哲学者に他ならなかったのである。カントは、その危機に至る歴史を次のように記述している（K.d.r.V.,AIX.）[9]。（一）最初形而上学は独断論者の統治のもとにあり、専制的であった。（二）だが、その立法は古代の野蛮の面影をとどめていたために、内乱を生ずる有様であった。（三）そして、それは完全な無政府状態に移行した。（四）そこに生まれたのは懐疑論であり、それらは時として市民的団結を分裂させた。（五）だが、その数は僅かであり、独断論を根絶することはできず、形而上学の再興の企てを妨げることはできなかった。（六）ロックは『人間知性論』によってそうした状況に終止符を打とうとしたが、効果はなく、一切は再び独断論に陥っていった。しかも、虫食いだらけの有様であった。（七）この結果、この学の軽視と倦怠及び無関心が支配するようになった。こうして、混沌と闇夜が地を覆うようになったのである。

　カントがこうした歴史的記述にとどまったならば、彼はまさしく形而上学の検死者となっただけであろう。だが、彼は絶望に陥ることをよしとはしなかった。むしろ、他の学問（論理学、数学、自然科学）に並ぶ学問的知としての形而上学の確実性を希求し、学としての形而上学の可能性を明らかにすることを自らの使命としたのである。「学としての形而上学は如何にして可能か」（ibid.,B22.）を解明すべく、彼は『純粋理性批判』を執筆したのであった。カントこそは、ヘーゲルに劣らず、形而上学の現状を憂慮し、その再生を願い、それを促そうとした哲学者に他ならなかった。

　だが、そのために彼が行ったのは、まず人間の知性の能力を精査し、その限界を見極める一方、伝統的な形而上学の混沌の根源を見極め、そこで跋扈している思惟の専横を暴き、不可知なものを可知的とする誤りを正し、能力を超えた独断的思弁を停止させることであった。現象（Erscheinung）と物自体（Ding an sich）を峻別し、理論的な認識を現象のそれに制限し、物自体に言及することを禁止したのである。それによって、彼が一旦形而上学の破壊者となったことは事実かもしれない。しかし、このように知の及ぶ範囲を限定し、知を廃棄することは、行為の自由、実践の領域を確保することに通じていた。実践の場において、形而上学的主題、意志の自由、霊魂の不滅、神の存在を要請し信仰することは可能であるとされた。理論的形而上学は断念される代わりに、実践の形而上学は懐疑を超越したものとして承認されることになるのである。[10]

二　カントの形而上学批判

ヘーゲルがカントを形而上学の破壊者と認定した時、こうした実践の形而上学をも視野に入れてのことであっただろうか。それを否定することは難しい。理論的認識が及びえず懐疑すら届きえない主題であるとはいえ、実践の条件として自由、不死、神を要請し（postulieren）信仰する（glauben）というだけでは、主観性という烙印を押されかねない。のみならず、それは理論的な認識活動から切り離されたままである。カントが理論と実践の間の橋渡しを試みたことも事実である。だが、それも実践理性の優位のもとに理論的研究に指導的理念を与えるというだけのことであった。研究はそのもとで新しい発見を期待できるとしても、その成果は自然界の機械的な仕組みを果てしなく暴いていくことにとどまるのである。[11]

ヘーゲルはこうした結論に満足すべくもなかった。抑も、理論と実践を分離することも、認識の確実性を保障すべく、それを現象界に限定し、物自体を不可知とすることから来るものである。カントはこれを超越論的観念論（transzendentaler Idealismus）と呼び、主観的・独断的観念論（バークリ）や蓋然的観念論（デカルト）から区別し、しかも経験的実在論（empirischer Realismus）に撞着するものではないとしたのだが（K.d.r.V.,B274.）、物自体を想定することによって人間存在を有限性の次元に押しとどめ、理論的活動も実践的活動も無限なもの、絶対的なものに到達することはできないとしたのである。

ヘーゲルは、その根本的な原因を、物事を対立的分析的に見る悟性的反省に帰した。そうした反省（Reflexion）が主役を担う哲学を「反省哲学」（Reflexionsphilosophie）と呼び、カント、フィヒテ、ヤコービにその典型的なあり方をい。

見出したのである。[12] そして、その概念をデカルト以来の近代哲学全体に及ぼすこととなった。こうして、ヘーゲルはカントのみならず近代哲学、更には近代文化総体を対決すべき対象と見なすに至るのである。反省の支配を脱し、反省哲学を超克して有限と無限の断絶を埋め、有限から無限に至る道を開拓し、両者の統一を可能にしなければならない。

そのためには、超越論的観念論の前提となっている物自体の概念を解消しなければならない。カントの批判哲学に対して、ヤコービは「人は（物自体の）前提がなければカント哲学に入ることはできず、その前提があるかぎりそこにとどまることはできない」[13]と記したが、それは、知に限界が設けられるかぎり、人間精神はそれを超えていこうとする衝動を持つことを表明しているものと解される。物自体の概念の克服がカント以後の課題となるのである。

だが、それは無批判的、独断的になされるわけにはいかない。ヘーゲルが選んだ道は、むしろ超越論的観念論の思考様式を活かすことによって物自体の概念そのものを思惟のうちに取り込むことであった。すなわち、およそ知の対象とは、知が自ら構成したものに他ならないという思想によってである。それは、認識者が対象の周りを回るのではなく、対象が認識者の周りを回るとした認識論におけるコペルニクス的転換の成果であった。もとより、対象の構成には感性（Sinnlichkeit）と悟性（Verstand）の協働が必要である。感覚的与件たりえない物自体をこの意味で構成することはできない。そのため、物自体はただ思惟されるだけである。ヘーゲルはそれを思惟物（Gedankending）と呼ぶ。[14] しかも、感性的内実を欠く「空虚な」思惟にすぎないものとしてである。それは、まさしく、思惟が知や感性を超えたものとして思惟したものにすぎない。こうした知の彼岸にあるとして思惟されたものが思惟のうちに回収されることになるのである。

但し、これによって思惟一元論が確立されるわけではない。知にとって感性という条件が不可欠である以上、思惟が全権限を掌中にしているとは言えない。だが、ヘーゲルは感覚的なものはそれ自身の弁証法によって自己を止揚し、思惟をその根拠とせざるをえないという必然性を説く。[15] これによって思惟の優位が明らかになるのである。思惟はこうして物自体からも感性からも自由になる。そうして、カントが設けた限界を超えるものとなる。そして、その究極に、思惟と存在の一致ないし思惟もしくは知こそが存在であると主張できる次元が拓かれる。

その次元に立って見る時、カントの形而上学批判はどのように見えるであろうか。およそ、カントが前批判期に学び批判の対象と見なすに至った形而上学は、ヴォルフ学派によって組織され体系化されたものであった[16]。それは、一般的形而上学たる存在論（Ontologie）、特殊的形而上学たる合理的霊魂論、合理的宇宙論、合理的（自然的）神学に分かれていた。アリストテレスの第一哲学（後に形而上学 metaphysica と呼ばれる）に連なる存在論の主題たる「存在」（Sein）について、カントは、存在とは主観による対象の措定（Position）のことに他ならないとした（K.d.r.V.,A598,B626.）。「措定」とは、前述の通り、感性と悟性の協働によって対象を構成することであり、経験することと同義である。そして、そこで措定されたものは、感性的規定を持った現象に他ならない。すなわち、カントは「存在」の概念の適用を感性的事象、現象に限ったのである。それは、カントの経験主義・現象主義的側面の表明であった。そこから、感性的与件と関わりのない概念と存在は無関係であり、概念のみから存在を導き出すことは不可能であるということが帰結する。それは、神学の核心をなす神の存在の存在論的証明に対して決定的な打撃となるとカントは考えるのである（ibid.,A596f.,B624f.）。

宇宙論において発生する二律背反（Antinomie）をカントは二通りの仕方で処理する[17]。数学的二律背反たる第一、第二二律背反は、物自体たる世界の全体ないしその構成要素について一義的な規定を要求することから生じる抗争であり、カントはいずれの主張も非とすることによって斥ける。力学的二律背反たる第三、第四二律背反に関しては、それぞれの主張の妥当する領域を物自体と現象に振り分けることによって、いずれをも限定的に容認する。それは、まさに物自体についての判断を中止して対立から逃れるか、物自体と現象の区別を用いて両主張の直接的衝突を避けようとするものに他ならない。

霊魂論をめぐっては、彼はその中に推理の誤謬のあることを指摘し、何よりも霊魂すなわち自我の実体化と不滅性の主張を斥ける（ibid.,A348～351, B406f.,410f.,414f.）。自我とは、すべての表象に付き添い、それらを統覚する機能以外の何ものでもない（ibid.,A345f.,B403f., A98～107,B136～139.）。ここにも彼の経験主義、現象主義の一面が示されていると見なされる。

ヘーゲルからすれば、そうした現象・経験界への自己限定と現象・物自体の二元論によって対立を回避しようとすること自体が問題となる。その根底にはより大きな対立が横たわっているのであり、この対立を止揚することが肝要であると見なされるのである。

三　悟性形而上学の克服

カントの形而上学批判に対してヘーゲルは随所で反批判を行う。まず、存在は措定であるとするカントの存在テーゼは、有限なものの存在についてのみ当てはまるものであり、無限なものには適用できないとする。それによって存在論的証明を論駁しようとしても、それは却って無限なものの思索を断念し、思惟を有限なもののそれに限定することに他ならない。それは、カントの思索そのものの限界を告白することになる。百ターラーの銀貨という有限なものを例として概念と存在の分離を説明し、概念から存在を導く存在論的証明は不可能であるとするカントの批判は、無限なもの、神には当たらない。むしろ、神を存在と不可分なものとし、概念と存在（実在性）が一致する次元に到達することが肝要である[18]。『論理の学』はそれをこそ課題として執筆され、全体として神の存在証明を目指すものと見なされもするのである。

宇宙論における二律背反について見れば、ヘーゲルは数学的二律背反たる第一、第二二律背反を有限と無限の概念の対立と関係の問題に帰着させる。カントの解決策は、その対立を思惟する主観の誤謬として主観の責めに帰し、宇宙そのものから対立を除去するとともに、それをめぐる思考を中止させるというものであったが、ヘーゲルは対立は解決されないままに主観のうちで存続すると言う。重要なことは、有限と無限の統一、有限を宿す無限、真の無限の概念をわがものにすることである。[19]

力学的二律背反とされる自由と必然性の対立（第三二律背反）をめぐっても、ヘーゲルはその両概念を統一することを目ざす。[20] また、「絶対的必然的存在者」（das absolut notwendige Wesen）の有無をめぐる対立（第四二律背反）に対しては、本質論における「絶対的必然性」（die absolute Notwendigkeit）の概念がその答えに当たると見なされよう。[21]

霊魂論のテーマ、霊魂不滅の議論に対するカントの批判についても、ヘーゲルは量すなわち内包量（die intensive Größe）の概念を用いて可滅性を主張することを妥当でないとして斥ける（W.d.L.I/1.,S.216.）。[22]

このように、ヘーゲルは、カントの形而上学批判を批判して独自の立場を確立しようとするのである。彼は目指す形而上学を「本来的形而上学」（die eigentliche Metaphysik）と呼ぶ。この言葉は、超越論哲学を経験の対象になりえないものに適用することとしてカントが消極的に用いたものであったが、[23] ヘーゲルはそれを肯定的に用いるのである。その要点は、対立に囚われた思考を解放して、対立しあうものを統一的に捉える思惟を開拓することにある。

ヘーゲルはそれを「思弁」（Spekulation）と呼ぶ（Enzy., §82.）。そして、目指すところの「本来的形而上学」を「純粋に思弁的な哲学」（die rein spekulative Philosophie）と言い換える。[24]「純粋に」とは、自然や精神といった限定された存在者、実在的なもの（das Reale）を扱うのではなく、概念そのものを考察することを言い表すものであろう。そうであるとすれば、「純粋思弁的哲学」とは、諸概念を思弁的に、すなわち孤立的にではなく統一的に捉える思惟と定義されよう。

そうした「思弁」を、ヘーゲルは、「論理的なもの（論理的思惟）」（das Logische）の三側面の一つとして説いた。三側面とは、（一）抽象的・悟性的（abstrakt, verständig）、（二）否定的理性的・弁証法的（negativ-vernünftig, dialektisch）、（三）肯定的理性的・思弁的（positiv-vernünftig, spekulativ）側面のことである（Enzy., §79～82.）。もとより、これらの側面はそれぞれ独立にあるというのではなく、それ自身統一のうちにあるとされることが重要である。

第一の面は、同一律A＝A、矛盾律A≠非Aに従って物事を捉えようとする思惟であり、それによるかぎり物事は抽象的孤立的にあるかのように理解されることになる。しかし、矛盾律は、「AはAである」（A＝A）と言う時には、非Aがすでにともに考えられていることを示している。Aに対してその否定を遂行し、一旦非Aに移行してそこから還帰する形でAを定立するという運動を表現しているのである。Aを思惟する思惟はその否定、非Aへと移行せざるをえない。この移行を、ヘーゲルは「弁証法」（Dialektik）と呼ぶ。一切の思惟規定はその反対に移行する。これに対し、反対に移行したものを更めてもとのものとの関係において捉え、Aと非Aを統一されたものとして捉えることが「思弁」（Spekulation）なのである（ibid., §82.）。

この見地からすれば、カントの批判哲学と形而上学批判は徹頭徹尾悟性的側面に立って行われていることになる。すでに「批判」（Kritik）という言葉が、このことを示していると言えよう。批判とは「切り分ける」（κρίνω）というギリシア語に由来するものであり、本来一体であるものを分断する働きに他ならないからである。それによって、悟性は感性に、概念は感覚的多様に、物自体は現象に、理論は実践に対立させられるのである。

カントはそうした観点から直近の先達ヴォルフ学派の形而上学を批判したのである。だが、ヘーゲルはカントをもヴォルフ学派をも超えて近代形而上学の総体を視野に入れ、その特徴を描きだそうとする。すなわち、彼は「哲学史講義」において、デカルト、ホッブズ以後、バークリの観念論やヒュームの懐疑主義が出現するまでの時代を「形而上学の時期」（die Periode der Metaphysik）と呼び、その本質を見定めようとするのである。[25]

彼は、そうした以前の形而上学の前提として、「自己のうちと自己に対する思惟の対立」（Enzy., §26.）のあることを指摘する。「哲学は、思惟の原理を世界の原理と見なす。世界の中のすべては思惟によって規制されていると言うのである」（G.d.Ph.III.S.123.）。それは、カントが独断主義（Dogmatismus）と呼んだものに他ならない。そして、それは、近代に限らず、およそ太古以来の形而上学の前提であり、論理学と形而上学を繋ぐものであったとも言える。「論理学」を「ロゴスの学」と解し、ロゴスを世界の理法とするならば、「論理の学」はすなわち世界の理法の研究であり、形而上学に他ならないことになるからである。このことは、或る意味ではヘーゲルについても言えることである。彼が

「論理学」を敢えて〈Logik〉一語ではなく、〈Wissenschaft der Logik〉と表現したことの意図は、世界の原理としてのロゴスの研究を遂行することにあったと解することができる。そうするならば、それを「本来的形而上学」と呼んだことの意味も理解されるかもしれない。

だが、以前の形而上学における思惟とは如何なるものであったのか。それは「自由で客観的な思惟」と言えるものではなかった、とヘーゲルは言う。なぜなら、「それは、客観を自己自身に基づいて自由に自己規定させるのではなく、それを出来上がったものとして前提するからである」(Enzy., §31.Zusatz.,S.98.)。「形而上学はその諸対象を表象の中から拾い上げ、それらを出来上がった所与の主語として根底に置く」(ibid., §30.S.97.)。そして、それに述語を付与することによって、それらが何であるかを言い表すのである(ibid.)。それは、判断(Urteil)を下すことである。だが、そのことによって、真なるもの、具体的なものは表現されえなくなる。判断は、その形式によって一面的であり、そのかぎり虚偽なのである(ibid.)。

のみならず、それは「有限な諸規定の本性に従って、二つの対立的な主張のうち(……)一方は真であるが、他方は偽に違いないと考えざるをえなかった」(ibid., §32.)。それは、古代のスケプシス主義者たちが哲学に冠したのと同じ意味で独断的(dogmatisch)と呼ばれるべき態度である。「いかなる哲学も規定(限定)された命題を定立するだけだからである」(ibid., Zusatz.)。一層狭い意味の独断論の本質は、一面的な悟性規定が、対立する規定を排除した上で固持されることにある(ibid., Zusatz.)。

この意味で、形而上学は悟性の側面にとどまっているのであり、本来悟性的(verständig)と言うべきものである。そこから、「悟性形而上学」(Verstandesmetaphysik)という呼称も生まれることになる。「悟性形而上学の本質は、一面的な思想諸規定を孤立させたままで固持する点にある」(ibid., Zusatz.,S.99.)

こうした悟性規定は、弁証法によってその反対規定に移行することが明らかにされ、その反対との統一において理解されなければならない。そうすることによって、真なるもの、思弁的なものが獲得されることになる。それは、「そうした一面的な規定を自己において持っておらず、それによって尽くされるわけではない。そうではなく、全体として、それらの規定を結合された形で自己のうちに含むのである」(ibid.)。そこに、ヘーゲルは勝義の「観念論(イデアリスムス)」(Idealismus)を見る[26]。それは、「全体の原理を有しており、抽象的な悟性規定の一面性を覆い包むものとして自己を示すのである」(Enzy.. §32.Zusatz.)。その観念論は、バークリ流の主観的観念論は言うに及ばずカントの超越論的観念論をも超えたものである。現象と物自体、主観と客観の対立をすら超えたものでなければならない。「有限なものを真なるものとして認めないという点に、イデアリスムスの本質はある」(W.d.L.I/1.S.142.)[27]とヘーゲルは言う。もとより、それは、思惟と存在の一致を素朴に前提する独断論に後退するものではありえない。対立を踏まえて統一を確認するのが思弁なのだからである。

ヘーゲルは「形而上学とは実体に向かおうとする傾向(Tendenz zur Substanz)である」[28]とも言う。以前の形而上学が悟性形而上学であったとするならば、本来的な形而上学はこの傾向そのものを止揚するものでなければならない。彼は『精神の現象学』において、真なるもの(das Wahre)を実体として捉えてはならないと言う。「真なるものを実体としてではなく、それに劣らず(eben so sehr)主体(Subjekt)として捉え表現することに一切は懸かっている」[29]と言うのである。このいわゆる実体─主体テーゼは、真理を不動のものとする静止的真理観に対して、動く主体として捉える動的真理観を対置したものと言える。それは「あるものはある」としたパルメニデスに対して、「万物は流転する」としたヘラクレイトスの真理観への接近を表している。事実、右のテーゼには、パルメニデスの存在(ἐόν)[30]、スピノザの実体(substantia)[31]、そしてシェリングの絶対的同一性(無差別)(die absolute Identität, Indifferenz)[32]への批判が含まれている。諸々の規定を自らのうちで発現させ、それを再び回収する運動の主体として真なるものを理解すべきだとしているのである。

四　主観的（主体的）論理学の本来性

そうした主体を、ヘーゲルは「概念」（Begriff）として語る。「概念論」こそは、主体（主観）的論理学（die subjektive Logik）と呼ばれるように、主体のあり方が開示される場である（W.d.L.II.）。「概念論」に先立つ「存在論」と「本質論」は、併せて「客観的論理学」（die objektive Logik）と称されるが、「本質論」の最終部が「実体性の関係」（das Verhältnis der Substantialität）（W.d.L.I.S.394.）を経て主体の概念を導く形になっていることは、まさしく右のテーゼがこの箇所で論証されていることを物語っていると言えよう。

そこにおいて、実体は、即自的には「一切の可能性と現実性を自己のうちに含む絶対的な本質」であり、対自的には「自己自身にのみ関係する否定性としての同一性」（die Identität als die sich nur auf sich beziehende Negativität）であると規定される。ヘーゲルは後者を「絶対的な力」（die absolute Macht）と言い換える。それは、自己を区別して「能動的な実体」（die aktive Substanz）と「受動的な実体」（die passive Substanz）とに分かれる。前者は後者をその制約として前提し、それに関係する。すなわち、それを止揚し、それを自ら措定する。これによって、能動的な実体は「原因」（Ursache）という意味を持ち、受動的な実体はこの原因の「結果」（Wirkung）を受け入れるものとなる。だが、そうすることで、それ自身原因、力、活動性となる。こうして、原因は結果、結果は原因となって、それ自身の反対（das Gegenteil ihrer selbst）に転化し、互いに同じものになる。そこから、原因と結果、能動的実体と受動的実体の区別は仮象であったことが明らかになり、止揚される。実体は区別されたあり方から自己自身に還帰し、絶対性を回復する。ヘーゲルはこれを無限なものの自己自身のうちへの反省（Reflexion）と呼び、「実体の完成」（die Vollendung der Substanz）とする。こうして実体の真理が明らかになり、「概念」（Begriff）と呼ばれることになるのである。それは盲目的必然から解放された「自由」（Freiheit）の境位にあるとされる。そして、それが「主体」（Subjekt）と名づけられるのである（W.d.L.II, S.14.）。

ヘーゲルは概念論すなわち主観的論理学に先立つ客観的論理学を〈Ontologie〉と言い換えている。[33]〈ontologia〉は、十七世紀にアリストテレスの〈metaphysica〉と同義の語として、デカルト派の一人クラウベルクによって採用されヴォルフ学派に伝わったものとされる。[34]だが、それは、ヴォルフ学派においては、「一般的形而上学」〈metaphysica generalis〉の別名とされ、「特殊的形而上学」〈metaphysica specialis〉、霊魂論、宇宙論、神学から区別されることになった。[35]カントが踏襲したこの分類に従うならば、〈Ontologie〉は特殊的形而上学を含まず、形而上学一般の別名とすることはできない。だが、ヘーゲルが客観的論理学において霊魂、宇宙、神に言及していることは、先に見られた通りである。とすれば、ヘーゲルは〈Ontologie〉を形而上学全体の別称として用いていると解して差し支えないことになる。

だが、こうして〈Ontologie〉が伝統的形而上学と重なるとすれば、客観的論理学、〈Ontologie〉と区別された主観（主体）的論理学、概念論の意義と地位はどうなるのか。それが「実体への傾向」たる以前の形而上学を止揚したものだとすれば、ヘーゲルの真意はそこにこそ見出されるべきことになる。すなわち、ヘーゲルの追求する本来的形而上学の「本来性」は主観（主体）的論理学、概念論にこそ見出されるべきなのである。

では、概念とは何か。ヘーゲルは「概念の概念」を提示して、「概念とは、こうした自己自身との同等性として、普遍的なものである。とはいえ、この同一性はまた否定性という規定を有している。同一性は自己自身に関係する否定ないし規定である。従って、概念は個別的なもの（das Einzelne）である」（W.d.L.II,S.16.）と言う。[36]それは、「自己に関係する否定性」（die sich auf sich beziehende Negativität）と要約される。

概念が自己との同等性（die Gleichheit mit sich）と表現される時、それは非同一性（Nichtidentität）を排除した同一性（Identität）であると解されがちである。だが、そう解されるならば、それは、一の規定性とされていることになる。それは対立から自由な普遍性であろうとしながら、却って規定されたものである。同一性には自己自身を否定するという否定性が付きまとっている。それは、この否定を再度否定して自己を回復せねばならない。その運動の構造を言い表すのが、「自己に関係する否定性」という表現なのである。ヘーゲルはそれを「個別的なもの」と呼ぶ。

彼はこうした概念の構造を「自我」（Ich）ないし「純粋な自己意識」（das reine Selbstbewußtsein）のうちに見る。そして、それをカントの「超越論的統覚」（die transzendentale Apperzeption）に結びつける。それは、次のような本性を持つ。「自我とは、第一に、自己自身に関係するこの純粋な統一である。だが、直接的にそうだというのではなく、一切の規定性と内容を捨象し無制限な自己同等性へと還帰するかぎりにおいてである。従って、自我は普遍性（Allgemeinheit）である。それは統一である。だが、捨象する働きとして現れるあの否定的な振る舞いによってのみ自己との統一なのであり、それによって一切の規定されたあり方を解消されたものとして含む統一に他ならない。第二に、自我はまた直ちに自己自身に関係する否定性としての個別性（Einzelheit）であり、絶対的に規定されたものであって、他者に対立し他者を排除するものに他ならない。それは、個体的な人格（die individuelle Persönlichkeit）である。右の絶対的普遍性は直ちにまた絶対的な個別性である。それだけであるということは、端的に措定されてあることであり、措定されてあることとの統一を通してのみそれだけであるということである。こうした普遍性やこのような仕方でそれだけであるということのみが、概念としての自我の本性なのである」（ibid.,S.17.）。

自我のこうしたあり方からカントの超越論的統覚の働きも導かれる。「対象を把握するとは、実際には、自我が対象をわがものとなし、それを貫き、自我固有の形式すなわち直ちに規定性である普遍性、直ちに普遍性である規定性にもたらすことに他ならない」（ibid.,S.18.）。それが「統覚の根源的総合」の働きである、とヘーゲルは言う。従って、「概念はア・プリオリに総合であり」、「規定性と区別を自己自身のうちに含んでいる」（ibid.,S.23.）。概念は、「一切の規定性の根拠である」（ibid.）。それは、カントの意に反して、「直観的知性」（intellectus intuitus）[37]に近づけられる。それによって、カントは「思弁的で真に無限な概念の端緒」を与えたと評価されるのである（ibid.）。

ヘーゲルは、カントが峻別した感性（Sinnlichkeit）と悟性（Verstand）という二つの能力を概念に一元化する。カントにおいては、感覚は悟性に先行する制約であり、決して悟性に吸収されることはありえない。しかし、ヘーゲルからすれば、感覚は、概念が感覚の弁証法と虚無性からその根拠として発現するという意味で制約なのであって、概念がそれらの実在性によって制約されているという意味においてではない[38]。

逆に、概念について言えば、「形式的な抽象態においてある概念は不完全なものとして示され、それ自身のうちに基礎を持つ弁証法によって実在性（Realität）に移行する。（……）それも、概念が実在性を自己のうちから生み出すように移行するのである」（ibid.,S.24f.）。概念にはその抽象性を超える運動が備わっているのであり、実在性を持つことなしには概念ではありえないことになる。「実在性」（Realität）とは「規定された存在」（das bestimmte Sein）のことである。概念が真に普遍的なものであるとするならば、かかる実在性を包摂していなければならない。のみならず、それを自己の規定として生み出すのでなければならない。その意味で、それは実在性との統一なのである。

こうした概念と実在性の統一（die Einheit des Begriffs und der Realität）は、「理念」（Idee）と呼ばれる（ibid.,S.176.）。その最初の段階、直接的な理念は「生命」（Leben）である（ibid.,S.179.）。それは「自己の客観性から区別され自己のうちで単純さを保ちつつ、自己の客観性を貫き、自己目的として客観性のうちに自己の手段を有し、それを自己の手段として措定するが、この手段に内在していて、そこで実現され自己と同一となっている目的である概念」（ibid.,S.177.）である。それは、「絶対的な普遍性」に他ならない。そこには、概念即客観、目的即手段という構造がある。

そして、こうした統一を確認することに、認識（erkennen）と行為（handeln）の役割があるとされる。「認識する者は自らの概念のうちに客観的世界の全本質を有している。その過程は、客観的世界の具体的な内容を概念と同一なものとして自己に対して措定し、また逆に概念を客観性と同一なものとして措定することである」（ibid.,S.199.）。そこに真の理念が成立する。だが、認識においては依然として対立が前提されている。「概念の対自存在には、自体的にある世界という前提が対立している」（ibid.,S.220.）。この対立の故に、認識する働きは「与えられたものを受け取り理解する（empfangen, auffassen）」という態度を取る他はない。だが、そのことによって、概念が与えられたもののうちに自己自身を見出すということはない。対象はあくまで外在的で、概念によって規定されていない素材という面を残すのである。

この亀裂は、実践、行為によって埋められる他はないと考えられる。認識においては、主観は普遍的だが自体的には無規定なものとして現実に対する。これに対して、行為は主観のうちにある規定を客観的なものとし、規定された普遍性を生み出そうとする。そうして、概念に等しい個別的外的現実を生みだすのである。こうした現実が「善」（das Gute）と称されるものに他ならない（ibid.,S.231.）。それは、概念の自己規定態として特殊なものであり、しかも概念との同一性を保つものとして無限な個別性である。

しかし、こうした善も有限性の運命を免れない。それは、主観的な目的に存在が与えられたものだが、この存在は偶然的で壊れやすい。独自の運行をなす客観的な世界が依然として前提にあり、障害となるからである。そのため、善は「当為」（Sollen）にとどまらざるをえない（ibid.,S.233.）[39]。「なお二つの世界が対立しあっている。一方には、主観の国が透明な思想の純粋な広がりのうちにあり、他方には、客観性の国が多様な現実性の境位にある。後者は未開の闇の国に他ならない」（ibid.,S.233.）。この対立が克服されないかぎり、善は完成されない。問題は、客観性の国が真の国であるという意識が欠如していることである。それは、「実践的理念（die praktische Idee）には理論的理念（die theoretische Idee）の契機が欠けている」と言い表される（ibid.）。それ故、「善」の理念は「真」の理念」に補完物を求めなければならない。客観的世界と主観的意志のいずれかを絶対化するのではなく、主観的なものと客観的なものがともに理念であり、同一であることを確認することが肝要である。そうすれば、「同じものによって同じものを知る」（エンペドクレス）[40]と言える境地が得られ、行為は、真なる世界において真なるものを顕彰すること、自体的にあるものを顕在化させることという意味を持つことができる。そこに、真と善の統一が認められる。それは、あるものをあるがままに捉えあらしめることと言い換えられよう。自由で自在でありながら、必然性に逆らうことがないのである。必然性と自由のこの統一には、親鸞の説いた「自然法爾」に近いものがあろう[41]。ヘーゲルは、それを「絶対的理念」（die absolute Idee）と呼び、「真なる存在者」（das wahrhafte Seiende）、「不変の生命」（das unveränderliche Leben）、「自己を知る真理」（die sich wissende Wahrheit）、「一切の真理」（alle Wahrheit）と言い表す。そして、そこに「哲学の唯一の対象と内容」を認めるのである（W.d.L.II.S.236.）。

そこには、哲学と対象の対立はもはやない。「自己を知る真理」として対象たる真理は、知の契機をすでに含んでいる。真理は哲学知の主体そのものであり、この主体が自己を知ることが真理の開顕なのである。知と行為の統一的主体として真理はあり、また自己を認識する。そのような主体として、概念は再び「人格」（Persönlichkeit）と同一視される。「自由な主観的概念は自覚的であり、人格を有する」[42]。しかも、それは、一切の規定性を廃棄するのではなく、それを自己の規定、特殊化として含む普遍者であり、様々な形態のうちに自己を認める。それは、「人（Person）としては不可分なアトム的主観性であるが、排他的な個別性ではなく、普遍性であり認識であることを自覚しているのであって、その他者のうちに自己自身の客観性を対象として持つのである」（ibid.）。

こうして、ヘーゲルが「本来的形而上学」と呼んだ『論理の学』が目指した地点がどこであったかが明らかになる。それは、真と善の統一としての「真にあるもの」を究極の目標とするのである。「純粋存在」（das reine Sein）から始まって「真の存在者」に至る『論理の学』の全行程は、広義の存在論と見なして差し支えないだろう。それは、「世界創造以前の永遠の本質における神の叙述」という神学的な響きを残してはいる。だが、それは自我を滅却して超越的な神の観想に耽るのではなく、カントの「超越論的統覚」および実践的主体たる自我、その意味での概念を対象とするという点で、人間学化された神学である。そこにすぐれて近代の立場が認められる。カントは伝統的な存在論を「超越論哲学」に転換させた[43]が、ヘーゲルはその転換を踏まえつつ、その主観性を止揚し、自らの「本来的形而上学」へと発展させたのである。

注

（1） G.W.F.Hegel, *Wissenschaft der Logik*, I/1., Stuttgart/Tübingen 1832, in: GW.,21., Hamburg 1985, S.7. 「本来的形而上学」という

表現はカントに先例が認められる。彼は「存在論」を経験によって確証される限りの諸対象に向かうすべての悟性概念と原則の体系と規定し、超越論哲学と命名し、形而上学の一部分としながら、それは形而上学の究極目的たる超感性的なものには関わらないため、「本来的形而上学」の前庭（Vorhof）にすぎないと言う。I.Kant, *Über die von der Königl. Akademie der Wissenschaften zu Berlin für das Jahr 1791 ausgesetzte Preisfrage: Welches sind die wirklichen Fortschritte, die die Metaphysik seit Leibnizens und Wolfs Zeiten in Deutschland gemacht hat?* Königsberg 1804, in: *Immanuel Kant, Schriften zur Metaphysik und Logik 2*, Frankfurt a.M. 1968, S.590. また、次のようにも言う。「本来的形而上学は、経験の対象となりえないものに超越論哲学を適用することである。感覚の対象全体にか、超感覚的なものにかである」。*Kant's handschriftlicher Nachlaß*, N.6415, in: *Kant's gesammelte Schriften*, XVIII, Berlin und Leipzig 1928. 注（43）参照。

（2）G.W.F.Hegel. *Logica et Metaphysica* 1801~2, in: GW.,5., 1998, S.267~275; *Logik, Metaphysik, Naturphilosophie* 1804~5, in: GW.,7., Hamburg 1971. イェーナ大学では、ヘーゲルが着任する前に、ラインホルト、クリスチャン・シュミット・エアハルト、フィヒテがプラトナーの『哲学的箴言』をテキストとして「論理学・形而上学」の講義を行っていた。フィヒテがイェーナを去った後、ヘーゲルがこれを引き継いだものと見られる。『フィヒテ全集』第8巻「論理学・形而上学講義」、哲書房、二〇一三年、訳者解説、四八四頁参照。『ヘーゲル事典』項目「論理学」上妻精、弘文堂、二〇〇四年、五四〇頁参照。

（3）G.W.F.Hegel. *Die Phänomenologie des Geistes*, 1807, in: GW.,9., Hamburg 1980.

（4）I.Kant. *Kritik der reinen Vernunft*, Riga 1781, 1787, Hamburg 1965, A50,B74~A57,B82. 『ヘーゲル 論理の学Ⅲ』、作品社、二〇一二年、解題参照。

（5）K.d.r.V.,A598,B626. 注（15）参照。

（6）カントは「思弁的思惟を断念することを学問の側から正当化した」、とヘーゲルは言う。W.d.L.I/1,S.5. Vgl. J.Hirschberger, *Geschichte der Philosophie*, 2, Freiburg/ Basel/Wien 1969, S.194. 注（10）参照。

（7）注（4）参照。

（8）注（1）参照。

（9）山口祐弘『カントにおける人間観の探究』勁草書房、二〇〇七年、三頁。

（10）「私は信仰の余地を手に入れるために知を廃棄しなければならなかった」（K.d.r.V.,BXXX.）。

（11）『カントにおける人間観の探究』、一六一頁。

（12）G.W.F.Hegel. *Glauben und Wissen oder die Refexionsphilosophie der Subjectivität, in der Vollständigkeit ihrer Formen, als Kantische, Jacobische, und Fichtesche Philosophie*, in: Kritisches Journal der Philosophie, Zweiten Bandes Erstes Stück, 1802, in:

GW.,4. 山口祐弘『ドイツ観念論の思索圏』学術出版会、二〇一〇年、第二部参照。

(13) F.H.Jacobi, *Ueber den transscendentalen Idealismus*, in: *Friedrich Heinrich Jacobi's Werke*, II, Darmstadt 1980, S.304. 『ドイツ観念論の思索圏』第二部第三章参照。

(14) G.W.F.Hegel, *Wissenschaft der Logik*, I, Nürnberg 1812/13, in: GW.11., Hamburg 1978, S.327.

(15) G.W.F.Hegel, *Wissenschaft der Logik*, II, Nürnberg 1816, in: GW.12., Hamburg 1981, S.21.

(16) K.d.r.V., BXXXVI, A334f.,B391f., A846f.,B874f. Christian Wolff, *Philosophia prima sive Ontologia*, 1729, 1736, in: *Gesammelte Werke* II, ABT. 3, Hildesheim/New York 1977; *Vernünftige Gedanken*（2）, *Metaphysik*, 1751, in: GW.I., ABT. 2, Hildesheim/Zürich/ New York 1983; A.G.Baumgarten, *Metaphysica*, Halle 1779. Vgl. J.Hirschberger, *Geschichte der Philosophie*, 2, S.333.

(17) K.d.r.V.,A426~567, B454~595. 山口祐弘「アンチノミー論の思弁的再編――ヘーゲルにおけるカント摂取」『近代知の返照――ヘーゲルの真理思想』一九八八年、学陽書房、二七一頁以下。W.d.L.I/1., S.180~189, 229~230, G.W.F.Hegel, *Enzyklopädie der philosophischen Wissenschaften*, §48.

(18) W.d.L.I/1.,S.77. 「概念と存在が異なっており、概念と実在性、魂と身体が分離されうるということは、有限な事物の定義であり、両者が分かたれておらず、分かたれえないということが、神の抽象的な定義である」。Vgl. W.d.L.I/1.,S.180, Enzy., §48. 『ドイツ観念論の思索圏』、第四部第三章、三四二頁以下参照。『ヘーゲル事典』、五四一頁。

(19) 概念と存在の一致の達成は理念論に俟たれる。*Wissenschaft der Logik*, II, Nürnberg 1816, in: GW.,12.,S.175. 山口祐弘『近代知の返照』、学陽書房、一九九八年、第Ⅳ篇第三章、二七一頁以下。

(20) 本質論「現実性」の章は、偶然性、可能性、現実性、必然性などの様相概念を論じた後、「実体性の関係」を経て「自由の国」たる「概念」に達する。G.W.F.Hegel, *Wissenschaft der Logik*, I, Nürnberg 1812/13, in: GW.,11., Hamburg 1978, S.380~409.

(21) ヘーゲルは「絶対的必然性」の節で次のように述べる。「端的に必然的なもの（das schlechthin Notwendige）は、あるが故にのみある。それは、他に制約も根拠も持たない。――それは、だがまた純粋な本質でもある。その存在は単純な自己内反省である。そして、あるが故にある。反省として、それは根拠と制約を持つ。だが、自己を根拠と制約として持つのみである」（W.d.L.I., S.391.）。これによって、ヘーゲルは第一原因をめぐる論争に答えを与えているのである。

(22) Vgl., W.d.L.II.,S.195f.

(23) 「純粋理性の哲学は、予備学（準備）すなわち理性の能力をすべての先天的な純粋認識に関して吟味し批判と呼ばれるものか、第二に純粋理性の体系（学）、純粋理性に基づく（真であるものも仮象であるものも併せて）全哲学的認識を体系的連関の中に収め形而上学と呼ばれるものかのいずれかである」（K.d.r.V.,A841,B869）。

なお、ヒルシュベルガーは、カントの形而上学概念には四つの意味があると言う。（a）超越論的論理学、（b）経験的認識を基礎づける全理性批判、（c）超越論哲学、（d）神、世界、魂の理念の超絶的使用がそれである。J. Hirschberger, *Geschichte der Philosophie*, 2, Freiburg/Basel/Wien 1969, S.330～2.

(24) 前注（1）参照。

(25) G.W.F.Hegel, *Vorlesungen über die Geschichte der Philosophie*, III, in: Werke.,20., Frankfurt a.M. 1971, S.122～267.

(26) 「有限なものは観念的（ideell）であるという命題が観念論（イデアリスムス）の本質をなす。哲学の観念論は有限なものを真に存在するものとしては認めないという点にのみ本質を有する。いかなる哲学も本質的に観念論である」（Wd.L.I/1., S.142.）。

(27) Vgl. W.d.L.I/1.,S.142.

(28) G.W.F.Hegel, *Vorlesungen über die Geschichte der Philosophie*, III, S.122.

(29) G.W.F.Hegel, *Die Phänomenologie des Geistes*, 1807, in: GW.,9.,S.18. Vgl. G. Schmidt, *Hegel in Nürnberg*. Tübingen 1960, S.207. 原文の独特の言い回しについては、山口祐弘『ドイツ観念論の思索圏』、学術出版会、二〇一〇年、二一二頁を参照。

(30) Parmenides, Fr.2, in: G.S.Kirk & J.E.Raven, *The Presocratic Philosophers*, Cambridge 1960, p.269.

(31) B.d.Spinoza, *Ethica ordine geometrico demonstrata*, 1677, Pars Prima, DE DEO, DEFINITIONES, III, in: *Spinoza Opera* II, Heidelberg 1972, S.45.

(32) F.W.J.Schelling, *Darstellung meines Systems der Philosophie*, 1801, in: *Schellings Werke*, 3, München 1977, S.24, §31.

(33) W.d.L.I/1.S.48. 「(……) 客観的論理学はむしろ以前の形而上学に取って代わる。世界についての学問的体系は形而上学であったのであり、それはただ思想によってのみ築き上げられるべきものであった。――われわれがその学の完成の最後の形態を顧慮するならば、それはまず直ちに存在論（Ontologie）であり、客観的論理学が取って代わるのはこれに他ならない」。

(34) 〈ontologia〉という用語の初出は十七世紀初めに認められるが、デカルト派のクラウベルク（Johann Clauberg, 1622～65）が〈*Elementa Philosophia sive Ontosophia*, 1647〉において〈ontosophia〉という言葉を用いたことから、〈ontologia〉の成立に重要な役割を果たしたとされる。ヴォルフ（Christian Wolff, 1679～1754）はマールブルク時代に、〈*Philosophia prima sive Ontologia*, 1729〉を著し、霊魂論、宇宙論、神学の著作とともに、一般的、特殊的形而上学からなる形而上学の体系を示した。

(35) カントの形而上学批判もこの体系に沿ったものである。K.d.r.V.,A846,B874. 注（13）参照。

(36) 『ドイツ観念論の思索圏』第四部第三章を参照。

(37) ibid.『カントにおける人間観の探求』、一九六頁を参照。

(38) 前注（15）参照。

（39） Vgl. W.d.L.I/1.,S.118.

（40） Empedokles, Fr.109.「われらは土によって土を、水によって水を、大気によって輝く大気を、火によって焼き尽くす火を見、愛によって愛を、争いによって恐ろしい争いを知るのだから」（G.S.Kirk & J.E.Raven, *The Presocratic Philosophers*, Cambridge 1960, p.343.）。

（41） 親鸞『末燈鈔』（一三三三年）、五―5、親鸞全集、春秋社、二〇一〇年、三三〇頁以下。「自然法爾事。自然といふは、自はおのづからといふ、行者のはからいにあらず、然といふはしからしむといふことばなり。しからしむといふは、行者のはからいにあらず」。

（42） ibid.「人格」（Persönlichkeit）と「人」（Person）の違いについては、『法哲学』の次の記述が参考となろう。「人格（Persönlichkeit）のうちにあるのは、この者としての私があらゆる面（内的意欲、衝動、欲求ならびに直接的外的存在）において限定されており有限でありながらまったく純粋な自己関係であり、有限でありながら無限なもの、普遍的なもの、自由なものとして自己を知るということである。人格が始まるのは、主観が具体的なもの、何らかの仕方で規定されたものとしての自己について自己意識一般を持つだけでなく、むしろまったく抽象的な自我であり、その中で一切の具体的な被制限性と妥当性が否定されており、無効となっているものとしての自己についての自己意識を持つかぎりにおいてのみである」。これに対して、「人（Person）とは、それだけである、すなわち抽象的な意志のことである」。「人の中で、私はまったく私だけである。それは、純粋な自独存在のうちにある自由の個別性に他ならない。このような人として、私は私自身の中で私を自由なものとして知り、一切のものを捨象することができる。私の前には純粋な人格しかなく、しかも私はこの者として完全に規定されているからである」。G.W.F.Hegel, *Grundlinien der Philosophie des Rechts*, §35, in: Werke.,7., 1970.

（43） 注（1）参照。「純粋悟性の諸原則は諸現象の説明のための諸原理にすぎず、物一般について先天的な総合的認識（例えば、因果律）を組織的な教説の形で与えると僭称する存在論（Ontologie）という不遜な名称は、謙虚な、純粋悟性の分析論という名称に席を譲らなければならない」（I.Kant, K.d.r.V.,A.247, B303.）。

第一部　概念的思惟の動態

第一章　概念の形成と構造

（一）概念の普遍性と絶対的否定性

序

一般に概念の特徴は普遍性にあると考えられる。それ故、概念には普遍的ないし一般的という形容が冠せられる。だが、そうした普遍性の次元は如何にして開拓されるのか。直観や感覚を概念に先行させる考え方からすれば、その道筋が問われる。多様な感覚的与件に対して概念はア・ポステリオリに生まれるのであり、その生成の仕方如何では概念の持つ妥当性が問われることもありえよう。前者が統一を欠く多様なものでしかないとすれば、そこから普遍的なものを見出すことは、困難である。何らかの総合統一の機能を想定しないかぎり、偶然的な産物しか期待されないであろう(1)。だが、そうした機能をア・プリオリに想定するならば、普遍的なものの存在はすでに前提されていることになる。

カントは感覚的与件から普遍的な概念を形成する働きを「反省的判断力」（die reflektierende Urteilskraft）に託していた(2)。それは、特殊な所与の中に未知の普遍的なものを見出す能力とされたのである。それを遂行するべく、判断力は比較、反省、抽象といった操作を行う。その際、それは「反省概念」（Reflexionsbegriff）を使用する(3)。それこそは、感覚的与件に対して判断力がア・プリオリに所持している装置に他ならない。

だが、そうした装置を以てしても、判断力は与件に対する外在性を払拭することはできない。その反省は「外在的反省」（die äußerliche Reflexion）にとどまる。そして、獲得される普遍的なものは、真に普遍的とは言えず、相対的たらざるをえない。

これに対して、ヘーゲルは反省の外在性を止揚し、概念の相対性を克服することを課題とする。概念は絶対的な概念（der absolute Begriff）でなければならず、反省は普遍的なものに内在する「内在的反省」（die innere Reflexion）とならねばならない。そうすることによって、外に余すものなき全体、所与の制約を受けることなき自由（Freiheit）が獲得されるのである。

カントとヘーゲルの考え方の相違が、「反省」の違いとなって現れることは意味深長である。カントを乗り越えようとするヘーゲルの努力は、反省思想の深化に凝縮されると思われるからである。(4) こうした観点から、ヘーゲルの概念思想の特徴を明らかにすることが求められる。

一　事物の理解と概念

概念〈Begriff〉の語源である〈begreifen〉が〈verstehen〉と同義とされ、英語の〈understand〉に置き換えられるように、物事を理解するということは、「概念」を用いて物事を捉えることである。「今日の空は青い」と言う時、「今日」とは普遍的な「日」という概念を「今」に限定しているのであり、「今日の空」は人間の頭上に広がる空を「今日の空」に限定しているのであり、「今日の空は青い」は「青い」という一般的な性質を「今日の空」の属性として限定し、それに帰属させているのである。「青い」は「灰色」や「暗黒」と並ぶ特殊な性質であるが、他の多くのものにも帰属する一般的な性質である。このようにありふれた知覚の表現においても幾層もの概念の重なりがあり、それを通して物事は捉えられ理解されるのである。もとより、「今日の空」は灰色でも暗黒でもありうる。そのように見れば、今日の空は偶然「青い」という性質を帯びているだけであり、「青い」は「偶有性」（Akzidenz）という規定を与えられる。それに対して、「今日の空」は「実体」（Substanz）と見なされていることになろう。いずれにせよ、ここには実体と偶有性というより抽象的な概念的枠組みで物事を理解しようという働きがあるのである。

もちろん、物事を理解するための枠組みは、実体―偶有性の関係に尽きるものではない。「これは桜の木である」と言う時には、指示されたもの、「これ」を「木」という類（genus）の種（species）たる「桜」のもとに包摂して捉えているのである。「木」という普遍的なものが「桜」に限定され、これに特殊化されていると言うことができる。

もとより、こうした理解は、われわれが予め概念を所持しており、それらを一つの体系として前提していることによって可能である。古来、概念は、最高の類を示す概念が種差によって二分されて種となり、これらの種が更に類として二分化され、次々と下位の種を生み出し、最後に個物に至るというヒエラルキーをなすものとして考えられてきた。[5] ポルピュリオスが考えた類、種、個の連関は、後世一本の樹木の幹と枝の関係に喩えられ、「ポルピュリオスの木」（arbor Porphyriana）という言葉が生み出された。[6] そこには、もっとも抽象的普遍的な上位概念から最も下位の個物に至るまでの下降と最も下位の具体的な個物から徐々に上位概念に昇っていく上昇という両方向の運動をなす思惟の動きが認められる。思惟は、そうした昇降運動をなすものとして捉えられるのである。

二　概念の形成と獲得

では、そうした概念はどのようにして獲得されるのか。それは多くの事例の観察に基づきそこから帰納することによってである、と答えられるかもしれない。多数のものを知覚し、それらの知覚を比較し、その中に共通のものを見出し、これを抽象する一方、共通でないものを捨象して、前者に名前を与えることによって、多数のものを包括する概念とするのである。[7]

だが、それが適切に行われるためには、観察の対象とその範囲を確定しなければならない。「木」という概念を形成するには、スギ、マツ、サクラ、カエデ等を対象とすることは適切であるが、アシ、スミレ、ユリましてやアワビ、サンゴ、イソギンチャク等を混入させるべきではない。

それ故、何を対象とすべきかをめぐって、選択の基準が設定されなければならない。まさしく、「木」の概念を得るに当たっては、「木」と呼ばれうる対象を選択することが肝要である。そのためには、「木」についての一般的な理解が予備的な概念として先取りされていなければならない。「木」は、辞書的には、「固い木本からなる草本でない植物」と説明され、「木質が余り発達していない柔らかい茎を有する植物」としての「草」から区別される。[8] ここでは、「木」と「草」は相互否定的に定義されている。両者を分かつ積極的な徴標を求めるならば、「固い」か「固くない（柔らかい）」かという違いがあるのみである。いずれにせよ、こうした定義に基づいて、「木」と呼ばれうるものと「草」とを区別し、その上で前者のみを観察・比較することになる。

だが、この区別に当たっては、すでに高次の判断と推理の作用が必要である。

　木は固い、アシは固くない、よってアシは木ではない
　木は固い、マツは固い、よってマツは木である

のようにである。だが、第一の推理は正しいが、第二の推理は媒概念不周延の誤謬を犯している。このことから、対象の選別に当たっては曖昧さが生じることを否定しえない。

ともあれ、対象の選択に続いて、比較（Vergleichung）が行われる。

マツは葉を持つ、サクラは葉を持つ、等々、よって木は葉を持つ

という推理が行われる。但し、マツの葉は細く、サクラの葉は広いという差異は度外視（weglassen）される。同様にして、木は枝、幹、根を持ち、種子を造るなどの共通性（Gemeinschaft）が見出される。そして、これらの共通性が抽象（Abstraktion）され、「木」の概念の内容、内包とされるのである。当初の「固い木本」という規定と比べて一層豊かな内容が「木」に与えられることになる。そして、それと同じ内容を具えたものは「木」と呼ばれることができることになり、「木」の外延をなす。その際、

木は、葉、枝、幹、根を持ち、種子を造る
マツ、サクラ、スギ、カエデは、葉、枝、幹、根を持ち、種子を造る
故に、マツ、サクラ、スギ、カエデは木である

という推理が行われる。但し、これも正しい推理とは言えない。同じ内容を有しながらなお特異な特徴を示すものがあるならば、それに対しては、「木」の名を与えることは躊躇されるであろう。逆に、捨象された差異の中には、分類に当たって重要な徴となるものが含まれていることがある。葉の形状、細いか広いかに応じて、「針葉樹」、「広葉樹」の区別が生まれるのである。

こうした事情は、一旦、概念が形成、獲得されても、絶えず新たな事実に照らして吟味、修正されねばならないということを示している。内包のうちには本質的でないものが混入しているかもしれず、外延の中には別種のものが紛れ込んでいるかもしれない。概念は、抽象・捨象の適切さの点検と捨象されたものへの顧慮を繰り返すことによって磨き上げられていかねばならないのである。

三　概念の普遍性

だが、右の方法で形成・獲得される概念は、相対的で有限である。それは、選別された対象のグループにしか妥当せず、別のグループには別の概念が成立する。それは普遍的であるといっても、絶対的な普遍性ではない。別の概念が並存しうるかぎり、それは相対的かつ有限なのである。のみならず、対象を選別するに当たって先行の理解、視点が異なっていれば、別のグループが生まれるわけであり、概念の内容は異なったものになる。また、具体的なものの他の諸規定を捨象することによって得られたものとして、それは抽象的な普遍（das abstrakte Allgemeine）にすぎない。捨象される諸規定は、それ自身限定されたものであるかぎり、それは否定（Negation）を伴っている。捨象することは否定することであるとすれば、概念の形成は「否定の否定」（die Negation der Negation）を遂行することに他ならない。だが、この二重否定は対象に対して外在的（äußerlich）であり、捨象される性質と保存される性質はただ異なっているだけであって、捨象や保存の操作は諸性質の外で行われるにすぎない。それらは「外的反省」（die äußere Reflexion）に他ならない。普遍性自身が外に立ち現れる（自己を外化する）というわけではないし、否定の否定を遂行しているわけではない。(9)

こうした外在性は、知覚的経験を土台として一般的普遍的な概念を形成しようとする場合に避けられない欠陥であろう。そこでは、対象と思惟、客観と主観の対立が克服されずに前提されているのである。そうである以上、概念は絶対的でも無限でもなく、無制約で自由であるとも言えない。

これに対して、ヘーゲルは「（純粋）概念は絶対的に無限、無制約で自由なものである」と言う（W.d.L.II.S.33.）。それは、右のような相対性、有限性、抽象性を止揚した次元にあるのである。それは、概念が存在、本質から生成したものであることを意味しており、しかも生成とは他のものに成り行くことではなく、無制約なもの、根源的なものに進んでいくことであるということから結論されるものに他ならない。存在は、「存在論」から「本質論」への移行において、本質の影像（Schein）ないし本質によって措定されてあること（das Gesetztseyn）に変じ、本質は存在を措定するとともに自己に還帰する自己内反省（die Reflexion in sich）の運動であるが、また直ちに規定性を生ずることとされる。しかも、この規定性は本質を自己の母体とし、そこに繋がっているのであり、本来的に自己に関係する規定性（sich auf sich beziehende Bestimmtheit）なのである（ibid.）。その意味で、それは、無限な規定性（unendliche Bestimmtheit）と言われる（ibid.）。規定性を自己のうちに生じつつ、そこで自己を見失うことのない本質を、ヘーゲルは「概念」（Begriff）と呼ぶのである。

従って、ヘーゲルは概念を「絶対的な自己同一性」（die absolute Identität mit sich）と表現する。規定性を孕み産出しながら、自己自身の同一性を保持している様が示されているのである。「絶対的同一性が絶対的同一性であるのは、否定の否定ないし否定性が自己自身と無限な統一（die unendliche Einheit der Negativität mit sich selbst）を保持していることとしてである」（ibid.）。

従って、概念とは、否定性を通して自己を措定するものであり、純粋な自己関係（die reine Beziehung auf sich）に他ならない。それに対して自存的な他のものはなく、それを相対化するものはない。その意味で、それこそは普遍的なものなのであり、否定を媒介とし否定を宿す普遍性が「概念の普遍性」（die Allgemeinheit des Begriffs）なのである（ibid.）。ヘーゲルは、そこにこそ普遍的なものの本性を見る。「絶対的な否定性を通して最高の区別と規定性を自己のうちに含む単純なものであることが、まさしく普遍的なものの本性である」（ibid.）。そこに、無媒介かつ直接的なものとしての存在の単純性との違いがある。人は後者について何も言い表すことができず、それを無と同じとせざるをえなかったのである。[11] これに対して、概念としての普遍的なものは、単純なものでありながら自己自身のうちで最も豊かなものなのである（das reichste in sich selbst）（ibid.）。

それは、第一に、「自己自身への単純な関係」（die einfache Beziehung auf sich selbst）（ibid.）であるとされる。それは、同一性である。だが、この同一性は絶対的な媒介である。すなわち、否定の否定の運動に他ならず、絶対的な否定性なのである。そこにおいては、第一の否定によって生ずる否定的なものないし規定は、普遍的なものを制限するものではありえない。それは、普遍的なものの自己否定によって生ずるものであって、普遍的なものはその中で自己を保持し、自己と肯定的に同一なのである。自己を規定にもたらすとしても、その中でそれのあるところのものであり続けるということが、普遍的なものの本来のあり方である。

そうした普遍的なものは、諸規定の実体とも解される。しかし、諸規定は実体の偶有性であるわけではなく、普遍的なものもそれを呑み込む奈落であるわけではない。その自己自身との媒介、内在的な反省（seine eigene immanente Reflexion）（ibid.S.35.）があるのみである。それは、規定を創造し形づくるとともに、それを自らが措定した現象として止揚する運動であり、その意味で「絶対的な否定性」（die absolute Negativität）（ibid.）と称されるのである。普遍的なものは、そうしたものとして同一的であり続ける。ヘーゲルが考える概念の普遍性とは、こうしたものに他ならない。

四　概念の全体性と全体的反省

ヘーゲルはこうした普遍者を「自由な力」（die freye Macht）と表現する（ibid.）。自由とは、障碍がないことであり、対立する他者がないということである。それは、むしろ他者を覆っているのである（übergreift über sein Anderes）。従って、力と言っても暴力的に他者を圧服するというのではない。むしろ、他者の中で平穏を保っており、自己自身のもとにあるのである。「他であることのうちで自己自身のもとにあること」をヘーゲルは自由（Freiheit）の具体的な概念と解していた。[12] 彼は、その境地をまた「自由な愛」とも「制限のない浄福」とも言い表す。それは「区別されたものに対して自己自身に対するように関係すること」であるからである（ibid.）。区別されたものの中で自己自身に立ち帰っているのである。

普遍的なものを、一切の有限なもの、規定されたものを止揚し内に宿すものと見るかぎり、こうした形容は不自然ではない。「規定性を欠いては、普遍的なものについて語られることはできない」（ibid.）。このことは、更に進めるならば、普遍的なものによってこそ規定性は生み出されるという理解に達する。そうであるからこそ、普遍的なものは規定性の中に自己自身を見出し、自己との同一性を認めることができるのである。「規定性は外から普遍的なものに到来するのではない」（ibid.）。

普遍的なものは、その否定作用によって規定性を帯びる、とヘーゲルは言う。その否定を、彼は第一の直接的な否定と呼ぶ。この否定は、普遍的なものを一切の規定性を欠いた抽象的な同一性として語ろうとすることによって生起する。それは、まさしく規定性を捨象した抽象的普遍であり、否定の産物、一の規定性に他ならない。普遍的なものは規定性、普遍的ならざるものに転化する。(13) 普遍的なものを抽象的に思惟することがこうした事態を露呈するとすれば、むしろ、自ら規定性を宿し、更には生み出すものとして普遍的なものを考えねばならない。規定は否定である（Determinatio est negatio.）以上、普遍的なものは自ら否定を遂行すると考えねばならないのである。そして、その否定は普遍的なものの特殊化（Besonderung）として理解される。「普遍的なものは、規定性を特殊性として有する」のである（ibid.f.）。

こうした規定性が普遍的なものの自己否定によって生み出されたのである以上、それは普遍的なものとの関係を維持しており、そこへと立ち戻らねばならない。ヘーゲルは、この過程を「否定の否定」（Negation der Negation）と呼ぶ。そして、規定性はそれによって「絶対的な規定性」（die absolute Bestimmtheit）になると言う（ibid.）。規定性は、他と並び存する相対的なものではなく、まさしく普遍的なものの特殊化として普遍的なものを映し出しているはずだからである。そのことによって、普遍的なものは具体化（Concretion）を成し遂げ、個別性になるとされる。個別性とは、感覚的指示の対象たる直接的な「このもの」(14) のことではなく、抽象的な普遍に対して具体的となった普遍、否定の否定の運動によって諸規定を孕み宿す普遍のことに他ならない。そうしたものは複数あることはなく、唯一つの全体としてのみあるのであり、唯一性すなわち個別性（Einzelheit）としてのみあるのである。

否定の否定は、第一の否定とその自己内反省とも言い換えられる。普遍的なものはそうした運動によって具体的なものとなり、全体であることになる。そして、その運動の全体が反省として捉えられる。それは、他者への反省としての外への表出と自己への反省としての内への写影という両方向の運動、二重の表出（Doppelschein）からなる。そのようなものとして「全体的な反省」（die totale Reflexion）なのである（ibid.,S.35.）。

抽象的な概念や抽象的な普遍性とは異なる概念の普遍性のもとで右のような普遍的なもののあり方を考えるとすれば、概念自身を否定の否定、二重の表出、全体的な反省として捉えるべきことになる。その中で、規定性は規定された概念となるが、外在的なものとして遺棄されるのではなく、概念の（自己の）うちに折り戻されて（zurückgebogen）おり、普遍性のうちに摂取され、それによって浸透されている。また逆に、普遍性の中に浸透している（durchdringen）。ヘーゲルは、両者は同一であり、同じ大きさを持つと言う。そうした規定性は、普遍性自身の内在的な性格（der eigene, immanente Charakter）とも表現される（ibid.,S.36.）。性格とは、限定された形でありながら、そこに本質的なものが全面的に顕現しているもののことであろう。そのようなものとして、性格は、自己自身に関係することにおいて（in der freyen Beziehung auf sich selbst）自由であるとされる。自由とは、限定されていながらこの限定を超えており、障碍に遭遇することがないということである。この意味で、規定された概念も（普遍的なもの自身について言われたように）「自己のうちで無限に自由な概念」（in sich unendlich freyer Begriff）とされるのである（ibid.）。

ヘーゲルは生命（Leben）、自我（Ich）、精神（Geist）、絶対的概念（der absolute Begriff）にこうしたあり方を認めている。それらは具体的なものであり、「その実在性の中でまったくただ自己のうちにのみあり、自己によって充たされている」とするのである（ibid.）。規定されたあり方（Realität）をしながら、自己を見失うことなく、本質的なものを保持しているというのである。そして、真の絶対的な概念においては、実在性はまったく透明（durchsichtig）で、視線を遮るものなく無限であって、概念はそこに自らの創造作用（Schöpfung）を見、自己自身を直観するとする。それは、まさしく創造的な力（schöpferliche Macht）に他ならないのである。

注

（1）ロックが一般的観念（ideas in general）の形成に与るものとして、感覚（sensation）の他に反省（reflection）を挙げたことが参照される。John Locke, *OF HUMAN UNDERSTANDING*, Book II, Chapter I, *Of Ideas in general, and their Original*, in: *THE WORKS OF JOHN LOCKE*, VOL.I, London 1823, Darmstadt 1963, p.82.

（2）I.Kant, *Kritik der Urteilskraft*, Einleitung XXVI, Berlin und Libau 1790, 1793, in: *Kants Werke*, V, 1968; G.B.Jäsche, *Immanuel Kant's Logik*, 1800, in: *Kants Werke*, IX, 1968, §83, S.132.

（3）全称、特称、肯定、否定判断を下すには、一様性（Einerleiheit）、差異性（Verschiedenheit）、一致（Einstimmung）、対立（Widerspruch）といった反省概念（比較概念）が先行していなければならない、とカントは言う。I.Kant, *Kritik der reinen Vernunft*, A260ff., B316ff. 山口祐弘『ドイツ観念論の思索圏』学術出版会、二〇一〇年、第一部第一章「人間理性の自己照明」、四二頁以下参照。

（4）山口祐弘『ドイツ観念論における反省理論』勁草書房、一九九一年、参照。

（5）Porphyre, *ISAGOGE*, Paris 1998.

（6）ポルピュリオスが『アリストテレス範疇論入門』で探究した類、種、個体の関係を図示したもの。「ラメーの樹」とも呼ばれる。

（7）山口祐弘『ドイツ観念論の思索圏』、第一部第一章第二節を参照。

（8）『広辞苑』岩波書店、一九五六年。

（9）G.W.F.Hegel, *Wissenschaft der Logik*, II（1816）, in: GW.,12., Hamburg 1981, S.34.

（10）G.W.F.Hegel, *Wissenschaft der Logik*, I（1812/13）, in: GW.,11., Hamburg 1978, S.244, 251.

（11）学の始元とされた「存在論」冒頭の「存在」（Seyn）が無媒介、無規定であるが故に無（Nichts）と同じとされた事情が想起される。

（12）G.W.F.Hegel, *Grundlinien der Philosophie des Rechts*, 1821, in: Werke. 7., Frankfurt a. M. 1970, §7, Zusatz.「普遍的なものは、自らを制限しながらも、この他者の中で自己自身のもとにあり続け、自己を規定しながら、普遍的なものを堅持することを止めない。これが、（……）自由の具体的な概念なのである」。

（13）本章第二節を参照。

（14）次章第二節を参照。

第一章　概念の形成と構造

（一）概念的思惟の駆動性

序

ヘーゲルは、「概念はまったく具体的なものであり、主体（Subjekt）そのものである」[1]（Enzy. §164.）と言う。それは、自己を自己から区別しながら、区別によって生じたものを自己のものとして回収し保存する。そうすることによって、それは区別をうちに宿す普遍的なものとなる。区別によって生じたものを特殊性（Besonderheit）と呼ぶならば、概念は特殊性を孕み含む普遍的なもの（das Allgemeine）である。特殊性と普遍性（Allgemeinheit）の統一として、それは個別性（Einzelheit）と呼ばれる。こうして、概念は「普遍性（……）、特殊性（……）、個別性（……）という契機を含む」（ibid. §163.）とされるのである。このような概念思想には、概念を抽象的な普遍として捉える見方との決定的な違いがある。概念は、まさしく具体的な普遍（das konkrete Allgemeine）なのである。

前節（一）では、このような概念観がヘーゲルにおいて如何にして生み出されるのかを見た。概念を右のような主体として、自己運動するものとして語るならば、動もすれば、人は概念を自立した存在者、しかも思惟する者とは無関係に動くもののような印象を抱きかねない。人は、その動きを傍観し外から観察し記述することができるだけであるように思われる。

だが、そうした概念そのものが人間の思惟によって生み出されるものであることを知ることが肝要であろう。右の見方の背景には、人間の主体的な思惟の働きとその産物を人間の活動から切り離し疎外するという見方がありはしないか。恰も、フォイエルバッハが、人間の本質を外化され疎外した結果、神の本質が生み出されたとしたようにである。[2] 疎外された概念を人間の側に取り戻し、それを生み出す思惟の働きそのものに注意を向け変えなければならない。そうすることによって、概念の運動とされるものが思惟そのものの運動であり、概念とは思惟の論理的活動に他ならないことが理解されよう。本節では、こうした観点から具体的普遍としての概念の成り立ちと意味を問い返すことを試みる。

一　普遍的なものにおける規定の内在性

規定性は普遍的なものの内在的契機である、[3] とヘーゲルは言う。それは、規定性が普遍的なものを限界づけ、その外に他のものがあるかのように考えることを禁じる。真に普遍的なものに対しては、そうした他のものはなく、普遍的なものがこれに関係するということはありえない。規定性があるとすれば、それは普遍的なものに宿っていなければならず、それに包摂されていなければならない。

とはいえ、それは、普遍的なものが多様な諸規定性を外から包むということであってはならない。諸規定性は普遍的なものにないものを有し、従って普遍的なものとは異なっており、また互いに異なっているに拘わらず、普遍的なものによって一括りにされ束ねられるというようにである。そうではなく、普遍的なものは自ら自己を規定し、生じた規定性の実体としてあり、規定性と同一であるというのでなければならない。

ヘーゲルは、こうした関係を類（Gattung, genus）と種（Art, species）の関係として捉える（W.d.L.II.S.37.）。類は諸々の種に分かれながら、それらの中で不変である。諸々の種は互いに異なるが、ともに同一の普遍性を有している。こうしたあり方をする種を、ヘーゲルは特殊なもの（das Besondere）と名づけるのである。

従って、特殊なものの間に差異があるといっても、それらは同じ普遍性を有する限り一体であり、纏まって一つの全体をなす。そこには、他に余すものはなく、完全性が認められる。そうした完全性（Vollständigkeit）によって、諸々の種すなわち特殊なものはその規定性を通じて普遍的なものを提示する（darstellen）。それは普遍的なものを含むと言うこともできる。それによって、特殊なものは、一つの完結した領域をなす。また、「特殊なものは普遍的なものである」（Das Besondere ist das Allgemeine selbst.）と言われることになる（ibid.）。

「普遍的なものは自己を規定する」（Das Allgemeine bestimmt sich.）ということの中には、こうしたことが含まれている。それによって、命題「特殊なものは普遍的なものである」は容易に換位され、「普遍的なものは特殊なものである」（Das Allgemeine ist das Besondere.）とされることもできる。特殊なものは普遍的なものが規定・限定されたものであり、そのかぎり普遍的なものから区別されているが、それは普遍的なものが自己から区別したものにすぎない。

従って、区別される項を挙げるとすれば、普遍的なもの自身（a）とそれから区別された特殊なもの（b）があるだけである。普遍的なもの自身が区別の項となる。とはいえ、普遍的なものの自己規定と自己区別があるのみであるから、普遍的なものはそれ自身であるとともにその反対のものであるという意味を持つ（Das Allgemeine als der Begriff ist es selbst und sein Gegentheil selbst.）（ibid.,S.38.）。普遍的なものはその反対のものを擁し、その中で自己のもとにある。このようにして、普遍的なものは差異性の全体であるのみならず、差異性を生み出す原理でもあるとされるのである。

二　自己規定の過程

では、普遍的なものの自己規定ないし自己限定は如何にして行われるのか。普遍的なものを客体として前提し、それが自ら動いて規定を生ずるかのように考えるとすれば、それは右に述べた顛倒と言うべきことであろう。むしろ、われわれが普遍的なものを考えるにあたってどのような振る舞いをしているのかの反省と解明を通して、それは捉えられるべきである。普遍的なものの自己規定とは普遍的なものの思惟の自己規定なのである。

　そこで、普遍的なものと規定性を恰も対立したものであるかのように語るならば、普遍的なものをまずは規定性を持たないものとして考えていることになる。普遍的なものの定義がありうるとして、その第一の定義は、普遍的なものは無規定なもの（das Unbestimmte）であるということであろう。定義は規定と限定を与えることである以上、この定義はすでに矛盾を孕んでいる。普遍的なものを別の概念によって説明するということは、それとは異なるものを前提しているということである。命題の形式が要求されるとすれば、「普遍的なものは普遍的なものである」と言う他はなくなる。こうした同一的言明と抽象的同一性の表現がそれに相応しい形式である。ヘーゲルは論理的思惟に三側面があると指摘するが（Enzy., §79~82.）、こうした形式に納得するのは「悟性」（Verstand）であると言う。悟性は、事象Aを他の事象、非Aから切り離し、Aは非Aではなく、Aでのみあるとする。「AはAである」という同一性の原理（同一律）こそがその唯一の思考原理である（ibid., §80.）。

　だが、この原理に従って、「普遍的なものは普遍的なものである」と言って済ませようとするならば、普遍性に対して規定性を対立させ、逆に普遍性を規定性に対立したものとすることになる。[4] 悟性は一事象の同一性を保障するために同一性の形式を墨守することによって、そのものと他のものとの対立を際だたせ、これをそれでないものとの断絶とその否定の前に立たせる。それによって、事象にその限界を示すことになるのである。この事情を普遍的なものに適用するならば、「普遍性（無規定性）は規定性である」という逆説を招く。一切の規定性を否定し、それを超えているはずの普遍的なものを一の規定されたものに転化させているのである。

　こうして、当初普遍的なものとして思念されていた普遍的なもの、Aは、悟性的な思惟によって、規定性を帯びたものとされる。思惟は、Aに対して非Aを生じさせ、その一方の項に自己の思念を限局し、抽象的な極に立とうとしているのである。だが、意識するにせよしないにせよ、そこに対立を発生させている以上、Aと非Aの二つの項を考えていることになる。当初のAの思念に反して、Aそのものを一の対立項と見なしているのである。へーゲルは、これらの項を特殊なものと呼び、それらによって、またそれらによってのみ特殊性の領域が形づくられると言う。こうして、思惟は、普遍的なものAを、無規定性として思惟した普遍性（b）と無規定とすることによって規定されたものとした普遍性（c）に分かつことになる。(5)普遍的なものの自己規定と呼ばれる動きを、思惟の側から見るならば、以上のような思惟の自己限局の働きが認められるのである。

三　規定性の弁証法

悟性的思惟は、同一性の形式（A=A）によって、事象の存立と安定を保障しようとする。だが、それは、当の事象と他の事象の区別を際だたせることであり、当の事象に対して他の事象が対峙していることを認めることである。Aの外には非Aがあり、Aは非Aでないことによって A である。思惟は、Aの自己同一性を保障しようとしながら、それを非Aとの対立に直面させているのであり、Aの限界を露呈させるのである。そして、そのことを通して、Aが却って非Aなくしてはないことを明らかにする。それは、Aから非Aへと思惟が一旦移行することに他ならない。

へーゲルは、こうした悟性の働きに「悟性の無限の力」（die unendliche Kraft des Verstandes）を認める（W.d.L.II.,S.41.）。(6)それは、「AはAである」という純粋な肯定性の中に非Aとの対立を見出し、Aが非Aによって否定され、また非Aの否定によってAであるという切断面を洞察させるものだからである。それは、一歩を進めれば、Aと非Aの関係を洞察させることになる。

へーゲルは、「AはAである」としてAの自己同一性を認定した思惟がその反対のものの思惟に転化することを「弁証法」（Dialektik）と呼ぶ。そして、それを担う思惟を「否定的理性的」（negativ-vernünftig）と形容する（Enzy., §81.）。

悟性は、その否定的な力によって弁証法を準備していると言うことができよう[7]。

普遍的なものを巡って、弁証法はどのような形で現れるのか。悟性的思惟が普遍的なものを普遍的なものとして理解しようとし、規定性をそこから排除し捨象しようとしたところにその端緒はある。普遍的なものは規定性ないし規定されたものに対立させられ、それ自身規定されたものとなっている。思惟はこのことに直ちに気づくわけではない。それは、ひたすら規定性との区別と切断面を見るのみである。だが、ひとたび反省を巡らせば、それは自らが差別し捨象せんとしている当のものと同じ次元に立っていることに気づく。そうした逆説と反転・移行を自覚することになる。

こうした悟性的思惟の反転・移行を洞察することは、理性（Vernunft）の働きとされる。それは、悟性的思惟の抽象性と一面性を暴き、その逆説を洞察するものであるから、当面否定的（negativ）と形容される。それは、まさに普遍性の悟性的理解の弁証法を担うのである[8]。

このことから、「普遍的なものは普遍的なものである」という抽象的孤立化的表現によっては普遍的なものを言い当てることはできないことが明らかになる。その命題は、「普遍的なものは規定されたものである」に転化せざるをえず、少なくとも普遍的なものは捨象したはずの規定性との関係においてこそあるということが明らかになる。普遍的なものは規定性に移行する。とはいえ、規定性とは規定された普遍的なものであるから、普遍的なものと繋がっている。それ故、ここには、普遍的なものが規定性に逆転し規定性の側から普遍的なものに関係するという往還の運動、円環的運動があることになる。言い換えれば、普遍的なものはそうした関係、円環的回帰としてのみあるのである。そして、普遍的なものを思惟する、或いは、思惟が自ら普遍的なものであろうとするならば、そうした円環的運動を遂行しなければならない[9]。

こうした事情に気づかず、或いはそれを見失うならば、パルメニデスの存在観やスピノザの実体観、シェリングの絶対的同一性の見方に陥る[10]。それらは、「あるものはある」とのみ理解し、否定を斥けて存在を把握し、一切の規定を宿すと言いながらそれらを解消するものとして実体を定立し、一切の差別を滅却した無差別的なものを絶対者として説いたのである。ヘーゲルの普遍論は、これらの思想の一面性を克服すべく構想されているのである。

四　自己関係性と個別性

規定性に陥った普遍的なものは、特殊なもの（das Besondere）と呼ばれる。それは普遍的なものから区別されている。とはいえ、普遍的なものの自己規定、自己区別によって生じたのである。そのかぎり、それは普遍的なものの内容を継承しており、その繋がりが断たれているわけではない。両者の関係は類種の関係として捉えられようが、普遍的なものは経験的に蒐集された諸事例の比較・抽象によって得られる普遍でも、個別的事例を束ねるだけの紐帯としての普遍でもない。まさに、類が個々の種に分化し、諸々の種の中に自らの生命を注入しており、それによって諸々の種は生命を得ているという関係が重要なのである。

その意味で、特殊なものは普遍的なものに関係しており、普遍的なものへと反省するものとしてある。或いは、そうすることによって初めて、その諸規定が明らかになる。特殊なものは規定されたもの（das Bestimmte）であるが、その規定性は普遍的なものに関係づけられることで明確（bestimmt）になるのである。こうして、「規定された規定性」（die bestimmte Bestimmtheit）が生まれることになる。自己の根源に遡って自己の規定を明らかにしているという意味で、それは「自己自身に関係する規定性」（die sich auf sich beziehende Bestimmtheit）（W.d.L.II.,S.43.）とも言われる。

普遍的なものの規定（否定）としての特殊なものが普遍的なものへと反省することは、「否定の否定」の運動として捉えられる。それは「全体的な反省」（die totale Reflexion）とも「二重の表出」（Doppelschein）とも言われる。そして、それは、普遍的なものを起点として語れば、普遍的なものの自己関係である。まさしく、普遍的なものは、規定されたものとなりながら、規定されたものの中で生き続け、自己への関係を維持しているのだからである。否定の否定のこの運動は「絶対的な否定性」（die absolute Negativität）とも「絶対的媒介」（die absolute Vermittlung）とも表現される(ibid.S.49)。普遍的なものは、そうした意味で、自己に対して（für sich）あるとされる。「普遍的なものは自己に対してある。それは、それ自身において、絶対的な否定性としてのみ絶対的な媒介、自己への関係なのだからである」(ibid.)。それは、規定性を捨象しただけの「抽象的普遍」（abstraktes Allgemeines）に対して、規定性を孕み宿す「具体的普遍」（konkretes Allgemeines）であり、自己において自己に対して規定されてあるもの（das An-und-für sich Bestimmtseyn）である。それを、ヘーゲルは「まったく普遍的なもの」と呼び、そうしたあり方を「個別性」（Einzelheit）と表現する。そして、そこに個体性と人格の原理（das Prinzip der Individualität und Persönlichkeit）を認めるのである（ibid.）。

こうした具体的普遍に到達しうるのは、悟性（Verstand）ならぬ理性（Vernunft）に他ならない[11]。それも、弁証法を担う否定的理性的な（negativ vernünftig）思惟ではなく、肯定的理性的な（positiv vernünftig）それでなければならない。普遍的なものを求めて、悟性は逆説に陥った。一切の規定や限定を超えたものに達しようとして普遍的なものを表現しようとすれば、「普遍的なものは普遍的なものである」としか言うことはできない。それは、普遍的なものの同一性を保持しようとする、同一律に適った悟性の振る舞い方である。そうすることで、普遍的なものは一切の規定性を免れ、無規定性となる。だが、それは同時に、否定的な意味で、普遍的なものを空虚なもの、無規定なものとすることに他ならない。すなわち、一切の内容を欠く欠如として思念するのである。それは、普遍的なものを規定性、内容に対立したものとすることなのである。

こうした対立の中で、ものの同一性を維持しようとするのが、悟性的思惟の特性である。それは、ものの同一性を主張するために、それを他のものとの区別と対立の場に置き、その否定に直面させるのである。

だが、そうすることによって、思惟は当のものを超えて、それから区別されそれに対立するものに眼を向けていることになる。それは、他のものに移行している。のみならず、普遍的なものの規定性に対立させることによって、普遍的なものの自身を一の規定性に他ならないものとしている。「普遍的なものすなわち無規定的なものは規定されたものである」という逆説が生じる。まさに、普遍的なものを反対のものに転化させているのである。

こうした逆説を悟性的思惟自身は自覚しない。それは、自らの引き起こした事態について無自覚である。だが、そうした悟性の振る舞いに反省が向けられるならば、事情は明らかになる。諸規定の反対のものへの移行ないし転化をヘーゲルは「弁証法」(Dialektik)と呼ぶ。そうした弁証法を洞察し言明する思惟は、「否定的理性的」と形容される。それによって、普遍的なものは特殊なものであることが洞察されるのである。

しかし、反対のものと言っても、それはもとのものと無関係であるわけではない。それは、まさにこのものの反対なのであり、「規定(限定)的な否定」(die bestimmte Negation)である。それはもとのものとの関係を保っており、その関係において捉えられなければならない。こうして、特殊なものは普遍的なものとの関係においてのみあることが理解される。反対のものとして対立しあうものが密接な関係においてあり、統一されている様が看取される。対立しあうものの統一を捉える思惟を、ヘーゲルは肯定的理性的(positiv-vernünftig)と形容し、その働きを「思弁」(Spekulation)と名づける(Enzy., §82.)。それによって、一旦特殊なものになった普遍的なものは、それをうちに宿す形で回復され、具体的普遍(das konkrete Allgemeine)という意味を持つことになるのである。

このようにして、思惟が如何に普遍性を追求し、具体的普遍に達するかが分かる。そこには、論理的思惟の三側面、抽象的=悟性的、否定的理性的=弁証法的、肯定的理性的=思弁的の協働が認められる。そのようにして到達される具体的普遍を、ヘーゲルは「個別的なもの」(das Einzelne)[12]と呼ぶ。それは、『精神の現象学』の冒頭章「感覚的確信論」で主題化された、感覚的指示の対象たる「このもの」(Dieses)ともはや同じものではない。それは、対自的となり自己自身に対するものとなった普遍的なものである。感覚的な「このもの」は、恐らくその抽象的な尖端にあり、即座に止揚されるべきものとしてあることになろう。ヘーゲルはそれを「概念の喪失」(die Verlust des Begriffs)と呼ぶ(W.d.L.II., S.51.)。

だが、このことは、逆に、普遍的なものとしての概念がその喪失に至るまで自己を分割する可能性を有していることを意味する。それは、まさしく否定の否定、絶対的な否定性としてあるのであるから、内に否定を宿しており、否定性は終熄することなく新たな分肢を生み出していると考えなければならない。それは、少なくとも静止的なものとしては捉えられない。それは、分割を本来的な働きとする。「判断」（Urtheil）をこの意味の「根源的分割」（die ursprüngliche Theilung）と解するならば、概念は判断となる必然性を有していることになる（ibid.,S.52.）[13]。

注

（1）G.W.F.Hegel, *Enzyklopädie der philosophischen Wissenschaften im Grundrisse*, I, 1830, in: Werke,8., Frankfurt a. M. 1970.

（2）L.Feuerbach, *Das Wesen des Christentums*, 1841, 1843, in: *Gesammelte Werke*, 5, Berlin 1973, S.48,75.

（3）G.W.F.Hegel, *Wissenschaft der Logik*, II, (1816), in: GW.,12., Hamburg 1981, S.37; I.Kant, *Kritik der reinen Vernunft*, A261,B317.

（4）「概念は自己自身を直接的で無規定な普遍性として傍らに置く。まさにこの無規定的なものが概念の規定性となるのである」（W.d.L.II.,S.38.）。それによって、「概念は特殊なものである」ことになる。ヘーゲルはここに概念の真の分類（die wahrhafte Eintheilung）を見るのである（ibid.）。

（5）（b）と（c）は特殊なものとして並び立ち（koordiniert）、Aに対立し（gegen）、Aの下に立つ（subordiniert）。しかし、Aが（b）、（c）に対立するならば、それ自身特殊なものであり、対立しあうものの一つたらざるをえない。このことは、Aの追求を無限進行とすることになろう。だが、ヘーゲルは、対立しあうものが互いに対して持つ規定性（ihre Bestimmtheit gegeneinander）は普遍的なもののうちにある単純な否定性（die Negativität, welche im Allgemeinen einfach ist）であるとして、この進行に歯止めを掛けるのである。（W.d.L.II.,S.38.）

（6）『精神の現象学』において、ヘーゲルは次のように記していた。「切断することは悟性の力と働きであり、最も驚嘆すべき最大の、或いはむしろ絶対的な威力のそれである。（……）しかし、自己完結していて実体として諸契機を保持しており安定した領域の範囲から分離された偶有的なものそのものが独自の存在と孤立した自由を持つということは、否定的なものの途方もない威力（によるもの）である」。G.W.F.Hegel, *Die Phänomenologie des Geistes*, 1807, in: GW.,9., Hamburg 1980, S.27.

（7）「具体的なものを抽象的な諸規定性に分かち区別の深淵を捉えることは、悟性の無限な力であると見なされなければならない。この深淵は、しかし、同時にそれらの規定性の移行を引き起こす威力でもあるのである」（W.d.L.II.,S.41.）。

（8）このことを遂行しえないとすれば、それは「理性の主観的な無力」（eine subjektive Ohnmacht der Vernunft）と言われる。「悟性は、普遍的なものを規定したり、逆にそれだけでは支えを持たない規定性に普遍性の形式を与えることで固定的な存立を付与することにより、無限の力を示す。それ故、それ以上の進展がないとしても、悟性の責任とはされない。これらの規定性をそのまま妥当させ、右の抽象的な普遍性に対立する弁証法的な力によって、すなわち諸規定性の固有の本性、つまり概念によってそれらを統一に連れ戻すことができないのは、理性の主観的な無力さである」（W.d.L.II.S.42.）。

（9）このことを洞察するのが思弁（Spekulation）の働きに他ならない（Enzy., §82.）。

（10）Parmenides, Kirk & Raven, *The Presocratic Philosophers*, London 1960, p.263; B.d. Spinoza, *Ethica ordine geometrico demonstrata*, 1677, in: *Spinoza Opera*, II, Heidelberg 1972; F.W.J.Schelling, *Darstellung meines Systems der Philosophie*, 1801, in: *Schellings Werke*, III, München 1977.

（11）Enzy., §82.

（12）Phä.d.G.,S.63, I Die sinnliche Gewissheit; oder das Diese und das Meynen.

（13）山口祐弘『近代知の返照』学陽書房、一九八八年、第Ⅱ篇第二章参照。

第二章　概念の原分割と無限性の回復

――無限判断の意味と地平――

序

ヘーゲルは判断（Urteil）を「概念の自己自身による分割」（die Diremtion des Begriffs durch sich selbst）、その意味の「根源的分割」（die ursprüngliche Theilung）と捉える。(1) それは、概念が統一を見失い、分裂の次元にあることを意味する。しかし、概念はその次元にとどまっているわけではない。主語、述語を繋辞によって結合する判断の形式は、分裂によって生じた極を再結合しようとする概念の努力の現れと解される。さしあたり、それはもとあった同一性の微かな痕跡にすぎないと見えるかもしれない。しかし、判断の諸形式の持つ内容を考察すれば、概念が統一を回復すべくそれらを順次生み出していく様が観察される。その系列は、単なる形式的な結合肢にすぎないように見える繋辞が一層具体性を獲得し充実したものとなり、主語と述語を自らの契機として宿すようになる過程と見なされる。

とはいえ、ヘーゲルの判断論の論述は、必ずしもこうした見通しを単純に裏付けるものではない。むしろ、「定在の判断」（das Urtheil des Daseyns）（W.d.L.II.S.59～70.）の論述は、主語と述語が一層大きく乖離し、終には一切の結合が断たれる事態に達する様を描きだす。その到達点が、「無限判断」（Unendliches Urtheil）と称されるものに他ならない

(ibid.,S.60.)。判断の否定とまで評されるこうした事態から脱却し、概念の統一を回復することはできるのか、有限性から無限性への道は如何にして開かれるのか、が問われることになる。

この問いに答えるためには、分裂の極致とされる無限判断の構造と意味を考え抜くことが必要であろう。そこへ至る過程とそこで開かれる地平を踏まえて無限性への道が見出されなければならない。本章では、こうした関心からヘーゲルの無限判断の思想を再考することとする。(2)

一　無限判断の論理的問題

カントは判断表を作成するに当たって、量、質、関係、様相の四つの項目を設け、それぞれに三個の形式を置くという方針の下に、「質の判断」として肯定判断、否定判断、無限判断を立てた。(3)彼が示した例によれば、「魂は可死的である」(Die Seele ist sterblich.) という肯定判断に対して、「魂は可死的でない」(Die Seele ist nicht sterblich.) は否定判断であるが、「魂は非可死的である」(Die Seele ist nichtsterblich.) と言えば、「無限判断」になる (K.d.r.V.,A71,B97.)。その形式上の特徴は、否定判断の否定辞〈nicht〉が述語と合体し、〈nichtsterblich〉という新しい述語を作りだしており、判断全体は肯定の形をなすという点にある。だが、意味的には、否定的な述語を持つが故に否定的である。肯定判断が、魂に「可死的」という属性を帰し、否定判断がそれを剝奪するのに対し、無限判断はそのどちらでもない「非可死的」という別の述語を魂に帰しているように見える。それは何を意味しているのかが問われる。

カントの説明によれば、その機能は、世界の全存在者を可死的なものの領域とそうでないものの領域に分かち、後者の中に魂を置くことにある。存在者の全範囲が無限であるとすれば、それを二分したとしてもそれぞれは無限である。この無限な領域に魂を置くことによって、それはさして積極的な規定を得ることにはならない。魂は、「可死性」という性質を失うだけで、依然未規定なままに措定されているにすぎない (ibid.,A72f.,B98.)。

カントは、無限な領域に魂を措定するという機能から、この判断に無限判断という名を与える。だが、それは主語を無限定、無規定な（unbestimmt）ままにしているということからも、無限判断と呼ばれるに値しよう。主語に肯定的な述定を施しているように見えて、それを未規定なままにしているのである。カントは、それは主語の帰属領域を制限する（beschränken）だけであるとして、その背後では「制限」（Limitation）の範疇が働いていると言う（ibid.,A73,B98.）。

では、それは否定判断とはどう違うのか。「魂は可死的でない」と言う時の「ない」と「魂は非可死的である」と言う時の「非」の間には如何なる違いがあるのか。可死性の欠如を言う限りでは、「ない」は「非可死的なもの」の範囲と重なるはずであり、両者は異ならないように見える。少なくとも、「非可死的なもの」は「可死的ではない」はずである。だが、「可死的でない」における「ない」は、可死性を欠くものが生あるものかそうでないかに関わりなく、ただ欠如を言い表すのみである。「死ぬ」のはもともと「生ある」ものであるが、本来生なきものは「生きることも死ぬこともない」。生なきものは死ぬことも「ない」以上、この「ない」は「生あるもの」の範囲を超えて適用される。そして、それは「石は可死的でない」といった言明をすら許容することになる。「石が死ぬ」という言明は無意味であり、石には可死性は認められないというのであれば、右の言明は正しいことになる。

このことは、否定をどのように解したらよいかという問いを惹起する。もし、「ない」に無際限の適用範囲を認めるならば、「可死的でない」とされるものは、生あるものなのか生なきものなのかという曖昧さ（二義性）を生じることになろう。そして、それを改めて否定した時、どちらの意味の否定が再否定されているのかは分かりにくい。また、否定が二義性を持つならば、矛盾律や排中律の適用も困難になりかねない。

否定と矛盾の関係を考えるに当たって、カントはこうした問題に頓着しなかったように見える。彼は、「どの物体も良い匂いがするか良くない匂いがするかである」（Ein jeder Körper riecht gut oder nicht gut.）と言う時、この対立は、まったく匂いのない物体が存在することによって、矛盾対当とはされえないと言う。これに対して、「若干の物体は良い匂いがしない」（Einige Körper sind nicht wohlriechend.）といえば、それは「良くない匂いがする」と「まったく匂いがしない」場合とを含み、「どの物体も良い匂いがする」の矛盾対当となりうると言うのである（ibid.,A503,B531.）。ここでは、「良い匂いがしない」が、「匂いのするもの」という一般的領域を超え、匂いのしないものにも妥当すると考えられていることになる。「同じ類に属しながら、中間に第三者を容れる余地がない形で互いに否定的である概念」[4]を矛盾概念と呼ぶならば、カントはこの類という枠を撤去して真の矛盾関係を考えているのである。だが、それは混乱を来す恐れはないであろうか。

こうした混乱を回避するには、良かれ悪しかれ匂いのするものとまったく匂いのしないものを区別し、後者の領域に、例えば「水晶」を置いてはどうであろうか。その時、「水晶は匂いがしない」が正しい判断となる。

矛盾の関係は、対立する判断の一方が真である場合には他方は偽、一方が偽である場合には他方が真となるという厳格な関係である。「水晶は良い匂いがする」が偽として斥けられる時、必ずしも「水晶は匂いがしない」というわけではないとすれば、ここには矛盾の関係はなく、また「水晶は匂いがしない」の否定は、ただ「水晶は匂いがする」であって、必ずしも「水晶は良い匂いがする」とはならない。同様に、「魂は可死的でない」の否定も魂を生あるものの領域に戻すだけであって、可滅的な生であるか不滅の生であるかを断定するものではない。よって、それと「魂は可死的である」との間に矛盾は生じないのである[5]。

それ故、矛盾律や排中律が妥当性を持つのは、こうした場合を除外することによってであると言わなければならない。生あるものに関して、可滅的な生を持つのか不滅の生を持つのかが問われ、嗅覚で感じられるものに限って、良い匂いがするかしないかが問われうるのである。このことは、否定辞「ない」はその及ぶ範囲を意識しつつ限定的に用いられねばならないことを示唆している[6]。

二　ヘーゲルの無限判断論
――同一律のアポリア――

こうした問題に気づかせる無限判断の思想を、ヘーゲルはカントから受け継ぐ。彼は、カントの質の判断を「定在の判断」（das Urtheil des Daseyns）と言い換えて、その分類を踏襲する。すなわち、（a）肯定判断、（b）否定判断に続けて、（c）無限判断を置くのである（W.d.L.II.S.59～70.）。

彼は、「このバラは赤い」（Die Rose ist rot.）という判断を事例として分析に着手する。それは、「このバラ」に「赤い」という性質が帰属することを観察し記述する命題である。それは、「内属の判断」（das Urtheil der Inhärenz）と呼ばれ、実体、属性の範疇を適用して、「このバラ」を実体と見、「赤い」を属性と見なしているのである。実体が他の多くの性質を帰属させる普遍的な基体であるとするならば、性質「赤い」は多くの性質の中の一つであり、個別的なものである（W.d.L.II.S.62.）。そうした個別的なものが普遍的なものに帰属することを言明する判断において、繫辞〈ist〉は主語と述語の同一性を表現するのではなく、両者の区別を前提した上で帰属関係を表すにすぎない。このことは、非同一性が同時に念頭に置かれていることを意味する。

実体が多くの性質を担うものであるならば、一性質だけでその全体が表現されているとは言えない。よって、実体「このバラ」は、性質「赤い」とは異なるものである。では、実体そのものとは何かと問われるならば、それは諸性質が共存する場というにすぎず、言語的には諸性質の羅列を表す「もまた」〈auch〉で示されるものにすぎない[7]。その実体性は虚ろであり、むしろ解体の危機に曝されることになる。「本質論」において、「もの」は諸性質が独立した物質となることによって、解体してゆく事情が示された。『精神の現象学』の「知覚論」も同じ問題を指摘したのである[8]。

このように実体の解体にまでは進まないとしても、実体と属性、主語と述語の差異は顕在化せざるをえない。それは、さしあたり「このバラは赤くない」という否定判断によって表現されるように思われる（W.d.L.II.S.64~69.）。だが、否定判断といえど、「このバラ」が色も持つことまで否定しているわけではない。むしろそれが他の色を持つことを前提し、却ってその色が何であるかを期待させる。否定は、色という普遍的な領域まで否定しているわけではない。それは、なお肯定的な主張を宿しているのである。

とはいえ、「色」は「このバラ」とまったく同一であり、「このバラ」は「色」によって表現し尽くされるというわけではない。普遍的な実体としての「このバラ」は「色」ではなく、また「匂い」や「形」等々でもない。それからは個別的な性質とその全領域が遠ざけられなければならない。だが、そうするならば、「このバラ」についてはもはや如何なる述定もありえず、「このバラはこのバラである」と言う他はなくなる。主語はまったく限定のないものとして定立されているだけである。ヘーゲルはこれを「無限判断」と名づけるのである（ibid.S.69.）。

肯定判断から否定判断を経て無限判断に至るこうした過程の考察は、もちろんカントにはない。ヘーゲル独特の弁証法的な分析がそこには認められる。とはいえ、無限判断において主語がまったく無規定、無限定なままに措定されているとする点では、ヘーゲルはカントの無限判断の規定を正しく継承していると言うことができる。無限（unendlich）とは、ヘーゲル特有の意味で、限定のないこと。無規定で（unbestimmt）あることを意味するのである。

このことは、実体と性質、主語と述語の関係を、同一性の原理に照らして厳格に追求した結果に他ならないと言えよう。すなわち、実体の自己同一性を厳しく要求するならば、「実体は実体である」、「このバラはこのバラである」と言う他はなくなるのである。それは何の情報も与えない言明であり、言明することの意味を放棄した言明と言うべきであろう。ヘーゲルはそれを「判断形式の破壊」と形容する。それは、同一性の追求と同一律の厳守は、論理的に非の打ち所がないにせよ、何も言わない結果に導くという逆説であり、知識の拡張を不可能にするというパラドックスに他ならない（W.d.L.I.S.264.）。

三　領域内否定と領域否定

こうしたヘーゲルの判断論は、しかし、否定に関する重要な問題点に気づかせる。すなわち、否定には二種ないし二段階があるということである。

「このバラは赤くない」と言う時、人は「このバラ」が色を持つことを前提しており、赤以外の色を持つことを予想している。「赤くない」は、色の領域を二つに分かち、赤と赤以外の色を区別する働きを示している。人は、後者の中のどの色かを期待し待ち受けるのである。したがって、否定判断といえどもなお肯定的な主張を含んでいると言わなければならない。

これに対して、無限判断は一切の肯定的な前提を遮断する。「このバラは赤くない」に代えて、「精神は甘くない」という場合には、およそ精神が味を持つという想定が成り立たないと考えられている（W.d.L.I.,S.285.）。甘くなければ他の味であるという選択肢はない。精神と甘さおよび甘さが属する味の全領域の間の絶対的な断絶が主張されており、従って、精神が何であるかの手懸かりはまったく与えられていない。主語はまさしく未規定、無規定なままに置かれているのである。これこそは、無限判断の名に相応しい事情であろう。「このバラはこのバラである」が何も言っていないのと同様、「精神は甘くない」も何も言っていないに等しい。ヘーゲルは前者の形を「肯定的無限判断」（das positiv-unendliche Urtheil）と呼び、後者の形を「否定的無限判断」（das negativ-unendliche Urtheil）と呼ぶのである[9]（W.d.L.II., S.70.）。このように見るならば、第一種の否定を領域内否定と呼び、第二種の否定を領域否定と呼ぶのが適切であろう。そして、肯定判断と否定判断の対立は領域内の対立であり、無限判断はその領域を超えたところに主語を措定する判断であることになる。

そうだとするならば、ここでは排中律は妥当性を失うことになるのか。それとともに、矛盾律も適用できないことになるのだろうか。もし、否定を領域内否定に限るならば、「赤い」と「赤くない」は中間者の介在を許さない対立となる。そして、如何なる色もそのどちらかに属さねばならず、一方でなければ他方である。ここには、厳格な二者択一が求められ、矛盾の関係が成り立つと言える。そして、判断はそのどちらかを主張する他はないのである。

　これに対して、否定を領域否定にまで拡大したらどうであろうか。「精神は甘い」の否定は、確かに「精神は甘くない」である。前者であれば後者ではありえず、後者であれば前者ではありえない。また、前者でなければ後者である。しかし、後者でないという場合はどうであろうか。否定が領域否定である以上、「精神は甘くない」は「精神は味を持たない」ということに他ならない。それを否定する場合には、精神が味を持つことを先ず確認しなければならない。その後、その味が甘さであるか否かが問われることになろう。したがって、直ちに「精神は甘い」が取り戻されることにはならない。精神は甘さ以外の味を持つ可能性を残していると考えるべきである。こうして、厳密な矛盾の関係の成立に必要とされる条件、一方が真ならば他方は偽、一方が偽ならば他方が真、そしてその逆も成り立つという条件は満たされないことになるであろう。

　こうした事情は、従来必ずしも十分な注意が払われなかったことのように思われる。アリストテレスは、矛盾した言明の不可能性を説くに当たって、「人間は舟である」と「人間は舟でない」という例を挙げた[10]。後者は、右の考察に照らせば、単なる否定判断ではなく、無限判断である。その否定は、乗り物の領域を舟とそうでないものに分かつ否定ではない。人間はおよそ乗り物ではなく、それに乗る主体であることを主張する否定に他ならない。それは、「人間は舟でない」からといって、舟以外の乗り物であることを示唆しようとするものではない。また、もし「人間は舟でない」ことが否定されるとしても、「舟でないことはない」という二重否定が直ちに肯定「人間は舟である」に立ち戻るわけでもない。まずは、「人間は乗り物である」ことが確認され、舟である乗り物であるか否かは次の段階で確定されるべき事柄である。アリストテレスは、領域内否定と領域外否定を区別することなく否定を理解していたことが、この例から明らかになる。そして、カントもそれに倣ったことが先に見られたのである（K.d.r.V.,A503,B531.）。

ヘーゲルは、そこから生じる曖昧さを払拭すべく、否定に二段階の区別を設け、矛盾律や排中律の適用を領域内否定に限定した。矛盾とは、一定の領域を土台として成り立つ、二項の間の相互排斥関係に他ならず、そこにおいてこそ第三の選択肢の介在を許さない緊張が生ずるのである。[11] 無限判断は、こうした領域を超えたところに超出することによって、矛盾的対立の様ならびにそれを成り立たしめる土台を明るみに出す役割を果たしていると言うことができる。その地平に立って見ることで、混乱を避け矛盾を修正しつつ整然たる論議を展開することが可能になるであろう。肯定判断、否定判断に対し、第三の判断としての無限判断が立てられることの意義をそこに見出すことができる。

四　テトラレンマと真無限

無限判断ないし領域否定の地平から見る時、一定の土台の上で二つの項、Aと非Aが対立している様が現前する。Aと非Aは互いに排斥しあい相容れないが、超越的な視点からすれば、同じ次元にともにあることによって対立関係をなしていると言うことができる。そして、それを観察する視点は、Aでも非Aでもなく、両者を超えたところにある。その視点においては、A、非A、Aかつ非A、非Aかつ非非Aという四つの契機があることになる。そして、これらすべてを認めることによって、矛盾対立という事態を全体的に捉えることができるようになる。それは、東洋思想の「四句分別」[12]に肖って「テトラレンマ」（Tetralemma）と呼ぶことができる。Aと非Aという二項があるというにとどまらず、第三、第四の項を認めることによって、それは矛盾律や排中律を無視しているように見えるかもしれない。しかし、それはこれらの原理を一方的に廃棄することによってではなく、むしろ矛盾の構造を正しく洞察することから導かれることに留意しなければならない。排中律は、却って、第三、第四のものを前提して成り立っているのである。

こうした理解は、ヘーゲルが「思弁」（Spekulation）と呼んだものに通じている。彼が論理的なもの、論理的思惟に三つの側面があるとし、それらを（a）抽象的・悟性的（abstrakt, verständig）、（b）否定的理性的・弁証法的（negativ-vernünftig, dialektisch）、（c）肯定的理性的・思弁的（positiv-vernünftig, spekulativ）と形容したことはよく知られている（Enzy., §79.）。抽象的悟性的側面とは、諸規定を没関係的、孤立的にあるものとして同一性の形式でのみ捉え、固定しておこうとするものである。だが、それらは理性の否定的な働きによって同一性の鎧を破られ、反対の規定に移行する。Aは非Aに転化する。この移行の運動を、ヘーゲルは「弁証法」（Dialektik）と名づける（ibid., §81.）。だが、Aは消滅し、非Aのみが結果として残るというわけではない。非AはAの否定である以上、Aとの関係を無視することはできず、Aと非Aを統一的に捉えるのでなければならない。このように、対立しあうものの統一を捉える思惟の働きを、ヘーゲルは「思弁」と呼ぶのである。

この思弁のうちには、A、非A、Aかつ非Aがある。だが、それらを思惟する思弁そのものは、Aにも非Aにも囚われず、Aでも非Aでもない自由な境地にあると言わなければならない。すなわち、右のテトラレンマが認められるのである。

およそ対立しあい他のものと否定的排斥的に向きあうものは、有限なもの（das Endliche）である。これに対し、対立しあうものの統一は、こうした有限なものを超えたものとして、無限なもの（das Unendliche）と呼ばれるべきである。思弁は、対立しあうもののいずれからも自由なものとして、かかる無限を把握するのであり、それ自身無限な思惟と呼ばれることができる。

もとより、それは、有限なものを置き去りにし一方的に超越する無限ではない。このような無限は、有限なものの単なる否定として有限なものに対立しており、それ自身有限なものに他ならない。ヘーゲルはそれを「悪無限」（die schlechte Unendlichkeit）と名づけて、「真の無限」（die wahrhafte Unendlichkeit）ではないとした[13]。真の無限とは、有限なものをうちに宿す無限であり、内容に満ちた無限である。対立しあうものの統一を捉える思弁の働きは、まさしく真の無限を把握することに他ならない。

無限判断は、領域内の否定、いわば有限な否定を超えた無限な否定によってこのような思惟の地平を開いていると言うことができる。それは、それ自身では、否定的な超越を遂行するものとして、なお抽象的であるという面を帯びているかもしれない。しかし、真の無限を洞察する地平を開示することによって、それは思弁に対して大きな寄与をなしているのである。さらに、それは、対立するものの結合としての推理（Schluß）の思想に繋がるものとして、推理を経て主観性から客観性に移行する「概念論」の企ての中で重要な意味を有していると言うことができる。[14]

注

（1）G.W.F.Hegel, *Wissenschaft der Logik*, II, 1816, in: GW.,12., Hamburg 1981, S.55.
（2）山口祐弘『近代知の返照』、学陽書房、一九八八年、第Ⅱ篇第二章、第Ⅲ篇第一章を参照。
（3）I.Kant, *Kritik der reinen Vernunft*, 1781,1787, A70,B95.
（4）山口祐弘『ドイツ観念論の反省理論』、勁草書房、一九九一年、二七、一三七頁。
（5）同、第一章を参照。
（6）山口祐弘『ヘーゲルとテトラレンマ—アジア的思惟への一視点』東京理科大学紀要、第41号、二〇〇八年。本書第二巻第四部第三章を参照。
（7）G.W.F.Hegel, *Wissenschaft der Logik*, I., 1812/13, in: GW.,11., 1978, S.336.
（8）G.W.F.Hegel, *Die Phänomenologie des Geistes*, 1807, in: GW.,9., 1969, S.73.
（9）G.W.F.Hegel. *Enzyklopädie der philosophischen Wissenschaften*, §173, Zusatz.
（10）Aristoteles, *Metaphysik*, Hamburg 1978, 1007b19-36.
（11）M.Wolff, *Der Begriff des Widerspruchs*, Königstein/Ts. 1981, S.146ff.
（12）前注（8）および第二巻第四部第三章を参照。
（13）G.W.F.Hegel. *Wissenschaft der Logik*, I/1., 1832, in: GW.,21., 1985, S.138.
（14）無限判断の分析から明らかになることは、矛盾的に対立しあう規定は一定の土台（M・ヴォルフの言う反省論理学的基体）を共有しており、対立関係はこの土台と不可分の関係にあり、対立しあう規定間のみならず、両関係の間にも反省関係が生まれているということである。対立は土台なしには成り立たないが、逆に何らかの対立関係が設定される場合には、必ず一定の土台が想定されているのである。こうした三項の反省関係が諸規定の結合を意味する推理（Schluß）の原型をなすと考えられる。

第三章　個物の概念と個体性の原理
――概念論の視点から――

序

ヘーゲルは個別性（Einzelheit）を普遍性と特殊性の統一として捉える。[1] それは、普遍的なものとしての概念が自己を規定し特殊化しながら、この規定性を自己のうちに取り戻しているあり方を表現する。その意味で、それは具体的なものとなった概念、「具体的概念」と言われる。

だが、こうしたヘーゲルの個別性の思想には強い反撥も生まれた。およそ個別的なものとは、一般的な概念によっては規定し尽くされず捉えきれないものを有するのであって、ヘーゲルはこの点を看過し無視しているのではないのかというのである。アリストテレスが個体化の原理を形相にではなく質料に求めた時、[2] 個別性は普遍的なものの対極にあると考えていたのであろう。ヘーゲルの後、フォイエルバッハはこの観点からヘーゲルに強く反対した。[3]

しかし、ヘーゲルは個別性を普遍に単に解消する普遍主義者であったと決めつけることも些か性急であろう。ヘーゲルは、『精神の現象学』の冒頭章「感覚的確信論」（Die Sinnliche Gewissheit）[4] おいて示しているように、素朴な「このもの」への思い込みを丹念に分析・批判しつつ、自らの個別性の思想を構築しているのである。

そうであるとすれば、ヘーゲルへの反撥と批判を顧慮しながらも、ヘーゲルの真意がどこにあったのかは改めて再検討されねばならない。批判に対するヘーゲルの反批判はなお可能であるかを問いながら、ヘーゲル独自の個体性概念の構造を明らかにすることが必要である。本章では、こうした観点から、ヘーゲルの個別性（個体性）の思想を再考する。

一　個体の指示作用

ロックは、個体化の原理を「ある種の存在者を同じ類の二つの存在者へ伝達できない特定の時間と場所に確定する存在それ自身である」と規定する[5]。或るものを個体と見なす上で時間と空間が決定的な役割を担うことが示されていると言えよう。カントは、「量的質的な一切の内的規定に関してまったく同じ二つのものを区別することは単なる悟性概念によれば矛盾である」とするライプニッツの不可識別者同一の原理（principium identitatis indiscernibilium）[6]を批判して、純粋に悟性的に見れば同じものでも空間上の位置によって区別することはできると主張した[7]。ショーペンハウアーは、「われわれは数多性が一般に時間と空間によって必然的に制約され、それらの中でのみ考えうることを知っており、この点を顧慮して時間と空間を〈個体化の原理〉と名づける」と言う[8]。

ここから、人は特定の時間と空間にあるものを個体、個物として理解することになる。個体、個物とは何かと問われるならば、「今ここにあるこのもの」と答えるのが普通であろう。「今」と「ここ」こそは、時間と空間を特定する指示語である。カントのように、時間と空間を感性の形式とするならば、「今」と「ここ」の特定には感覚器官とそれを働かせる主体が関与していることは疑いを入れない。その主体も任意の主体であってよいのではなく、特定の人でなければならず、その感覚作用も一定の一回的な作用なのでなければならない。それによって、「今」と「ここ」は時間、空間一般ではなく、他によって置き換えることのできない一回性を持つことになる。こうして、「このもの」

は主体の一回的な感覚作用によって、代替不可能な個別的なものとして特定されるのである。だが、このように特定の働きの一回性を強調せねばならないということは、時は流れ、空間は移動の可能性を宿しているということを背景としている。そうであればこそ、流れ行く時を「今」にとどまらせ、移動しようとする点を「ここ」に停止させねばならないのである。「このもの」を特定し指示するには、時の流れを押しとどめ、普遍的な空間の広がりを限局し、主体の働きを特定の志向作用に制限しなければならない。

しかし、停止させ限局し制限するとは、他に成り行こうとするものを他から切り離し、そのものを抽出し、残りのものとこれを対立させることである。「今」に対しては「先」と「後」が対立させられ、「ここ」に対しては「そこ」「あそこ」が対立させられる。指示する主体は自分でないものと自分を分かち区別しなければならない。自分を「私」と呼ぶならば、「君（たち）」ないし「彼（ら）」が「私」から区別される。それらの特定性と一回性は、それでないこと（他在）の否定として成り立っているのである。それらは、まさしく「否定の否定」としてあると言わなければならない。「限定は否定である」（Determinatio est negatio.）というスピノザの定義は、ここでも生きている[9]。

このように、「今」は「先」と「後」、「ここ」は「そこ」や「あそこ」、「私」は「君（たち）」や「彼（ら）」と同じ次元にありながら、これらから区別され、これらを否定するものである。その背景には、これら互いに区別されたものを包摂する普遍的な場があり、そこから「今」、「ここ」、「私」は抽出され、抽出された先端として互いに向かい合っているのである。それが、「私」が「このもの」を指示するということに他ならない。

そうである以上、特定性、一回性として特徴づけられる個物、このもののみならず、それを指示する主体の行為も、他のもの、他の行為との否定的な連関を抜きにしてあるわけではない。それらは、一層広い普遍的なものの否定、限定としてあるのであり、普遍的なものの特殊化としてあるのである。個物の個体性といえど、普遍的なものを背景とし、それとの否定的関係において成り立っていることになる。この連関を統一と呼ぶならば、個別性とは普遍的なものの限定たる特殊性と普遍性の統一であるとする理解が生まれることになる。

二　ヘーゲルの個物批判

ヘーゲルは『精神の現象学』の「感覚的確信論」において、個物の概念の分析と批判を行う。彼は、「このもの」(das Diese) を構成する契機として「今」と「ここ」を摘出した上で、それぞれの分析を企てる。だが、彼が導く方向は、右のような個物の代替不可能性と指示行為の一回性の主張とは反対である。彼は、そうした代替不可能性と一回性は真理として確保されえず、それについての確信が却って非真理であることを示そうとする。そのため、彼は次のような操作を加えるのである。

「われわれは〈今は何であるか〉という問いに対して、例えば、〈今は夜である〉と答える。(……) われわれはこの真理を書きとめる。(……) われわれが、いま、この昼間、書きとめられた真理を再び考察するならば、われわれはこれが空虚なものとなっていると言わざるをえない」(Phä.d.G.,S.64.)。

「今は夜である」は一時真理であった。それは、「われわれがまさしくその夜、それを今と指示して、その暗い状況を言い表しているからである。対象と言明の一致は成立している。

だが、それは永続的な真理ではありえない。時が移り昼になってみれば、その言明は妥当せず、「今は昼である」に置き換えられざるをえない。真理のもう一つの要件、恒常不変性が先の言明には欠けていたことになる。

この吟味から明らかになるのは、「今」が指示主体の置かれている特殊な状況から離れては意味を持たず、指示行為はその都度一回的でしかありえないということかもしれない。だが、ヘーゲルはそうした一回性に踏みとどまることなく、「今は夜である」から「今は昼である」の推移において「今」という語が繰り返し現れ保持されていることに注目する。それは、夜、昼等の共通の主語として振る舞っているだけでなく、「夜である今」に対して「夜でない今」、更には「昼でない今」に成り行くものとして否定を含みつつ、否定的なものとして保持されていると言うのである。それは、それについて述定される夜や昼が否定されることを介して保持される。夜や昼は「その傍らで戯れているもの」(was noch bei ihm herspielt) にすぎず、「今」はそれらに対して無関係であり、それらが今の存在 (sein Seyn) をなすことはありえないのである (ibid.,S.65.)。

とはいえ、「今は夜である」、「今は昼である」という主張が完全に無意味とされるわけではない。「今」は昼でも夜でもありうることが認められねばならない。勿論、夜や昼が「今」の全てであるわけではなく。それらは「今」の「他在」(das Anderssein) にすぎない。「今」はそれらの存在によって触発されることなく、それらを他在として含みつつその自己同一性を保持すると見なされる。ヘーゲルはこのような単純なもの、このものやあのものではないという否定を介してあり、しかもこのものでもあのものでもありうるものを普遍的なもの (das Allgemeine) と呼ぶ。そして、このような普遍者が、事実上、感覚的確信における真なるものであると結論するのである (ibid.)。

ヘーゲルは、同様の分析を「このもの」のもう一つの構成契機たる「ここ」にも加える。そして、個物、「このもの」として「われわれが語るものは、このものすなわち普遍的なこのもの、またはそれがある、すなわち存在一般 (das Seyn überhaupt) である」と述べる (ibid.)。この「存在一般」も否定を介して成立している抽象物であり、純粋な普遍者である。ヘーゲルはそれをまた「純粋存在」(das reine Seyn) と呼ぶ。感覚するものがもっとも身近でもっとも確かであると思い込んでいる「このもの」はこうした抽象物に他ならないというわけである。

われわれが語る言葉、「今」、「ここ」、「このもの」に限るならば、ヘーゲルの結論は妥当であると言えるかもしれない。言葉として、それらは普遍的である。だが、ヘーゲルの理解する言葉は、表象や思念を捨象したそれに他ならない。

「われわれは、勿論、普遍的なものや存在一般を表象するわけではない。だが、われわれが表現するのは普遍的なものである。言い換えると、われわれはこの感覚的確信の中でそれを如何に思念している（meinen）かを語ることは絶対にないのである」（ibid.）。

ヘーゲルは思念と言語の乖離を指摘し、語りえない前者に対して語られたものに定位しようとする。そして、言語によって表現されえないものは真理とは見なされえないとするのである。そのかぎり、彼は個物の把握に関しては消極的な態度を取り、反個体主義、普遍主義の方向を選んでいるという批判は避けられないと見なされる。

だが、ここでの言語への定位の仕方には一考を要するものがあろう。「今は夜である」という言明が書きとめられる際、それが発せられる時の状況はすべて捨象され、抽象的な言明が保存されるだけである。それに対して、同様に抽象化された言明「今は昼である」が対置される。そして、両者の比較を通して、「今」という言葉が共通であることが示される。そして、それが夜でも昼でもありうるとともに、それらを超えてもいることが指摘されるのである。

しかるに、フッサールが「偶因的表現」[10]と呼ぶ「今」、「ここ」、「これ」等は、本来、それを発する主体との結びつきにおいてのみ意味を有するのであって、その都度の主体の指示作用を表すものに他ならない。そして、それらが完全な実際的意味を獲得するのは、それらが対象として関係するものの表象に基づいてのみである。主体と対象を欠けば、それらはまったく空虚な形式であり、指示機能一般を表現するにすぎない。それ故、このように主・客を欠いた抽象的な言葉、空虚な形式には、意味を充実させる作用としての主体の思念（meinen）が対立せざるをえない。ヘーゲルもまた、「われわれの思念（Meynung）にとっては、感覚的確信の真理は普遍的なものではないのであり、この空虚なまた無関係な〈今〉と〈ここ〉に対してひとりでなお残る」（Phä.d.G.S.65.）と言う。純粋普遍者という抽象物に到達する仕方は、まさに意味を充実するはずの「われわれの思念」を捨象することに他ならない。

三　指示の抽象性と具体性

ひとり残された思念にとっては、真理を保持する力は、見たり聞いたりする私のうちにある。「今は夜である」に対して「今は昼である」がこれを否定するものとして登場したとすれば、「夜である今」の消滅は「私がそれを固持することによって阻止される」と思われる。「今は私が昼と見るが故に昼であり、ここは私が木と見るが故に木である」(ibid., S.66.)。

だが、ヘーゲルは、この思念もまた否定を被ると言う。なるほど私はここが木であることを確信する。だが、他の自我は「ここは木ではなく、家である」と主張するかもしれない。そこでは、私の思念は通じない。私が私であるとすれば、他の自我も同様に「私」であり、それにとっての真理の前では私の思念は消滅するというのである。

ここでは、個別的なものとしてのこの私と、私にとっては「汝」もしくは「彼」である他の「私」が一挙に同一視される。そして、ヘーゲルは、この「私」なるものこそ否定の経験を通して消滅しないものと考えるのである。それは、木を見ているこの「私」と家を見ている他の「私」に共通のものであり、「今」、「ここ」、「このもの」と同様普遍的なものであって、木を見るものでも家を見るものでもあるが、またそのいずれをも超越していると考えられる。そして、「私」の見る作用そのものは、木を見ることでも家を見ることでもなく、そのいずれにも囚われない見る働き一般である。「それは、この家等々の否定によって媒介されており、その中で同様になお傍らで戯れているもの、木や家に対して無関係なのである」(ibid.,S.66.)。先に、指示の主・客なき指示形式が抽出されたように、ここでは、見る対象ならびに具体的な眼差しなき見る作用が抽出されている。そして、ヘーゲルはここでも言語の抽象性・普遍性に固執するのである。

「私はなるほど個別的な私を思念する。だが、私が今やここのもとで思念するものを語ることができないように、私のもとでもそうである。私はこのここ、今あるいは個別的なものと言うことによって、すべてのこのもの、すべてのここ、すべての今、個別的なものと言っているのである。同様に、私が私、この私と言うことによって、私は総じてすべての私と言っているのである。誰もが私の言うところのもの、私、この個別的な私なのである」(ibid.)。

ここにおいて、またもや私の思念と言語化されたものが分離され、前者が捨象される。真理を保持する力が私の中に求められながら、言表された言語の次元での比較によって私が抽象化されるという事情が見られる。少なくとも、私にとっては、他の自我は二人称、三人称で呼ばれるべきであり、私と同等の直接性を有するものではない。そうであるとすれば、ここで検討を行っている者自身は、木や家を見ている当事者ではなく、それに対して無関係な第三者であると見なさなければならない。

こうしたヘーゲルの手法と言語主義に対しては、その学徒の中から批判が生まれた。フォイエルバッハは『ヘーゲル批判』において、ヘーゲルが語りえないものとした個物への通路を言語によらない感覚に求めた[11]。それは、フッサールが偶因的表現の中に認めた指示作用と指示される対象の契機を回復しようとする努力であったと言えよう。まさしく「このもの」とは、主体とその指示作用（志向性）、指示対象の三契機からなるのであって、それらによって具体性を得ているのである。まさに、その具体性を回復することが課題となる。

そうした具体的な指示行為の中で思念されているものは何か。「このものはある。このものは直接的にある」ということがそれであろう。このものがこのものであるのは、示される（monstrieren）かぎりにおいてである。だが、それが示されるということは、外なるものによって示されるということである。直接的であると言っても、それは外なるものによって示され、措定された直接性（eine gesetzte, von einem Äußerlichen gezeigte Unmittelbarkeit）に他ならない。

思念された直接性はすでに媒介されたものである。そして、それを措定する指示行為は、それ自身「反省する運動」（die reflektierende Bewegung）なのであり、他のものと関わりを持ちながら、それらから志向性を転じこのものに自己を集中して（sich in sich zusammennehmen）直接性を措定しようとしているのである。[12]

だが、そうした指示行為は恣意的浮動的であり、そのかぎり自己に対して外在的なものであると言わねばならない。指示する者は様々なものの間を浮動しながら、或るものに目をとめ、それを「このもの」として指示するのである。「このもの」とはこうした媒介によって作られた直接性（das aus der Vermittlung hergestellte Unmittelbare）に他ならない（ibid.）。

このように見れば、指示する者も指示されるものも、他の多くの志向的行為、指示される可能性を持った他の多くのものを傍らに置いていることが分かる。指示行為と指示されるものは、それらの可能性を遮断し、捨象して成り立っているのである。それらは他を斥ける切断作用であり抽象（repellierende Abscheidung, Abstraktion）である。

そのかぎり、そこには否定的な媒介があり、このもの＝個別的なものは否定的なものである。しかも、直接性という見かけを有しているのである。それは、「否定的なものの直接的な自己同一性」（unmittelbare Identität des Negativen mit sich）と称される（ibid.,S.51.）。それはまた「質的な一」（ein qualitatives Eins）とも呼ばれる。質的な面からすると、それは自己を「自己自身から突き離し多くの他の一を措定する働き」（Repulsion seiner von sich selbst, wodurch die vielen andern Eins vorausgesetzt werden）を有するとともに、これらの一に否定的に関係し排他的でもあることになる（gegen diese vorausgesetzte Andern negative Beziehung, und ausschließend）（ibid.）。

個別的なものを抽象的なものとして措定することは、区別されたものを自立的で自己内反省したものとして措定すること（ein Setzen der Unterschiedenen als selbständiger, in sich reflektierter）（ibid.,S.52.）である。だが、区別し分離することは反省すること、或るものが他のもののうちに表出すること（das Scheinen des einen im andern）に他ならない。したがって、それらは本質的な関係のうちにあるのである（ibid.）。

個別的なものが互いに無関係な一者としてあるかぎり、普遍的なものもそこから排除されることになる。普遍性がそれらに関係づけられるとしても、それはそれらに共通なもの（das Gemeinsame derselben）（ibid.,S.51.）として捉えられるにすぎない。幾つもの個別的なものの無関係な存立を前提し、それらを互いに比較し、差異を捨象して獲得されたものに他ならない。そこで働いているものは外在的な反省であり、外在的かつ恣意的な観点に基づくものである。そうした普遍性は抽象的普遍性と呼ばれるべきであり、個別的なものを外在的に包摂するにせよ、それの否定的な対極としてあることになる。

とはいえ、個別的なものがそうした対極を有するということは、それが普遍的なものに関係しているということに他ならない。個別的なものは普遍的なものの限定としてあり、普遍的なものは個別的なものを自己の限定としていると言わなければならない。

こうして、普遍的なものは一層具体的なあり方において、抽象的な個別者も一層普遍的な場において捉えられることになる。ヘーゲルが「具体的普遍」（das konkrete Allgemeine）と呼ぶあり方が予感されることになる。その構造を普遍、特殊、個別という段取りで論述したものが、概念論の第一章「概念」である（W.d.L.II.,S.32ff.）。次に、その論述に従って、個別的なものの位置を確認しなければならない。

四　ヘーゲルにおける個体化の原理

今とここによって特定されるこのものは、空間と時間を制約とする感覚的直観の対象に他ならない。そのために、ヘーゲルはそれを「感覚的確信」（die sinnliche Gewißheit）の対象と見なしたのであった。だが、それは、時と場所が異なれば異なった対象を指示することになる。そして、諸対象の間には統一はなく、それらは無関係に別々にあるにすぎない。直観の内容は多様なものの無統一性（die Einheitslosigkeit der Mannigfaltigen）を特徴とする。そして、時と場所の移動が不可避的であれば、その内容も不断に変ずる。可変性（Veränderlichkeit）がそれのもう一つの特徴である。

それは、概念に要求されるものとは正反対であり、それが与えるものは、認識に不可欠の実在的な素材であるかもしれないにせよ、外在的な実在性（die äusserliche Realität）（ibid.S.42.）、没概念的なもの（Begriffloses）と評されざるをえない（ibid. S.40.）。

だが、ヘーゲルは直観のうちで示されるそうした可変性はすでに普遍的なものを示唆していると言う（ibid.S.41.）。確かに、変化がただあれこれのものの起滅にすぎないのではなく、それを通して同じものが見られるならば、それは普遍的なものの予徴であろう。また、このものへの指示行為がすでに普遍的な時と空間の限定である以上、普遍的なものを前提しかつ否定的に限定しているのである。普遍と個物は否定的な相関性のうちにある。

にもかかわらず、その普遍をこのものから分離し、固定的に捉えようとするならば、それは抽象的な普遍となる。そして、それを不動のものとして固定するのが悟性（Verstand）の仕事である。悟性は、諸規定性や有限なものに固定性を与える。それによって固定されたものは、抽象的な普遍性という形を取る。そして、不変不動な（unveränderlich）ものとされるのである。悟性は、それらに自己内反省という形式（die Form der Reflexion in sich）を与え、他者に関係すること（Beziehung auf anderes）を禁ずる（ibid.）。こうして生まれるものを、ヘーゲルは「規定された概念」（der bestimmte Begriff）と呼ぶ。

それは、この形式によって本質性を持つ。だが、その内容はこの形式に納まっていることはできない。内容は形式に相応しくない（Ihr Inhalt ist der Form nicht angemessen.）（ibid.）。それは、この形式を突き破って移行を開始する。そして、それを促すものも悟性なのである。「具体的なものを抽象的な諸規定性に分かち、区別の深淵を捉えることは悟性の無限の力と見なされる。そして、この深淵こそは抽象的な諸規定性の移行を引き起こす力でもあるのである」（ibid.）。「悟性は抽象的な普遍性という形式によって、それらに、いわば（……）存在の堅固さを与える。しかし、こうした単純化によって、悟性は同時にそれらを活性化し尖鋭化して、それらがまさにこの尖端において自己を解体し、その反対に移行する能力を手に入れるようにするのである」（ibid.S.42.）。何らかのものが到達しうる最高の成熟と段階は、それが没落し始めるところに他ならない、とヘーゲルは言う。

悟性が求める普遍性の形式は、「自己に関係する普遍性という形式」（die Form der sich auf sich beziehenden Allgemeinheit）（ibid.）であるが、それは、本来、有限な規定に備わるものではなく、無限なものの形式であって、有限なものの解体の必然性を予示しているのである。それは、有限なものがその形式に相応しくないことを表現するものに他ならない（ibid.）。

悟性によって他から区別され固定された規定性がその反対に移行することを、ヘーゲルは「弁証法」（Dialektik）と呼ぶ（Enzy., §81.）。だが、固定された規定性が固定されたままにとどまり、その弁証法が発動しないとしても、それは悟性の責任ではないと言う。それは、むしろ理性の主観的な無力（eine subjective Ohnmacht der Vernunft）（W.d.L.II.,S.42.）によるのである。理性（Vernunft）こそは、弁証法の担い手として、固定性を打破し反対への移行を促す否定的な力を発揮するべきものである。そして、そうした移行を介して、反対との統一を把握する思弁（Spekulation）の役割を遂行するのである。理性の二つの働きは、否定的理性的、肯定的理性的側面と呼ばれる（Enzy., §81,82.）。

とはいえ、悟性と理性を分離することも正しいとは言えない。悟性によって規定された抽象的な概念は理性の制約ないし本質的な契機と見なされるべきである。それは、有限なものが普遍性という形式の中で自己に関係することによって自己のうちで燃え上がり、弁証法的なものとして措定され、理性が現れる始めに他ならない（W.d.L.II.,S.43.）。こうして、悟性的、弁証法的、思弁的とヘーゲルが形容する三つの側面の協働によって具体的な概念が獲得されることになる。

この到達点から見るならば、概念は次のような運動として語られる。「概念は自己を規定にもたらす（限定する）、すなわち区別する。そのかぎり、自己の統一に否定的に向けられており、存在（Seyn）という自己の観念的契機の一つの形式を帯びる。規定された概念として、それは定在（Daseyn）一般を持つ」（ibid.,S.39.）。この過程は、普遍的なもの（das Allgemeine）が特殊なもの（das Besondere）へと自己を区別する過程として語られる（ibid.,S.38.）。「普遍的なものは自己を規定（限定）する。従って、それはそれ自身特殊なものである。規定性は普遍的なものの区別である。普遍的なものは自己自身から区別されるにすぎない」（ibid.）。こうして、普遍的なもの自身と特殊なものという種が生じることになる。だが、概念としての普遍的なものは、特殊なものから分離されるのではなく、それを支配し、その中で自己自身のもとにあり続けるのである。

詳論すれば、概念は先ず直接的で無規定な普遍性としてあると見なされる。だが、それが無規定であるということは、規定性に対立することである。よって、それは、規定性に対するものとして一方の側に立つ。無規定的であることは、その規定性に他ならない。そのため、それはそれ自身特殊なものとされねばならない。こうして、二つの規定性が並び立つことになる。そして、ともに特殊なものとして普遍的なものに対し、このもとに属するのである。だが、この普遍的なものも特殊なものがそれに対立している以上、対立しあうものの一方である。だが、二つの対立しあうものの関係とは、それぞれが異なった規定性を持ち、異なった特殊なものとして関係しあうということにとどまるものではない。それらは統一され、一体となって一つの規定された概念（Ein bestimmter Begriff）、一つの規定性（eine Bestimmtheit）を構成するのである。それはより包括的な普遍性の中で単純である否定性という意味を持つことになる（ibid.）。

こうして、規定性は普遍性の中にあり、普遍性と結合されて単純なものとなっている。言い換えれば、規定された普遍的なもの（dies bestimmte Allgemeine）（ibid.,S.50.）が成立しているのである。それは「自己自身に関係する規定性」（die sich auf sich beziehende Bestimmtheit）とも「規定された規定されたもの」（das bestimmte Bestimmte）とも言われる（ibid.,S.49.）。そして、それは「個別性」（Einzelheit）と名づけられる。「普遍性はただちに自己自身において自己自身に対して特殊性であるが、同様に直接的に特殊性は自己においてまた自己自身に対して個別性である」と言うことができる（ibid. S.43.）。

個別性は、普遍性と特殊性に対立させられるならば、概念の第三の契機と見なされる。だがまた、概念の絶対的な自己内還帰（die absolute Rückkehr desselben in sich）（ibid.）、すなわち概念がその本来性を回復したあり方であり、没概念的なもの（das Begrifflose）とされた抽象的普遍、概念として措定されていない概念（Begriff, der nicht als solcher gesetzt ist）（ibid.,S.40.）が今や措定された概念としての概念となったものに他ならない（ibid.,S.42.）。それは、概念自身の喪失（Verlust seiner selbst）としての没概念的な概念が概念として措定され回復されたもの（der gesetzte Verlust seiner selbst）（ibid.,S.43.）である。こうして、概念はその運動を完結したことになる。

このように見る時、冒頭で取り上げた感覚的確信と指示の場面はどのように捉えられるのか。直接的感覚、直観は概念に先立ち、概念に納まりきれないものを含んでいるようにも見える。だが、それだけに、それは時と場所の変化に従って流動的であり、不変性を持ちえないということが指摘されたのであった。悟性はそうした変化の中で変わらないもの、共通なものを拾い上げ、概念として固定しようとする。だが、まさにその概念は、抽象的なものとして、それ自身弁証法に服しており、その反対に移行し、反対との統一において捉えられるべきものとされたのである。ここには、直接的感覚的直観を起点とする上昇の運動がある。ヘーゲルは、そうした上昇を踏まえて、普遍、特殊、個別という三契機からなる概念を描きだしたのである。そうした概念に対して、直観そのものは概念に先立つものを持つ（vorhaben）とされる。それは、概念に対しては「外在的な実在性」（die äußere Realität）であり、没概念的なもの（das Begrifflose）である。だが、それは概念によってその価値を与えられる、とヘーゲルは言うのである（ibid.,S.42.）。この言葉を信じるならば、ヘーゲルは直観を決して置き去りにしたわけではないと言わねばならないであろう。彼はむしろそれを前にし、その把握を目指していたのである。ヘーゲルにおける個体化の原理（principium individuationis）は感覚的直観に対して開かれた概念によって与えられると結論することができる。

注

（1）『エンツィクロペディー』で、ヘーゲルは「概念そのものは普遍性、特殊性、個別性という契機を含む」と言い、普遍性は「規定されていながら自己自身と自由な同等性」であり、特殊性は「その中で普遍的なものが曇りなく自己自身と同じであり続ける規定性」であり、個別性は「普遍性と特殊性という両規定が自己内反省すること」であると言う。それは、「否定的な自己との統一」であって、「自体的かつ対自的に規定されたものであると同時に、自己同一的なものないし普遍的なものである」と述べている。この意味の「個別性」は「ただの直接的な個別性（nur unmittelbare Einzelheit）の意味に解されてはならない」と彼は付言する。G.W.F.Hegel, *Enzyklopädie der philosophischen Wissenschaften*, 1830, I., in: Werke.,8., Frankfurt a.M. 1970, §163.

（2） Aristoteles, *Metaphysik*, Hamburg 1980, XII, 1074a34～37.「説明方式は多くの事物に通じる。たとえば、人間の説明方式は多くの人間に通じて一つであり同じであるが、しかしソクラテスは一つであるから、〔そして、そのわけは、かれが質料（肉体）を持っているからであるが〕――本質は、ことに第一の本質は、質料を持っていない。」出隆訳『形而上学』アリストテレス全集12、岩波書店、一九六八年。

（3） Ludwig Feuerbach, *Zur Kritik der Hegelschen Philosophie*, in: GW.,9., hrsg. von W. Schuffenhauer, Berlin 1982.

（4） G.W.F.Hegel, *Die Phänomenologie des Geistes*, 1807, in: GW.,9., Hamburg 1980, S.63. Abk.:Phä.d.G.

（5） J.Locke, *Essay Concerning Human Understanding*, 1690, in: *The Works of John Locke*, vol.II, ch. 27, §3, London 1823, p.49.『人間知性論』大槻晴彦訳、岩波書店、第二巻「観念について」、第二十七章「同一性と差異性について」、三「個体化の原理」、三〇三頁。

（6） G.W.Leibniz, *Nouveau essais sur l'entendment humain par L'Auteur du Systeme de l'harmonie préétablie*, (1703) 1795, II, ch. 27, §13, in: *Die Philosophischen Schriften* 5, Hildesheim, New York 1978, S.213f.

（7） I. Kant, *Kritik der reinen Vernunft*, A263,B319.「対象が現象であるならば、（……）概念に関してすべてが一様であるかもしれないとしても、この現象が同時に占める位置が異なるならば、それだけで（感覚の）対象の数的な差異の十分な根拠である」。

（8） A. Schopenhauer, *Die Welt als Wille und Vorstellung*, 1819, 44, in: *Sämtliche Werke*, 2, Wiesbaden 1972, S.324, Vgl. S.391.『意志と表象としての世界』正編（I）、白水社、第二巻「意志としての世界の第一考察、意志の客観化」、第二十五節、二四三頁。

（9） B.d.Spinoza, *Epistola*, L, in: *Spinoza Opera*, IV, Heidelberg 1925, S.240.

（10） E.Husserl, *Logische Untersuchungen*, Tübingen 1968, II/1., S.84.

（11） 注（3）を参照。

（12） G.W.F.Hegel, *Wissenschaft der Logik*, II., in: GW.,12., 1981, S.52.

第二部　客観性の位相と展開

第一章　客観性への移行

序

ヘーゲルは、「概念論」において、主観性から客観性への移行を推理論に託す。推理（Schluß）とは、概念の分裂によって生じた有限な諸規定が再び結合され、隙間のない統一を回復することだからである。それによって、主観と客観の対立も乗り越えられ、思惟は客観性を回復するとされるのである。ヘーゲルは、推論の諸格が互いに媒介しあうことによってこの統一が達成されていると考える。

しかし、ヘーゲルのこの見込みが妥当であるか否かは、十分な吟味を経て判定されなければならない。ヘーゲルは、伝統的論理学が厳守を要求してきた推論の質・量の規則を意図的に無視しているのであり、そのかぎり、伝統的な見地からはヘーゲルの主張には大きな飛躍があり、それは受け入れがたいことになる(1)。

それにもかかわらず、ヘーゲルの推理＝結合の思想を好意的に理解しようとすれば、伝統的な見地とその諸規則からは自由なところで、有限な諸規定を連結させる方途が見いだされねばならない。前章で見られたように、分裂による諸規定の乖離を克服するヘーゲル本来の論理は、ヘルマン・シュミッツが「対立しあう規定の無媒介な結合」と定式化した「無限判断」にあるのではないかと思われる。それによってこそ、有限性が止揚され「無限性」（Unendlichkeit）

の次元が拓かれるのである。[2] 従って、その意味を解明することを通して、推理による客観性の回復というヘーゲルの意図を理解することに努めなければならない。本章では、こうした観点から、客観性への移行を支える推理の役割を考えることとする。

一　対立の基底

ヘーゲルは推論に大きな体系的意味を与えた。彼は「すべてのものは推理である」[3] と言い、全存在者の理性的な結構を主張したばかりでなく、思惟がそこにおいて最高の合理性を達成し、その主観性（Subjektivität）を脱して、客観性（Objektivität）に達すると考えた。[4] すなわち、思惟は推理の体系を完成することによって、外的反省の主観性から脱却し、存在との合致を果たし、始元の直接性を回復すると言うのである（W.d.L.II.S.126.）。

この回復は媒介による媒介の止揚と呼ばれるが、それを成し遂げるためには何よりもその媒介を完璧なものとしなければならない。ヘーゲルはこれを推理の諸格の相互媒介によって果たしうるものとする。すなわち、伝統的論理学が枚挙した推理の諸格は相互に前提しあい（ibid.S.105.）、媒介しあって完結的な統一を形づくる。第一格は第二、三格を前提とし、他の二格もそれぞれ他の二格を前提する。そのことによって、普遍、特殊、個別の完全な相互媒介が成立していると言うのである（ibid.S.99.）。

だが、K・フィッシャーが指摘し、ヘーゲル自身も認めるとおり、[5] この見方においては、伝統的論理学が守ってきた諸推理の質・量の規則が無視されており、すべての推理において主語と述語は肯定判断で結ばれ、特称も全称として扱われている。だが、質と量の規則を導入するならば、ヘーゲルの主張は根拠を失うことになるであろう。諸格は相互に媒介されることはなく、却って各々の推理における諸規定の結合の抽象性・恣意性が露呈するのである。[6]

例えば、ヘーゲルが第三格として掲げる推理は、もっとも抽象的であり、[7]「定在の推理」全体の抽象性を象徴するものと見なされる。その形は次の通りである。

すべてのＢはＡである
あるＥはＡでない
故に、あるＥはＢでない（非Ｂである）

大前提が他の格によって論証されない限り、それは単なる定義命題にすぎない。そこで普遍Ａは特殊Ｂの本質的特徴とされ、その視点から特定の個物Ｅが観察される。個物がこの特徴を備えているか否かが問われ、それが欠如していることによって個物Ｅは特殊Ｂの集合から排除される。ここでは、予め設定された視点に対する個物の同・不同のみが問題とされ、そのかぎりＥ、Ｂ、Ａの間の積極的な相互媒介はまったく問題とならない。ましてや、定義に個物の経験を介して修正が加えられるということはありえない。個物はまったく抽象的に扱われるのみである。

伝統的論理学の規則に従うかぎり、事情はこの通りである。だが、ヘーゲルは推理の諸格における質・量をことさら問題にする立場を「没概念的機械論」として一蹴する。(8) こうした態度をヘーゲルが敢えて取りえたとすれば、彼には伝統論理学の規則を無視しうる視点があったと考える他はない。果たして彼は、その推理論の中で、その視点と根拠を明らかにしているのであろうか。

見られるとおり、第三格の推理においては、矛盾する二つの規定が考えられている。Ａと非Ａがである。特殊Ｂに含まれるすべての個物はＡを所有し、ある個物Ｅは所有しない。そのため、ＥはＢから排除される。排除の根拠は矛盾律である。排除しないとすれば、或る点で「ＢはＡである」と「ＢはＡでない」がともに成り立つことを承認せざるをえなくなるからである。それ故、推理の根底には、Ａと非Ａの矛盾対立、非妥協的排斥があると言わなければならない。ＡはＡであり、非Ａは非Ａであるとして、両者の関係は厳しく禁じられている。それを破れば、Ａを非Ａと、白を非白と、可死的なものを不死なるものと同じと見なさざるをえないことになろう。すべての区別は消滅する。

――これこそが推理を根底において支えている考え方に他ならない。

だが、ヘーゲルの意識からすれば、こうした矛盾律こそが一面的でしかないということになる。彼は、矛盾するもの、対立するものについて次のように理解する。――およそ対立しあうものは排除しあう。だが、それらはそうすることにおいて互いに関係しあっている。Ａは非Ａの否定としてあり、非ＡはＡの否定としてある。自己同一性を維持しようとして常に対立者を念頭に置いている。むしろ、対立者は各々が各々であることの契機であり、いずれもが対立者によって自己なのである。

したがって、対立が尖鋭となり、各々が対立者を絶対的に排除しようとすれば、それ自身の存立を失い、没落せざるをえなくなる。対立者を全的に抹消することは自己自身の否定となる。自己であろうとして、自己でありえない。そうした自己矛盾が対立しあうものの本性である。このことが対立の先鋭化すなわち矛盾と、その結果としての対立しあうものの没落を通して明らかとなる。それは、まさに両者の根拠（Grund）が関係であり、各々は関係以上のものでないことを示すことに他ならない。没落（zugrundegehen）とはこうした根拠へ行くこと（Zum Grunde gehen）である。[9]

矛盾律や同一律は、対立・矛盾のこうした側面を無視している。「ＡはＡである」と言うことによって何も語っていない（W.d.L.I.S.264.）ことを忘れている。この定式はＡの内実を見えなくし、それを無にする。同一律がこうした抽象的同一性しか認めない限り、それは主題とされているものの内容を余すところなく確保するのではなく、それの空虚な表象を与えるだけである。同一命題は主語の実体性を奪い、それを否定するものでしかない。抽象的同一性は非同一性に転化する。したがって、Ａと非Ａを徹頭徹尾関係の中で捉えることが肝要である。そして、そう捉えることが具体的なものを捉えることになるのである。

こうした事情は、諸規定を分かち隔てると考えられる「限界」の概念においても露呈する。限界は矛盾を宿しており、矛盾そのものに他ならない。

「限界はおのれのうちに矛盾を含み、したがっておのれを弁証法的なものとして示す。すなわち、限界は一方において定在の実在性をなすが、他方においてそれは定在の否定である」(Enzy. §92.)。[10]「限界は、それによって或るものと他のものがあるとともにあらぬ媒介である」。それは、規定Aが終わり非Aが始まるところである。だがまた、非Aが終わり、Aが始まるところでもある。そこは、「Aであり、かつAでない」、「非Aであり、かつ非Aでない」。限界は、両規定が絶え間なく鬩ぎ合っている前線である。要は、矛盾を矛盾として認め、その運動の全体を真相として捉えることである。

「或るものはその内在的限界によって自己矛盾として措定されているが、(……)こうしたものが有限者なのである」(W.d.L.I/1.S.116.)。

それ故、或る個物をAという視点から見やり、これを排斥する時、この関係の見地そのものを忘れていると言わなければならない。Aは真の普遍ではないし、それ自体有限な相対的普遍でしかない。そうした相対的規定を関係のうちに関係として捉えることにおいてこそ、真の普遍、真無限を把握することができるのである。そうした意味で、ヘーゲルは常に有限性を止揚し、無限の立場に立とうとしていると言える。第三格の推理はこうした観点から捉え返される必要があると思われる。

二　推理と無限判断

ここで問われるのは、第三格の推理の結論としてある「EはBでない(非Bである)」が、単なる否定判断ではなく、カントが「無限判断」(das unendliche Urtheil)[11]と呼んだものに通じるのではないかということである。

「Eは非Bである」と言うことで、Eはどれだけの規定を得たのであろうか。Eは非Bの領域に排斥されただけで、それ以上の積極的な規定を何ら得ていない。Eは、当面、「EはEである」と言われるのと同じく、内容を開示されないままに思惟されている。それはBと対立するものとしてあるとしても、Bの対立者としてしか思念されない。そのかぎり、それはBを前提しBを予想する限りでのみありうる。それはBへの関係としてのみあり、この関係を離れるならば、或いはBを取り去るならば、如何なる内実もそれには残らない。それは、Bに対する対立者としてのみあり、却ってBをその契機とする。そうした意味で、EはBと通じている。

カントは、形式の上では肯定判断でありながら実質的には主語に何の内容も付加しない判断を「無限判断」と呼んだ。「霊魂は可死的である」(Die Seele ist sterblich.) に対して、「霊魂は可死的でない」(Die Seele ist nicht sterblich.) と言えば否定判断であるが、「霊魂は非可死的である」(Die Seele ist nichtsterblich.) と言えば、形は肯定判断であるにもかかわらず、それによって霊魂の概念が積極的に規定されることはなく、霊魂について何か新しいことが述べられるわけではない (K.d.r.V.,A73,B98.)。

カントによれば、この判断の機能は、可能な実在の全領域を「可死的なもの」(das Sterbliche) とそうでないものの領域に分け、可死的なものを除いた残りの領域に霊魂を措定することにある。全実在領域が無限の広がりを有するとすれば、そこから可死的なものを除去しても、残りの領域は依然として無限である。霊魂はこうした無限領域に措定されることによって、積極的な規定を与えられることにはならない。こうした意味において、この判断は無限判断と呼ばれる。それによって、霊魂は見渡しがたい全実在領域の中の可死的なものの領域から排除され、その帰属範囲を制限 (beschränken) されたにすぎない (ibid.)[12]。

一体、こうした無限判断は如何にして形成されるのであろうか。それがそれ自体において自明ではなく、何らかの仕方で導出されたものでなければならないとすれば、霊魂が可死性またはそれに繋がる如何なる徴標も有しないということに基づけられる他はない。人は霊魂の概念を前にし、可死性と比較し、その徴標が欠落することによってこれを非可死的とするのである。

したがって、非可死性（Nichtsterblichkeit）とは欠如概念である（ibid.,A574,B602.）。それは、さしあたって可死性の論理的否定に他ならず、その矛盾概念である。内容的に見るならば、それは可死性という有（Sein）に対する非有（Nichtsein）を意味するにすぎず、それ自体において何らかの積極的な規定を有するわけではない。ここでは、カントが形而上学の主題とする霊魂の永遠性（Unsterblichkeit）[13]と非可死性（Nichtsterblichkeit）とを区別することが肝要であろう。まさにそうした論理的否定として、それは可死性と矛盾的排斥関係に立つのである。

それは、「反省概念の多義性」の節でカントが示した無（Nichts）の表のうちの「欠如的無」（nihil privativum）（K.d.r.V., A291,B347.）に相当する。それは、まさにそれが否定するものを否定すること、その欠如としてのみ意味を持ち、それが否定しているものなくしては思念されえない。有に対する非有として見られるならば、それは全実在領域をこの否定によって二分し、一方を排除することによって限定，制限（Einschränkung, Schranken）していることになる（ibid., A73,576,B98,604f.）。そうした限定によってのみ規定を持つ以上、ここでも規定（Bestimmung）は限定であり、制限であると言わなければならない。

カントによれば、こうした排斥関係は選言判断によって表現され、それに基づく限定は選言推理によってなされると言う（ibid.,A73,576,B99,604f.）。

　　SはPか非Pである。
　　SはPでない
　　故に、Sは非Pである

というようにである。選択を実際に遂行するものは、ヘーゲルの第三格の推理である。Pという視点を設定し、それをめぐってSを検討する。その比較（ibid.,A572,B600.）を通して、SをPという規定を持つ存在者の領域から排除するのである。先に見たとおり、ここで支配しているのは矛盾律である（ibid.,A571,B599.）。Pと非Pは矛盾概念であり、妥協の余地なく排斥しあう。Pを有するものが非Pを有することはできない。まさしく、矛盾するものは排除するという原則の表現として無限判断はあるのである。

このように考えるならば、ヘーゲルの第三格の推理がカントの無限判断と密接な関係にあることが理解される。それは、無限判断の根底にあり、これを帰結する推理であると言えよう。だが他面、ヘーゲルはカントの無限判断を超えるものを有している。ヘーゲルがその思想をカントから継承したことは疑いを容れないとしても、彼は一見カントとの連続性を疑わせるほどにこれを発展させ、独自のものとしたのである。[14] そうであるとすれば、この継承・発展の次第を解明することによって、カントに対するヘーゲルの独自性が明らかになるとともに、第三格の推理の質的限界を突破するヘーゲルの論理が見出されるものと思われる。[15]

三　同一性の反転

『論理の学』判断論（W.d.L.II,S.53～89.）の展開に即して見れば、ヘーゲルの無限判断は否定判断の止揚として登場する。通常の否定判断は、「このバラは赤くない」は、このバラが赤いことを否定するが、それが色を持つことまでは否定しない。むしろ、より積極的にバラが色を持つことを主張している。したがって、その否定は肯定的主張を含んでいる。特定の述語は当の主語について否定されているとはいえ、述語の類そのものは主語とともに思惟される（W.d.L.II,S.68.）。

これに対して、そうした類そのものを否定し、さらには主語についての一切の述定を拒む否定もありうる。たとえば、「精神は赤くも黄色くもなく、酸性でも苛性でもない」、「バラは象でない」、「悟性は机ではない」といった判断においては、およそ述語の類そのものが主語には妥当しないものとして斥けられる（ibid.,S.69f.）。主語と述語の一切の積極的な結合を排除する否定を、ヘーゲルは第一義的に無限判断と呼ぶのである。

「述語そのものが否定される。（……）無限判断においては、主語は何の述語も持たない[16]」。

少なくとも形式的に見る限り、ここにはカントの無限判断との乖離がある。カントによれば、形式上は肯定判断であることが無限判断の定義に含まれているからである。

ともあれ、ヘーゲルがここで見ている事態は、主語と述語の決定的な乖離、主語についての述定の拒否である。無限判断は「定在の判断」の第三段階に置かれる。「定在の判断」は肯定判断から否定判断を経て無限判断に達する。その展開の必然性を支えているものは、定在としてある個物を述定することの困難さである。「このバラは赤い」と言う時、反面では「このバラは赤でない」という否定判断を考えている。よって、この面が顕在化されねばならない。だが、こうした否定も色一般と主語の結合を肯定しているとすれば、不徹底である。バラは色ではないからである。こうして無限判断が導かれることになる。そこでは、個物は一切の述定を欠くものとして、述定を拒否するものとして措定されるのである（W.d.L.II.S.69.）。

このことは、右のような否定形式によるばかりでなく、同一命題「このバラはこのバラである」、「個物は個物である」によっても表現される（ibid.S.70, Enzy.,§173.）。ヘーゲルは、否定形式を取る無限判断に対して、こうした同一命題を「肯定的無限判断」（das positiv unendliche Urtheil）と呼ぶ。後者は前者に否定を要求するものを表しており、前者の帰着するところを表現しているとも見られよう。ヘーゲルの無限判断の形式と意味がこのようなものであるとすれば、それはカントのそれと如何なる繋がりを有しているのであろうか。

個物は一切の述定を拒否する。そのことによって、それは一切の述語の領域から排除される。それは、霊魂が可死的なものの領域から排除されるのと同様である。しかも、「個物は個物である」とされることによって、個物は積極的な自己同一性を保証されているように見えながら、それ自体の内容的な規定はまったく与えられていない。それは、述定の拒否の結果としての述語領域からの排斥によって制限を受け、せいぜいその制限によって限定されるにすぎない。こうしたヘーゲルの無限判断もまた主語を制限する判断であり、しかも未規定なままに制限しようとするものである。そこでは、「個物は個物である」として、同一律ないし矛盾律が厳然と支配している。

しかし、ヘーゲルの論理はこうした次元に留まるわけではない。カントも同意するとおり、無限判断は主語について何ら積極的な内容を付加するものではない。ヘーゲルによれば、同一命題は何も語らない。同一的言表によって語られるのは無（Nichts）である（W.d.L.I.S.264.）。抽象的な諸規定を拒絶し、豊かな内実に迫ろうとして思惟が摑んだものは何ものでもない。個物はまったく空虚なものとして思念され、思惟が意図したものとは正反対のものとされてしまっている。

「同一性は（……）むしろ反対物である」（ibid.）。

だが、そうした無は個物を思惟する唯一の手懸かりである。個物は一切の述定を否定することによって制限を受け、制限されたものとしてのみ思惟されることができる。否定は否定されるものの否定として限定的な否定であり、その結果としての無も規定された無である。

「だが、否定、無は総じて空虚な無ではなく、かかる規定性の無であり、対立しあう規定性の否定者である統一である」（L.M.N.S.89.）。

個物が個物であろうとすれば、それでないものとの関係に入らねばならない。

「同一律はそれ自身反省の運動、すなわち（……）他在の消滅としての同一性を含む」（W.d.L.I.S.265.）。

この意味で、そこには動揺があり、自己の否定によってのみ自己であるという矛盾した事態があることになる。

無限判断の内実がこうした事態であるとすれば、それは対立する両規定の相互関係を語るものであると言うことができる。ＡはＡであるという形でその同一性を言おうとすることはその否定に通じ、「バラは象でない」と言うことも同じであろう。そのように言うことにおいて、それを対立者と関係させざるをえない。[17] ここから否定形式は肯定形式に転じ、「物は自我である」、「悟性は机である」といった表現がなされるに至る。[18] それらの無限判断においては、対立に固執することは意味をなさず、対立者すなわち対立の故に有限なものとされざるをえないものは、却ってその対立物への関係としてあり、[19] 無限者であることが主張されているのである。

こうした関係に立脚するならば、対立する両項は関係の契機以上のものではないことが判明する。両者に対して関係そのものを敢えて第三者（das Dritte）と見るならば、それは両項を繋げる媒介項となり、両規定を結合することによって推理（Schluß）を成り立たせる。[20] したがって、ヘーゲルの推理は、諸規定の抽象的な孤立性を前提としそれらの外延の大小によって包摂関係を見るだけの形式的推論ではない。それは、すぐれて有限者がその対立者へと移行し、相互に関係しあうという無限判断的な事態に立脚するものに他ならない。そうしたものとして、それは無限を表現するのである。

このような対立者の相互関係の論理は、思惟が絶対者を把握しようとする時大きな意味を持つ。思惟は絶対者をあらゆる限定、規定を超越するものと見ることによって、その同一性を確保しようとする。だが、そうすることにおいて、それは絶対者を有限な被規定者との対立のうちで捉えており、しかもまったく空虚なものとして理解していることになる。絶対者を抽象的同一性の形式で思惟することは、不本意な結果を招く。絶対者は無限なものであろうとして、無限ではありえない。無限とされたものは有限である。無限者が真に無限者であろうとすれば、この有限性を止揚し有限なものを包摂する形で確立されなければならない。そうした運動を通し、或いは運動そのものとしてのみ、無限なものは真に無限であることができる。無限に関する思惟はこうした矛盾を含まざるをえないのである。[21]

無限判断がこうした矛盾の表現と見られる限り、そこからヘーゲル独特の無限判断の理解が導かれる。無限判断とは、対立しあうものの一方が他方に転化する論理[22]の表現である。形式的に見るならば、それは対立するものが主語と述語として結合されることである。[23]それは、第一には否定的な意味で語られる。右に見るように、「無限なものは有限なものである」。無限性の否定、反対物への転化の論理がそこで語られている。或いは、「個物は個物である」と言い、一切の述語を斥け自らの実体性を主張したにもかかわらず、個物は実体としての意味を失い、むしろ普遍的本性としての述語によって存立を与えられる現象として捉えられることになるという、内属の判断から包摂の判断への転換にも、同様の論理が働いていると見られる。[24]

だが他面、無限判断は、抽象的な同一性において捉えられた有限なものがその有限性を露呈し、止揚されていく過程を表現するものとしても見られうる。それは、対立しあうものが一層高い普遍へと止揚されることを意味する。対立者がまさしく対立者であるが故に、それに対立する他者をその否定的契機として容認せざるをえないということによって、他者との統一に達するのである。こうして、有限なものは無限なものである、と言われることになる。

「有限者は無限であり、その存在においておのれを止揚することが唯一有限者の本性である」(L.M.N.S.33.)。
「質的な両極はそれらの同一性において止揚されている」(W.d.L.II.S.70.)。

このように見る時、無限判断はすでに優れて理性的なものを表現していると考えられる。それは主語・述語形式を廃棄する限り、判断の止揚であり、理性のうちなるものである。

「その帰結において、この意識は、それが無意識的に確信していることを命題として表す。それは理性の概念の中に含まれる命題である。それは、自己は物であるという無限判断であって、自己自身を止揚する判断である」(Phä.d.G.S.191.)。

ここで、理性とは、それとその反対物へと分裂し、この分裂を直ちに止揚する運動として捉えられる。それは、まさに「無限は有限である」、「有限は無限である」という二つの判断によって表現される運動に他ならない。「理性は本質的に概念であるが、直接的にそれ自身とその反対物へと分裂している。それは、まさにそれ故に、直接的に止揚されてしまっている対立である。だが、自己を自己自身とその反対物として示し、かかる分裂のまったく個別的な契機の中で固定されるならば、理性は非理性的なものとして捉えられていることになる」(ibid.,S.192.)。

四　連接の論理

前述の無限判断の論理は、『論理の学』における「肯定的無限性」(die positive Unendlichkeit) の論述の中に次のような形で取り入れられている。

「当面の単なる直接的な規定に従って見られるならば、無限者は有限者の超出としてのみある。それはその規定からして有限者の否定である。したがって、有限者は超出されるべきものとしてのみ、それ自身における自己否定としてのみあることになる。そして、かかる自己否定は無限性なのである」(W.d.L.I/1.S.131.)。

有限者が無限者によって超出され否定されるなかで、それ自身否定的なもの、自己超越的なものとなるならば、それはとりもなおさず無限者に他ならない。逆に、無限者は有限者との対立のうちに捉えられるならば、それ自身有限者へと顚倒する。

「無限者がそのように有限者から分離され、したがって一面的なものとして定立されるまさにそのことのうちに、その有限性、その有限性との統一が存している」(ibid.)。

一の規定性を守りこれに固執しようとすることがその否定を、対立物への顚倒を帰結する。ヘーゲルがそこから導くものは両規定の関係性であり、両規定がその契機でしかないということである。

「無限者と有限者はそれぞれそれだけで捉えられ、それ自身において考察されるならば、それぞれの他者をそれぞれのうちにそれ自身の契機として宿している。それと同様、無限者と有限者は両者相互の関係に従ってある。この関係は（……）それらに本質的であって、それなくしてはいずれもそれがあるところのものではないのである」(ibid.,S.132.)。

こうして、有限と無限は他との統一のうちにあり、統一のうちで捉えられなければならない。そこにおいて、それらの絶対的区別は否定され、それらの質的本性（qualitative Natur）は失われる、とヘーゲルは言う(ibid.)。もとより、この統一は静止的な状態と見られることはできない。それは運動であり、生成に他ならない。そうした生成をこそヘーゲルは真の無限と呼ぶのである。

「真の無限のかかる規定は、有限と無限の統一というすでに非難された定式の中で捉えられることはできない。統一は抽象的で没運動的な自己同等性であり、諸契機は同様に運動しない存在者としてある。無限なものは、だが、その両契機がそうであるように、むしろ生成としてのみある」(ibid.,S.136.)。

この運動の全体の中で、両規定は自己自身と媒介され、完結した円環をなす。こうした媒介の完結（sich schließen）のうちに諸規定の自己自身との連接（sich mit sich selbst zusammenschließen）があり、ヘーゲルにおける推理の思想の根源的な意味があると考えられる(ibid.,S.134.)[25]。

「おのれのうちに引き戻された真の無限として、その像は円環であり、自己に達した線であって、それは閉じられて（geschlossen）おり、開始点も終結点もなく完全に現在的である」（W.d.L.I/1.S.136.）。

このようにして、絶対者としての真無限の根底には無限判断が存し、その反転の論理によってはじめて、真無限が真無限として自己自身を媒介し完結する運動すなわち推理が成り立つのである。

「概念論」の推理論の中で、こうした無限者の論理は選言推理に至って初めて十全な表現にもたらされる。それは次の形をなす（W.d.L.II.S.124.）。

　　AはBかCかDである
　　AはBである
　　故に、AはCでもDでもない

ここで、選言肢が三肢であるのはなぜか、しかもそれらが相互に排斥しあうのはなぜか、という疑問が浮かぶかもしれない[26]。その理解は右で考察してきた無限の運動構造の把握からのみ可能である。

すなわち、思惟が無限者を同一形式の下に把握しようとすれば、それを有限者にすることになり、それに対する反撥を生じる。こうして二つの項が対立することになるが、それらが対立しあう限り、いずれにも真理は認められず、両者を超えるものが求められる。しかるに、それが再び対立の位相に対立するとされるならば、第三の対立者でしかない。こうして、三つの項が生ずるのである。そして、真理は対立の場を否定的に超越するものではなく、それを包摂する全体としてのみあることが分かる。類的普遍としてのAはこうした全体的運動を総括するものとして立てられている[27]。選言推理は、まさにこうした運動の表現として見られるのである。

ヘーゲルは、真の無限となる無限者の運動は次のように記述する。

「無限なもの、限界の彼岸においては、新たな限界が生起するにすぎない。それは有限者として否定されねばならないという同じ運命を有する。そのようにして再び存在しているのは、先に新たな限界の中で消滅したのと同じ無限者である。無限者は、したがって、その止揚、新たな限界を通ってより以上に押し出されることはできないし、有限者から遠ざけられることもない（……）。またおのれ自身から遠ざけられることもない。というのも、それはおのれ自身のもとに到来しているからである」（W.d.L.I/1.S.134.）。

こうして、無限なものは、対立と統一を含む一の包括的な選言推理によって表現される。逆に、ヘーゲルにあって本来的な推理は、真無限としてのただ一つの推理としてのみありうる。この意味で「一切は一つの推理であり」（Enzy.,§181.）、一切は絶対者すなわち真無限としての推理のうちに止揚され、包括されるのである。もし有限者がこの包括的な推理の存在に気づいていないとすれば、否定的対立とその不可避的帰結としての没落（根拠への回帰 zugrundegehen）の必然性を通してそれを知ることになる。そして、そこに主観性を脱した客観性の次元を見るのである。

注

（1）山口祐弘『近代知の返照』学陽書房、一九八八年、第Ⅱ篇第三章参照。
（2）前掲書、第Ⅲ篇第一章参照。
（3）G.W.F.Hegel, *Wissenschaft der Logik*, II, 1816, in: GW.,12.,S.95. Abk.: W.d.L.II.
（4）この意味で推理論は、「概念論」において主観性から客観性への移行過程に位置づけられる。
（5）『近代知の返照』第二篇第三章注（2）参照。
（6）ヘーゲルの推理論の逐次的検討については、『近代知の返照』第二篇第三章を参照。
（7）伝統的論理学では、この推論は第二格とされる。ヘーゲルは推理の諸形式の並列的記述を廃し、弁証法的発展に従って論述するため、第二格と第三格を置き換えるのである。W.d.L.II, S.104.
（8）G.W.F.Hegel, *Enzyklopädie der philosophischen Wissenschaften*, 1830, I., in: Werke.,8., §187. Abk.: Enzy.

(9) G.W.F.Hegel, *Wissenschaft der Logik*, 1812/13, I., in: GW.,11.,S.281.
(10) G.W.F.Hegel, *Wissenschaft der Logik*, I/1., 1832, in: GW.,21.,S.114.
(11) I.Kant, *Kritik der reinen Vernunft*, 1781, 1787, A71,B97.
(12) この意味で無限判断は制限判断とも呼ばれる。
(13) I.Kant, *Kritik der praktischen Vernunft*, 1788, S.219, Hamburg 1963.
(14) Hermann Schmitz, *Hegel als Denker der Individualität*, Meisenheim/Glan 1957, S.104,115.
(15) ヘーゲルにおける弁証法の原理としての無限判断の意味については、H・シュミッツが前掲書において詳細な歴史的考察を行っている。彼によれば、後期ヘーゲルにおいて無限判断は決して廃棄されたり過小評価されてはいない（たとえば、『論理の学』は存在―無の無限判断に始まり、理念は『エンツィクロペディー』において無限判断とされる）が、ヘーゲルの弁証法原理の発展の大筋は、無限判断から推理への移行にある。すなわち、「対立するものの無媒介な結合」の思想から「第三者の媒辞による対立者の統一」の思想へである。しかも、両者は基本的に相容れるものではなく対立しあう。媒介の思想による無限判断の克服というこうした視点から見る時、とりわけ推理論において無限判断の意味を強調することは問題とされるかもしれない。だが、シュミッツの論述においては、ヘーゲルの推理論そのものの論理的な吟味が必ずしも徹底して行われているとは見られないのであり、むしろ、ヘーゲルの推理思想は無限判断に依拠することなしには成り立ちえないと見られる。
(16) G.W.F.Hegel, *Logik, Metaphysik, Naturphilosophie*, 1804/05, in: GW.,7., Hamburg 1971, S.88f. Abk.: LMN.
(17) 主語を実体と見る内属の判断としての「定在の判断」から、述語を基体と見る包摂の判断としての「反省の判断」への推移も、こうした必然性に支えられている。反省の判断の中で、個物は「本質的な関係規定」において存在するのであり、述語としての本質に対し「一現象形態」にすぎないものとなる。そして、無限判断はまさにこうした転換点に位置するのである。Vgl. W.d.L.II., S.71.
(18) G.W.F.Hegel, *Naturphilosophie und Philosophiedes Geistes, Vorlesungsmanuskript zur Realphilosophie*, 1805/1806, in: GW.,8., S.199, Abk., J.R.; *Die Phänomenologie des Geistes*, 1807, in: GW.,9., Hamburg 1980, S.423. Abk.: Phä.d.G.
(19) Phä.d.G.,S.423.
(20) シュミッツはこの参照箇所を高く評価し、対立者の媒辞による結合すなわち推理の形成史の中で画期的なものとするが、ここで第三者とされる媒辞とは対立する両項の関係以上のものではなく、その内実はむしろ優れて無限判断であり、少なくとも無限判断を根底に置くことなしにはその産出もありえないと考えられる。Vgl. H. Schmitz, op.cit.S.134f.; J.R.S.199.
(21) Vgl. Enzy., §214.
(22) H.Schmitz, op.cit.,S.110. „unvermitteltes Umschlagen der einen Seite in die andere"

(23)　ibid.,S.115. "unvermittelte Vereinigung der Gegenteile des Einzelnen und Allgemeinen" 無限判断のこうした規定は、イェーナ期以来の無限概念と極めてよく符号する。無限とは「それ自身の反対物である」という「絶対的矛盾」として語られており、しかも無限についてのこうした定義は後述のように『論理の学』においても変更されてはいないと思われるのである。Vgl. J.L.M.N., S.33, 221.

(24)　注(16)参照。

(25)　Vgl. Enzy., §182.

(26)　選言肢の由来に関して、ヘーゲル自身選言推理の項において明確な説明を与えているわけではない。そのために、それはさまざまな解釈を許してきたように思われる。著者の見るところでは、選言推理における内容的な問題は本質論における「絶対的必然性」によって解かれうる。選言推理に先行する仮言推理は相対的必然性（制約と被制約者の関係）に対応するとされており、前者の自体的真理が選言推理であり、後者のそれが絶対的必然性（ないし絶対的現実性）とされているからである。絶対的必然性は「絶対者の反省ないし形式」であり、そこにおいては、その区別された諸契機（現実性と可能性）がそれぞれ絶対的であることによって自立性を主張し、他者による媒介を拒否するに至り、しかもそれらの本質であるべきものが、それ自体新たな対立者と見なされてしまう。ここで対立しあう三者が選言推理における三選言肢であり、そして絶対的必然性の宿す対立と統一の構造は、まさに「絶対者の反省」の構造として本論で見るような運動構造に帰着するのである。Vgl. W.d.L.I.,S.389.

(27)　このように見るならば、「AはBでもCでもDでもある」と言うことができる。W.d.L.II.,S.124.

第二章　客観性の諸段階

序

『論理の学』「概念論」の「客観性」の部は、機械的機制（Mechanismus）から化学機序（Chemismus）[1]の考察を経て目的論（Teleologie）に達する。そこには、機械論を中心的な見方とする近代の科学的思惟に対して目的論の優位を説こうとするヘーゲルの意図を読み込むことができる。それは、目的（Zweck）の概念と目的因（causa finalis）[2]の抹消を図ってきた近代において目的論を復権させ機械論の支配を覆そうとする目的論的革命の企てと呼ぶことができよう。

それがヘーゲルにおいて如何にしてなされえ、如何なる意義を有するのかは、「主観性」（Subjectivität）から「客観性」（Objectivität）を経て「理念」（Idee）に至る「概念論」の展開の中で捉えられなければならない。「客観性」とは、概念の原分割（判断）によって分裂に陥った概念が推理によって止揚され、統一が回復されたところを言う（W.d.L.II.S.126.）。「主観性」はそこに至るための階梯であり、そこでは主観的な概念はもとより、判断、推理の一切の形式は止揚され、対立も媒介もない「直接性」（Unmittelbarkeit）が出現することになる。その意味は何か、そしてそこから如何にして機械論や化学的な見方が生まれ目的論に達するのか、をまさしく概念の動きとして捉えなければならない。

本章では、こうした観点から「客観性」の意味を考えることとする。

一　客観性の境位と矛盾

ヘーゲルは「絶対者は推理である」[3]と述べ、推理を真理そのものと同格化している。判断（Urteil）が概念の根源的分割（die ursprüngliche Theilung des Begriffs）という意味を持つのに対し、推理（Schluß）はこの分割を止揚し、統一を回復するという課題を担う。それは、分裂の相で生じる悪無限を克服して、完結した円環を形成し、始元の直接性を回復するべきものである。一切の規定はその円環の中に包摂されることによって、抽象的な孤立性から脱け出て、具体的な関係のうちに入る。主観、客観の対立も克服され、主観的思惟の外在性は廃棄され、思惟は客観性を獲得する。こうして、「主観性」から「客観性」への移行が成し遂げられるのである。

その移行点にあるのは、選言推理（der disjunctive Schluß）（W.d.L.II.S.123）であった。それは「推理の完成」と呼ばれる（ibid.S.125.）。そこでは、諸々の規定の区別が止揚され、「形式諸規定の全体」が「客観的な普遍性」として措定されている。媒介するものと媒介されるものの区別もなくなっている。大前提「AはBかCかDである」において、AはB、C、Dの可能性をすべて含む普遍性であり、それが小前提「AはBである」において規定されることによって、結論「AはCでもDでもない」を媒介することになっている。AがすべてのB、C、Dを宿す普遍的な可能性であるとともに、Bに特殊化されることによってC、Dを排除する排他的個別性となる様が認められる。Aが普遍性、特殊性、個別性の全契機を体するのであり、媒介するものが媒介されるものとなる。推理とは、結合されるべき両極に対して媒辞が区別される点に成り立つのだとすれば、推理の形式は最早廃棄されていると言うことができる。

ヘーゲルは、それによって概念一般が実在化（実現 realisieren）されていると言う。それは、概念が「客観性である実在性（Realität）」を獲得したということである。概念は、自己のうちで否定的な統一として自己を分割し、判断としてその諸規定を区別し、推理においてこれら区別された規定を結合したのであるが、そこに残る外面性と内面性の隔たりを推理の進展とともに払拭し、外面性を自己の提示とするようになる。こうして、概念は、外面性と内面性の統一として真理に達するのである。推理はあらゆるものを他のものを介してのみあるとして示す媒介であるとすれば、この真理においては媒介も止揚されていると言わなければならない。媒介による媒介の止揚によって直接性（無媒介性）が現れている。それは、「媒介と同一でもある存在」（ein Seyn, das ebensosehr identisch mit der Vermittlung ist）、「他であることからまた他である中で自己自身を回復した概念（der Begriff, der aus und in seinem Andersseyn sich selbst hergestellt hat）である存在」（ibid.,S.126.）とも言われる。こうした存在が「客観性」と呼ばれるのである。

さて、こうした客観性の境位において先ず登場するのが、機械論（Mechanismus）である。それは、まず、完全で自立的な諸客観を前提する。それらは、関係しあう場合にも、互いに自立したものとしてのみ関係しあい、関係しつつも互いに外在的であり続ける。関係はそれらに対して疎遠なものであり、それらの本質に関わりを持たない。それは、合成（Zusamensetzung）、混合（Vermischung）、堆積（Haufen）等以上のものではない。こうした見方を物質、物体に対してだけでなく、精神にも適用するのが、機械論なのである（ibid.,S.133.）。

こうした見方は、概念の真理とされるにはほど遠いように見える。媒介の止揚によって回復された直接性という客観性の規定によって、一切の媒介は斥けられているように思われる。諸客観が完全な自立性を持つとされるのも、この媒介の止揚と直接性によるものに他ならない。

抑も、真に媒介が止揚され直接性しかないとすれば、客観の数多性を想定することすら困難であろう。あるのは、存在論冒頭の「存在」（Seyn）[4]のように、完全な無規定性でしかありえまい。にもかかわらず、規定性が語られ、それとともに幾つもの客観が想定される。それは、客観性の孕む矛盾であると言わなければならない。そして、規定性が語られるとしても、没関係的な多様性が想定されるだけである。その規定性は自己のうちにのみ反省しており、決して外に向かって表出することはない。そこから、互いに規定しあうことのない幾つもの客観が想定されることになる。また、客観それ自身の中にも互いに規定しあうことなく判然としない規定が多数あるのみである。従って、それぞれはそれ自身合成されたもの、集積としてあるだけである。そこには、否定的統一という構造はなく、各々の客観は、個別的でそれだけである諸規定に対して無関係（gleichgültig）であり、諸規定自身も互いに無関係である。諸規定はそれらを宿す客観から捉えられることはなく、また互いから捉えられることもない。それらはそれに帰属しているとしても、それらを区別するとともに統一する形式はそれらにとって外在的で無関係である。それは、混合（Vermischung）と呼ばれるか、諸部分、諸側面の一定の配列（Arrangement）という意味の秩序（Ordnung）でしかない（ibid., S.135.）。

このような事情であるから、客観が規定性を持とうとすれば、自己の外、他の客観から得る他はない。だが、他の客観も同様の事情にあるとすれば、規定が与えられる過程は、悪無限的なものとならざるをえない。この過程が反転して円環を描き一つの全体として表象されるならば、それは「世界」（Welt）の観念となる。しかし、それは無規定な個別性であり自己のうちに閉じた普遍性、一つの宇宙（Universum）の観念に他ならない。そこには、自己規定の原理はない（ibid.）。

認識がこうした見方にとどまっている場合、決定論（Determinismus）が生まれる。それは、客観を規定するものとしては他の客観を想定するのみであり、この他の客観も、自己の規定に対してだけでなく他の客観を規定することに対しても無頓着であると考える。それは、無限進行を結果する一方、恣意的にこの進行を止めることもできる。抑も客観は、他の客観によって規定されることに対して無頓着だからである。それゆえ、一つの客観の規定を説明することは空語（ein leeres Wort）に終わらざるをえない。

翻って見れば、一つの客観の規定を他の客観のうちに求めざるをえないということは、それらの間には本来明確な差異はないということと同じである。規定性は、ただ二つの客観のうちに二重化されているだけで、まったく同一のものであり続ける。そのかぎり、説明（Erklärung）と把握（Begreifen）は同語反復（Tautologie）にすぎなくなる。ただ一つの規定があるのみであり、区別は表面的で虚しいことが露呈する。にもかかわらず、諸客観は、同時に、互いに自立的（selbständig）であるとされる。それらは、規定の同一性にかかわらず互いに外在的であり続ける。これもまた矛盾に他ならない。それは、諸規定相互の完全な無関係性とそれらの規定性が同一であることとの間の矛盾、それらの規定性が同一でありながら、それらが完全に外在的であるという矛盾である（ibid.,S.126.）。

こうした矛盾が、媒介によって止揚された直接性としての客観のもたらす事態である。媒介とは、抑も、諸客観の区別を前提しながら統一にもたらすこと、それらを同一のものとすることにあるとすれば、それ自身矛盾であるとせざるをえないが、その媒介が止揚され、その痕跡までが消えたところに再び矛盾が出現していることになる。直接性に対して規定性を想定しようとすることによって矛盾が生ずるのである。こうして、幾つもの客観が互いに反撥しあいながら統一されているという否定的な統一があることになる。そこにおいて成立するのが、機械的過程（der mechanische Prozeß）と呼ばれるものに他ならない。

二　機械的過程

右のように、諸客観は無規定で直接的であるが故に、その規定性を他から受けとる他はない。それは、結局諸客観が同一となるという結果をもたらす。諸客観の相互作用は、それらの間の同一的関係を措定することに他ならない。それは、それらが受けとる規定性が「普遍性という形式」を持つということである。換言すれば、規定性は反対のものに移行することなく、ただ伝達されるだけである（die Mitteilung ohne Uebergehen ins Entgegengesetzte）（ibid.,S.137.）。

こうして諸客観が作用しあう中で、それらを貫く同一的な普遍性（ihre identische Allgemeinheit）が措定される。とはいえ、諸客観が自立性（Selbständigkeit）を持つという面が消えているわけではない。それは、諸客観は普遍性に対して特殊性（Besonderheit）を持つということである。それらは互いに外在的であって、普遍性の中にありながらそれに反応する。伝達されたものは、普遍的なものとして、特殊な諸客観の中に肯定的にあるが、諸客観の違いに応じて特殊化される（sich besondern）。それはあるところのものであり続け（同一性を保持し）ながら、諸客観の特殊性（Partikularität）によって規定されて受容されるのである。ヘーゲルは、これを、伝達されたものは諸客観に配分される（sich vertheilen）、と表現する（ibid.,S.138.）。そうすることで、諸客観の個別性（Einzelheit）が確立されると言うのである。

ここには、「本質論」における「現実性」第三章「絶対的関係」B「因果関係」[5]とは別の事情がある。原因（Ursache）は結果（Wirkung）の中で消滅し、原因となる実体の能動性は作用する中で失われる。これに対して、ここで作用する客観は、作用することにおいて普遍的なものになるのであり、作用することによって規定性を失うことはない。その作用は、作用を受ける客観の反作用（反応 Reaktion）によって特殊化されるだけである。そうすることで、当初完全であった規定性は、一つの種（Art）となる。それは、特殊化して種となる普遍的なものという意味を獲得し、そのようなものとして措定されるのである。

伝達の中で、作用を受ける客観は、普遍的なものを完全に自己のうちに受容し、作用する客観に対して能動的なものとなる。それは、作用に対して同じだけの反作用をなす。反作用（Reaktion）は作用（Aktion）と等しく、ここに相互的な反撥が生まれる。だが、諸客観が異なったものとして前提されているにせよ、伝達されるものは客観的なものであり、それらの実体的な規定（substantielle Bestimmung der Objecte）としてある（ibid.,S.139.）。そうした普遍的なものが、相異なる客観の違いに応じて特殊化する（sich spezifizieren）のである。そのことによって、各々の客観は作用のすべてを送り返すのではなく、特殊な持ち分を得ることになる。

更には、各々は、自立的であるが故に、自己のうちで他の客観が措定されているという事態を排除し、自らの自己関係を保持しようとする。それは、まったく否定的な作用としての反作用を遂行する。伝達された規定性は、諸客観の中で特殊化され、特殊な特殊性として種と呼ばれたのであったが、客観はこの否定的な作用によって個別性のうちに引きこもり、伝達された普遍性に対して外在的であろうとする。それによって、作用は終熄する。それは、客観の閉鎖的で無関係な全体に対して表面的で一時的な変化（eine an der in sich geschlossenen gleichgültigen Totalität des Objects nur oberflächliche, transiente Veränderung）（ibid.,S.139.）にすぎないことが明らかになるのである。

この過程において、客観は先ず個別的なものとして前提されていた。だが、それは他の客観からの伝達を特殊化することによって、他の諸客観に対して特殊なものとなった。しかし、反作用することによってこの特殊性に対して無関係な普遍的なものとなって初めの全体性を回復する。こうして、前提されていた概念の全体性が回復されることになる。これは、機械的過程のもたらすさしあたりの産物と見なされる。

しかし、この産物は、他の客観によって規定されることに対して無頓着であり、それが獲得した規定性を、外面的な規定性として帯びているにすぎない。よって、産物は過程が始まる前の客観と異ならない。とはいえ、それは、この過程によって媒介されたものであることは否めない。総じて、機械的過程の中にある客観は、他のものによる媒介によってあるのであり、産物としての客観である。その規定性は自己規定（Selbstbestimmung）によって生じたものではなく、措定されたものにすぎない。そのようなものとして、客観は、合成物（Zusammengesetztes）、混合物（Vermischtes）、諸部分の一定の秩序（Ordnung）と配列（Arrangement）でしかなくなる。そのかぎり、それは直接的なものとしての最初のあり方とはまったく別のものであり、まったく偶然的なものたらざるをえない（ibid.）。

だが、規定性は、外面的な規定性であるといっても、他の客観によって措定された規定性である。客観がそれに反撥して自己に還帰するにせよ、その還帰は媒介されたものである。よって、客観はそれなくしては存立せず、反撥した規定性を自己のうちに反省したものとして宿しているのである。諸客観と機械的過程は、一層深い関係を持つ。それらは、単に漠然と異なっているだけではなく、互いに区別されたものとして対しあっている。

互いに異なっているもの（Verschiedene）は、一般的に違っているというだけでなく、一定の点を共有しており、この共通点をめぐって異なっているのである。この構造は「対立」（Gegensatz）と呼ばれる。「本質論」の反省理論によれば、「差異性」（Verschiedenheit）は対立に移行し、対立は極まって「矛盾」（Widerspruch）に達する。[6]

諸客観は、総じてこうした形で対立しあっていると言わねばならない。すなわち、客観は、一方において「無規定なもの」として非弾性的かつ非自立的に振る舞う。そのかぎり、諸客観の区別は認められない。だが他方では、「他の客観には貫通できない自立性」を持つ。それらは、無規定性という共通性を持ちながら、互いに相容れないという差異性を持つのである。このことによって、それらは互いに対立したものとなる。そもそも、それらは自立的な個別性と非自立的な普遍性という規定を有することによって、それ自身のうちに対立を宿しているのであった（ibid.S.140.）。

こうした対立の中で起こるものは、実在的な機械的過程と呼ばれる。それは、まずは伝達（Mitteilung）という形で現れる。但し、それが生起するのは、諸客観が一つの領域の中にあるかぎりにおいてである。そして、伝達が起こらないところでは抵抗（Widerstand）も起こらない。一方の客観が他方の客観によって圧倒されることに対して発動するのが、抵抗である。それによって、伝達される普遍的なものは配分され、個別性の回復が始まる。個別性を「自己関係的否定性」（die sich auf sich beziehende Negativität）と呼ぶならば、その措定が始まるのである。しかし、客観の個別性が伝達されるものを受け入れるだけの容量を持たず、それに相応していない場合には、それによって粉砕される。その時、それに働きかける力は暴力（Gewalt）となる。力は客観の自己内反省と自己関係を促すことにはならず、これに対して抽象的な否定性にとどまり、客観の没落を引き起こすことで自己を示すのである。そうした暴力と化した力は、古来運命（Schicksal）と呼ばれてきた（ibid.S.141.）。

客観が運命によって打ち砕かれるならば、静寂（Ruhe）が生まれる。それは、客観が「それだけで規定されてあること」（das Fürsichbestimmtseyn）の否定である（ibid.S.142.）。だが、規定されてあることがこのように止揚されることは、別の意味を持つ。それによって、客観は肯定的に自己のうちに反省し、規定性の自己内還帰、概念の全体性が措定される。そうして、客観は真の個別性（die wahrhafte Einzelheit）となるのである。実体的普遍性に対立する自立性でしかなかった個別性は、仮象として止揚される。客観は、まずは無規定な普遍性として、次に特殊なものとして規定されたのであったが、今や客観的に個別的なものとして規定されるのである。

しかし、こうした自己内反省は、諸々の客観が客観的に一体であることを証しするものに他ならない。そうした一体性が個体的な自立性として捉えられるならば、諸客観を統一する「中心」（Zentrum）という意味を獲得する。それとともに、規定性と対立するのではなく、自己のうちで規定されたものとしての普遍性が生まれる。それは、それ自身において自己を特殊化する普遍性であり、諸客観が自立性を持たない特殊性のうちにあり過程に呑み込まれているのに対し、不変不動のあり方を保持しており、区別を宿す統一、法則（Gesetz）という意味を持つ。ヘーゲルは、これが機械的過程の真理であり基礎であると言うのである（ibid.S.142.）。

三　機械的機制の自由と法則

このようにして、多様なものとしてあるにすぎなかった客観は、単純で自ら規定を生み出す中心点に集められる。この中心点は、実体的普遍性（die substantielle Allgemeinheit）に対立する個別性ではなく、客観的な個別性（die objectiv Einzelheit）（ibid.）と呼ばれる。だが、客観が直接的な全体としてある場合には、規定性に対して無頓着であるという面を持つ。そのかぎり、規定性は非本質的なものである。そうした規定によっては、諸客観は区別され、別々にあるだけとなる。これに対して、諸客観が一つの中心点に集められ、互いに作用しあう客観の間に実在的な中心が生まれ、それらが繋ぎ合わされるためには、本質的な規定性がなければならない。それは、諸客観を貫く客観的な普遍性と言うべきものである。それは、伝達される中で措定されることによってのみ現れる。とはいえ、それは諸客観を貫き、それらに内在する本質なのである。

物質界においては、それは中心物体（Zentralkörper）という形を取って現れる。それは、個々の客観とそれらの機械的過程を包含する類（Gattung）という意味を持つ。だが、個体的な形を取った普遍性（individuelle Allgemeinheit）である（ibid.S.143.）。諸客観はそれとの同一性を保持し、そのうちにある。諸客観とそれとの間には衝突や圧迫といった関係はなく、むしろ静止があるのみである。とはいえ、諸客観にはこの同一性にそぐわない外面性がある。それ故、同一性、統一は、それらが目ざすべき当為（Sollen）としてあることになる。諸客観は、この努力をそれらの絶対的な普遍性として共有するのである。

この努力は、ニュートンの第一法則（慣性の法則）が想定するような無限の等速直進運動とはならない。中心物体の力が物体を自己のもとに引き戻しているからである。そもそも、物体が中心と一体であるということが、直進運動を妨げているのである。

こうした中心物体は最早単なる客観ではなく、客観的な全体を俯瞰するものであり、客観全体が対自的にあること（das Fürsichseyn der objectiven Totalität）に他ならない。従って、それは一つの個体（ein Individuum）と見なされなければならない。それは、諸部分の単なる秩序や配列、外面的連関ではなく、内在的な形式であり、自ら規定を与える原理であって、諸客観を内属させ、結合して真の一者とするものなのである(7)。

とはいえ、それは自己を分割する必然性を宿している。それは、全体的概念の否定的な統一だからである。逆の面から見れば、非自立的で互いに外在的であった客観は中心物体に結びつけられた諸個体となり、中心物体に対して外在的であったものは、そのうちに包摂される。それによって、それらは、自己同一性という中心物体のあり方を伝達される。こうして、それらは、それらなりの中心性を持つことになる。そして、それ自身非自立的な諸客観を従える中心となるのである。

これら非自立的なものは、全体的な中心個体に従属する相対的な中心個体（das relative Zentralindividuum）の外面であり、後者に向かおうと努める。また、そうすることで絶対的な中心個体にも向かう。そして、それによって、絶対的な中心個体と相対的な中心個体が媒介される。ヘーゲルは、ここに三層の推理を認める。絶対的な中心個体は相対的中心個体とその外面性を媒介しているが、この外面性が前二者を媒介する。そして、相対的中心個体は、その外面性と絶対的中心個体を媒介するのである（ibid.S.144.）。

こうした三つの媒介によって、一つの全体が作り上げられる。その契機の一つ一つが概念の完全な関係であり、推理であるとヘーゲルは言う。そして､それを「自由な機械的機制」(der freie Mechanismus) と呼ぶのである (ibid.,S.145.)。そこでは、客観的な普遍性が区別された諸客観の根底にあって、それら客観を貫き、特殊化しつつ自己同一性を保つ重力として働いている。圧迫、衝突、牽引、集積、混合等は、外面性の関係に属するにすぎない。秩序もまた諸客観の外面的な規定性にすぎない。だが、それは、内在的で客観的な規定となっている。そして、それは、法則 (Gesetz) という意味を持つことになるのである (ibid.)。

絶対的な中心個体は、諸客観を内属させ結合して真の一者とする。その個体性は自己を分割しながら自己同等的な普遍性を保持する統一であり、それの絶対的な観念性のうちにありながら、区別を通して自己を拡大する中心点である。そこで孕まれる区別は、多くの客観があることを意味するが、純粋な普遍性のうちに包摂されているのである。

このように、絶対的な中心個体は、主観的な個体性と外在的な客観性に自己を分かちつつ、後者の中で前者を保存し、観念的な区別の中でそれを規定するという否定的統一である。こうした自己規定的統一、外的客観性を観念性のうちに連れ戻す統一は、自己運動 (Selbstbewegung) の原理に他ならない。ヘーゲルは、こうした生気づけるものの規定性を法則と呼ぶのである。そして、そうした法則を持つのは、自由な機械的機制のみであると言う。それは純粋な個体性ないし対自的にある概念自身の規定である｡それは､それの生み出す区別の中で自己にのみ関係することによって、自己を燃え立たせる運動の不朽の源泉であり、自由な必然性 (freye Nothwendigkeit) と称される (ibid.,S.146.)。

自由な必然性としての法則は、その客観性に対立してはおらず、客観性の中に直ちに広がっている普遍性であり、具体的な中心性である。それは、諸々の客観に内在していて、それらの本性と力となっている。客観が本質的な自立性と力を持つのは、この中心性とその諸法則のうちでのみである。それは、抽象的で普遍的な仕方で自立性を保持することはできず、自己を閉ざしていることはできない。諸客観の区別は、法則によってそれらに内在させられたものであり、それらの定在 (規定されたあり様) は、法則によって措定された規定性である。従って、それらは、もはや、自立的で外在的な客観であるかのように見せつつ中心点に向かって努力するだけではない。規定された形で、それに対立させられている客観に向かおうとするのである。中心そのものが分かれて区別を生じたのであり、その統一が客観化された対立に移行していたのだからである。こうして、中心性の内実は、互いに否定しあう緊張状態にある諸客観の関係（Beziehung dieser gegen einander negativen und gespannten Objectivitäten）に他ならないことになる（ibid.,S.147.）。そして、それは化学的物質観、化学機序（Chemismus）の概念に繋がるのである。

四　化学機序と概念の発現

化学的客観には規定性が属し、これによってそれは他の客観に関係する。これが化学的客観の本性である。その規定性は、一方の個別的客観の規定性であるだけでなく、他方の客観の規定性でもあり、普遍的な規定性に他ならない。それは原理（Prinzip）と称される。客観は両規定性の内的全体であるとともに、外に現れた個別的客観の本性としての規定性を備えている。そのようなものとして、それは自体的に完全な概念（der ganze Begriff）である（ibid.,S.148.）。従って、それはそれに反するあり方、一面的な存立を止揚し、概念に相応しい実在的な全体になる必然性と衝動を持つ。

それは、まずは自立的な全体であり、自己のうちに反省していて外への反省から区別されている。それは、まだ異なったものとしては規定されていない個体であり、無関係な基（Basis）である[8]（ibid.,S.149.）。その差異をなす内在的規定は自己のうちに反省し、外への関係を回収している。形式的で抽象的な普遍性があるのみである。外への関係は、直接的で外面的な規定にすぎない。そうであるかぎり、客観はそれ自身において個体的な全体に立ち戻ることはない。そして、統一の契機は、二つの特殊な客観に振り分けられる。それ故、化学的客観は、それ自身からは捉えられず、一方のあり方は他方のあり方によって捉えられるだけである。

しかし、規定性は、全体の個対的概念の具体的な契機である。その概念は、特殊な客観の普遍的な本質であり、実在的な類（die reale Gattung）（ibid.,S.149.）に他ならない。従って、化学的客観は、直接的に措定されたあり方とそれに内在する個体的概念の間の矛盾である。それ故、それは、その定在の規定性を止揚し、概念の客観的全体性を現存するものとすべく努めなければならない。それは、その本性そのものによって、自立的なあり方に対して緊張関係に入り、自ら反応（Prozeß）を開始する。

こうして、諸客観は自己自身のうちに緊張を宿しながら、互いに緊張した関係に入る。その関係は親和性（Verwandtschaft）と呼ばれる（ibid.）(9)。各々は、その概念によって自らの外的存在の一面性に対立し、これを止揚しようとする。だが、そうすることによって、直ちに他の客観の一面性を止揚し、互いに調停しあい結合しようとする。各々が矛盾を宿し、自己自身において自己を止揚しようとするのであるから、外からの暴力によるのでなければ、それらを分離し相互的な補完関係から切り離すことはできない。両者を結合するもの、媒介者は両者が自己のうちに備えている本性である。それは「両者を自己のうちに保持している完全な概念」（der ganze beyde in sich habende Begriff）と言い換えられる（ibid.）。結合の努力は、この概念に相応しい実在を措定しようとすることに他ならない。

とはいえ、両者は対立しあって現存している。そのかぎり、それらの統一は、それらとは区別されて現存するなお形式的な契機にすぎない。それらは互いに外面的な結びつき（Gemeinschaft）の中にあるだけである。それらを繋ぐ媒介者は、抽象的な中和性（Neutralität）、中和の実在的な可能性にすぎない。物体的世界においては、水がそうした媒体となる（ibid.S.150.）。

諸客観は、こうした媒体の中で穏やかな形で一体となるか、それらの本性である具体的な概念が実在性を得ることによってそれらの実在的な区別が概念の統一に連れ戻されるという否定的な過程を辿るかのいずれかである。それらが以前持っていた自立的な規定性は止揚され、対立と緊張は中和され、努力は安定した中和状態に達する。こうして反応は終わる。

中和的な産物の中では、その成素は緊張を解かれ、緊張の中で持っていた性質を最早持たない。だが、以前のように緊張状態に入る可能性はなお残っている。規定性こそは化学的客観に根源的なのである。反応によって差異が止揚されるといっても、それは直接的になされたにすぎない。従って、反応の産物も形式的な統一にすぎないのである。それ故、否定性が客観の外に置かれたといっても、それは、自らの抽象的なあり方を拒否して外に向かおうとする動揺を宿し、直接客観に関係しようとする。客観の安定した中和性は、対立の実在的な可能性（die reale Möglichkeit ihres Gegensatzes）を宿している。従って、否定的統一がそれに直接関係することによって、それは規定され分裂させられる。それは、まずは反応の始まりとなった対立の回復と見なされる。しかし、実在的な中和が経験するのは、互いに異なった契機に分解されるのではなく、無関係な契機に分解されるということである。抽象的で無関係な基が一方に生じ、それらを活性化させる原理が同じく無関係な客観性の形を取って他方に生じる（ibid.S.151.）。こうして、同じ客観的な全体が、自立的な否定的統一、実在的統一、化学的実在として抽象的な諸契機に解体されて提示される。これが化学機序の全体に他ならない。これら抽象的な契機の中では、規定性は、中和物におけるように他のものにおいて自己内反省に達するということはなく、それぞれの抽象的なあり方に立ち戻っており、根源的に規定された要素となっているのである（ibid.）。

こうした要素的客観は、化学的緊張から解放されている。とはいえ、それらの中には、化学的反応が始まる前提であったものの根源的な基礎が、実在的な化学反応を通して措定されている。それらは、単純で無関係な存立とともに、規定性を持つ。それらはこうした矛盾としてあるのである。そのため、それらは外に向かう衝動を有し、分裂して他の客観との緊張状態に入り、異なったものとしてそれに関係し自らを中和するとともに、自らの単純な規定性に定在する実在性を与えることができる。化学反応は、これによって出発点に立ち戻る。だが、化学反応が単に繰り返されるだけではない。それを通して、その概念が明らかになるのであり、新しい領域が拓かれるのである。

すなわち、一の客観が他の客観に関係する時、直接的で一面的な規定性に従ってのみ関係するわけではない。実在的な関係に必要な前提を根源的な関係の内的全体に従って措定するのであり、そうすることで自らの概念を自らの実在性と結合するための媒介を自分に与えるのである。客観は、自体的・対自的に規定された個別性であり、具体的な概念であって、極に分裂する原理であるとともに再結合する原理でもある。それは、分裂と再結合を通して最初の規定に客観化された形で還帰するのである。

ヘーゲルはここに化学機序の第三の推理を見る。第一の推理は、緊張関係にある諸客観が形式的な中和性を媒介として結合するというものであった。第二の推理は、最初の推理（反応）の産物、実在的な中和性を媒介者とし、分裂させる働きとその産物、無関係な要素を両極として持つものであった。これに対して、第三の推理においては、自己を実在化する概念がその実在化の過程を制約する前提を自ら措定する。それは、普遍的なものを本質とする推理に他ならない（ibid.S.152.）。

化学的客観性が直接的外在的であるかぎり、これらの推理は別々になる。中和を生み出す最初の反応は産物の中では消えている。そして、反応を再び引き起こすものは、外から加わる差異化の働きである。同様に、中和物から異なった極を析出し、抽象的な元素に分解する働きも、外から加わる条件と働きの励起による他はない。しかも、中和化と分離および還元が同一の過程の中で結合されており、結合と中和は分離でもあるにもかかわらず、これらは異なった二つの面となる。析出された極は、反応以前の客観ないし物質とは別のものであり、それらの中和化も最初の反応とは違うのである。

しかし、これらの幾つもの段階を経ることによって、外在性と被制約性は止揚され、概念が自体的対自的に規定され外在性によって制約されていない全体として現れる。それは、自己のうちで規定された区別を措定するとともに、この媒介を通して自己を実在的な統一として構成する働き（die in sich gegangene absolute Thätigkeit als an und für sich realisierend, die in sich die bestimmten Unterschiede setzt und durch diese Vermittlung sich als reale Einheit constituirt）である（ibid. S.153.）。自らの客観的な契機のすべての外在性を止揚し、それらを自らの単純な統一のうちに措定するものとして、概念が出現するのである。それが非本質的な実在性として関係せざるをえない客観的な外在性は、悉く払拭されている。それは、客観的で自由な概念（der objective freye Begriff）と称される。そして、それは「目的」（Zweck）と呼ばれ

ることになるのである。(10)

注

(1) 原語〈Mechanismus〉〈Chemismus〉の語尾〈ismus〉は、①学説、主張、②行為、傾向、作用、③機構、④言語的特質などを意味するが、文脈に応じて「機械的機制」、「機械論」、「化学機序」、「化学説」と訳す。

(2) G.W.F.Hegel, *Wissenschaft der Logik*, II, 1816, in: GW.,12., 1981, S.127～172.

(3) G.W.F.Hegel, *Enzyklopädie der philosophischen Wissenschaften im Grundrisse*, 1830, I, in: Werke.,8., 1970, §181. なお、ヘーゲルは「一切の理性的なものは推理である」とも言う。W.d.L.II.,S.90.

(4) G.W.F.Hegel, *Wissenschaft der Logik*, I/1., 1832, in: GW.,21.,S.68f.

(5) G.W.F.Hegel, *Wissenschaft der Logik*, I., 1812/13, in: GW.,11., 1978,S.396～404.

(6) W.d.L.I.,S.272～280.

(7) 太陽、惑星、衛星からなる太陽系が演繹されたことになる。

(8) 「基」とは、今日の化学では、化学反応において、化学変化しないで一つの原子のような反応をする原子団のことを言う。アミノ基、アセチル基、水酸基、硫酸基、メチル基、塩基、アンモニウム基などがある。「塩基」とは、水溶液中で解離して水酸イオンを出し、酸を中和して塩を生じる物質である。本文の原語〈Basis〉に由来する〈basisch〉〈Basit〉〈Basitität〉は、「塩基性の」、「塩基性岩」、「塩基度」と訳されるが、本章では、〈Basis〉を広く「基」の意味で理解することにする。

(9) 「親和性」は、「存在論」の第三部「質量」において、「選択的親和性」(Wahlverwandtschaft) として論じられていた。

(10) ここから、「客観性」の部は「目的論」の段階に進むことになる。

第三章　目的論革命

序　目的論と近代的世界観

アリストテレスが掲げた四原因（質料因、形相因、目的因、作用因）[1]のうち、近代思想は形相因と目的因を削除する方向に進む。それは、世界の諸事象を、質料因と作用因のみによって理解しようとする。そこに、近代科学を規定する大きなパラダイムがある。近代科学は、それによって機械論を採用することになる。しかも、質料を量的に規定可能な面からのみ観察し、同じく量的に計量可能な作用がそれに加わることで事象の様々な変化が生まれるとするのである。

それによって近代科学が世界の合理的な理解を生み出し、大きな成果を挙げたことは否定できまい。しかし、その量的機械論的な世界観に対しては、反撥と反省も生まれた[2]。質を捨象する、或いは可能なかぎり量化して捉える手法は、無味乾燥な世界像を描きだす。生活世界の多彩さは掻き消され、馴染みのない無色な線描像が人々の前に提示されるのである。

カントはこうした世界理解に修正を求めた一人であった。彼は、近代科学の成功を評価しつつそのア・プリオリな原理を明らかにすることに努めながら、機械論的なパラダイムを不十分とし、目的の概念の復活を提案した。彼は、因果律に基づく機械論のもとでは見過ごされがちな自然現象の精妙な仕組みを解明するには、目的の概念を活かすことが必要であると考え、世界を「恰も神によって合目的的に作られたかのように」見なしながら研究を進めることを勧めたのである。[3]

とはいえ、カントは、そうした合目的性や目的の概念を自然に内在するとまでは主張しなかった。彼は、それらを規定的原理（das bestimmende Prinzip）とするのではなく、あくまで自然研究における指導的・統制的理念（die regulative Idee）にとどめるべきだとした。[4] 自然界に合目的的な連関があると期待しつつ研究を進めながら、その連関そのものは機械的なそれとして説明しなければならないのである。

そのかぎり、機械論の優位は依然覆らない。目的論と機械論は矢張り相容れず背馳するものとしてあることになる。これに対し、この対立関係を止揚し、機械論の一方的優位を覆して、目的論の優位を唱えたのが、ヘーゲルである。彼は、先に見たとおり、『論理の学』「概念論」の客観性の章において、機械論（Mechanismus）を弁証法的に止揚して化学的な見方（Chemismus）を導き、目的論（Teleologie）への道を開く。[5] それは、彼が機械論の支配に対して企てた目的論的革命であったと言えよう。その成果は如何なるものであったのか。本章では、近代思想のみならずカントとのヘーゲルの対決の様を明らかにし、その目的論の意義を考える。

一　目的論の復権

カントが『判断力批判』において判断力の二律背反を示したことは、機械論の限界を示し、目的論の復権に道を拓いたものと見なされる。彼は、自然を研究するに当たって二つの格率が対立すると言う。[6]

第一格率：物質的事物とその諸形式のすべての産出は、単に機械的な法則に従って可能であるとして判断されねばならない。

第二格率：物質的自然の若干の産物は、単に機械的な法則に従って可能であると判断されることはできない（その判断には、原因性の別の法則（別の因果律）すなわち目的因の法則が必要である）。

それは、客観の可能性についての次のような客観性の原理の対立ではないことにカントは注意を促す。

定立：物質的事物のすべての産出は、単に機械的な法則に従って可能である。

反定立：物質的事物の若干の産出は、単に機械的な法則に従うだけでは可能でない（KU.S.314f.）。

この対立が、物質的事物の産出の原理をめぐる対立であるのに対し、先の対立は、自然を観察研究するに当たっての研究者の判断の仕方の対立である。それらは、「私は、物質的自然におけるすべての出来事を反省し研究するに当たって、自然の単に機械的な原理に従わなければならない」のか、「若干の自然形象（更には全自然）のもとでは、自然の機械的機制に従う説明とはまったく違う原理、すなわち目的因の原理に従って追跡し、それらについて反省しなければならない」のかという対立である（ibid.S.315f.）。それは、自然がそのようにあるという断定を下すものではない。

もし、そうした断定同士の対立であれば、二つの格率は矛盾的に対立し、いずれか一方が必然的に偽とならなければならない。これに対して、それらが自然に向かう研究者の見方の違いであるとするならば、両者の妥協を図ることは可能である。機械論的な見方をベースとしつつ、目的論的な反省を更に加えるということは不可能ではない。その際、結果が見込み通りになることは保証されていない。合目的的連関が実際に見出されることもあれば見いだされないこともありうる。いずれにせよ、第一格率による研究を超えて観察が続けられ、それによって新たな発見がなされる可能性が生まれる。そのように研究を指導し、発見に導く原理として、カントはそれを「統制的原理」（das regulative Prinzip）と名づけるのである（ibid.S.339.）。

それを、自然そのもののあり方を規定する「規定的原理」(das bestimmende Prinzip) ではないとした点に、対象とその研究を分かち、専ら後者に視点を向けるという控えめな姿勢が認められる。そこには、物自体は不可知であるとするカントの有限主義に通じるものがあろう。だがまた、対立の生じる場面を確認し、そこから離脱することによって衝突、二律背反を回避しようとするカント独特の手法を見ることができる。[7] いずれにせよ、彼は機械論的な見方に対して目的論的な見方が抵触しないことを示して、控えめながら目的論の復活への道を拓いたのである。

だが、そこには依然機械論の優位が前提されていることは、否定できない。機械論は原因、結果という関係のカテゴリーによって自然現象を説明するものだが、そのカテゴリーは客観的妥当性を認められており、「規定的」と見なされる。だが、目的論にはそうした妥当性は認められない。前者は客観的だが、後者は主観的であると言うこともできよう。それが、目的論が統制的原理とされることの意味である。両原理はこうした意味づけの違いによって衝突を免れているにすぎない。いずれにせよ、カントは機械論と抵触しないことを配慮しつつ目的論の復活を図ったと言うことができる。

だが、こうした解決策に対して、ヘーゲルは不服を表明する。彼は「目的論と機械論の対立は、さしあたり一層一般的な自由と必然性の対立である」と言う (W.d.L.II.S.157.)。それは、『純粋理性批判』において第三二律背反と称されたものに他ならない。それは、次の独断的主張の対立である (K.d.r.V., A444～445, B472～473.)。

定　立：自然の諸法則に従う原因性は、世界の諸現象が悉くそこから導き出されうるような唯一の原因性ではない。自然の説明には、なお自由による原因性を想定することが必要である。

反定立：自由はない。世界の中のすべてのことは、自然の諸法則によってのみ起こる。

ヘーゲルによれば、これらの主張の証明は弁駁的（間接帰謬法的）に行われる。それ故、定立の証明は、反対の主張を仮定することから始められる。「自然の諸法則すなわち化学機序を含む機械的機制一般の必然性に従う他に原因性はない」というのである（W.d.L.II.S.157.）。だが、この主張は自己矛盾を含むことが暴露される。自然法則の本質は、十分ア・プリオリに規定された原因なしには何も起こらないということにあり、そうした原因は絶対的な自発性（eine absolute Spontaneität）を含んでいなければならないからである（ibid.,S.158.）。すなわち、自由による原因性（Kausalität nach der Freiheit）が想定されねばならないのである。

だが、自由とは、一つの状態およびそれの結果の系列を先行する原因なしに始める特殊な原因性のことである。しかし、如何なる因果連関も持たない状態を前提することは、原因性の法則（因果律）に反する。経験の統一と経験一般はこの法則に従ってのみ可能なのだからである。こうして、反定立は自由の存在を否定する。この証明も、一旦自分の主張とは反対の仮定を立てた上で、その背理を指摘する弁駁的論証に他ならない（ibid.）。

二つの議論の応酬は、果てることのない堂々巡りとなる。それは、いずれの主張も証明されえないということを意味する。それによって露呈するのは、むしろ理性の無能力である。理性は、経験的な自然法則に従う事物の可能性について、ア・プリオリな規定的原則を与えることはできないということになる。そこから、ヘーゲルはカントの解決策を確認する。すなわち、定立も反定立も客観的な命題としてではなく、主観的な格率と見なされねばならない、つまり、私はすべての自然の出来事について単なる自然の機械的機制の法則に従って反省することを常とすべきであるが、偶然の機会には別の格率、目的因の原理に従って若干の自然形式を追跡することは妨げられない、ということである（ibid.）。

だが、ヘーゲルはカントのこの解決策を不服とする。哲学的関心からすれば、問題は、二つの原理のどちらが絶対的な真理であるかであって、それらが自然に客観的かつ内在的に存在する規定であるのか、主観的認識の単なる格率であるのかには違いはない。むしろ問題となるのは、時々の機会に応じて二つの格率を使い分け、それら自身の真理を問わないのは、主観的で偶然的な認識活動に他ならない、というのである（ibid.）。

カントは、判断力を「反省的判断力」（die reflektierende Urteilskraft）と「規定的判断力」（die bestimmende Urteilskraft）

に分け、目的論的原理を前者に帰した（KU.,S.XXVf.）。反省的判断力とは、特殊なもの（das Besondere）が所与としてある場合、その中に普遍的なもの（das Allgemeine）を見出す能力である。機械的なもの或いは雑多に見えるものの中に合目的的連関を見出し、目的の概念の下で多様なものを統一することが、この判断力の働きである。普遍的なものとしての目的が予め与えられていない以上、その発見が客観性を持つか否かは保証されていない。これに対して、規定的判断力は、普遍的なものを予め所持していて、特殊なものが直観に対して与えられた時、これを普遍的なものの中に包摂する能力である。だが、この包摂に当たっても、媒概念不周延の推理を免れない[8]。そもそもただ包摂するだけの普遍的なものとは、抽象的なものであり、他のもの、特殊なものにおいて初めて具体的になるのである。

これに対して、ヘーゲルは目的が「具体的普遍」（das concrete Allgemeine）であることを要求する（W.d.L.II.,S.159.）。それは「それ自身のうちに特殊性と外面性の契機を有しており、活動的であって、自己を自己自身から突き離す」ものでなければならない（ibid.）。従って、それは客観的な分割の働き（Teilung）を含み、「客観的な判断」（das objektive Urtheil）なのである。その主語は具体的な概念であって、自己自身を規定するものであり、その述語はその概念の外化された客観性（die äusserliche Objectivität）である。それ故、それは反省的な判断作用ではまったくない（外在的な客観を統一に向かってのみ考察し、悟性がそれをわれわれの認識能力のために与えるといったことではない）。それは、自体的対自的にある真なるものであって、客観的に自己を分割し、外在的な客観性を絶対的に規定するものなのである。それ故、目的関係は、判断というよりは、推理（Schluß）であると言うべきである。それは、自己を客観化し、この客観性を通して自己を自己自身と接合する自律的で自由な概念の営みに他ならない。それは、外から規定されることはなく、自己を自ら規定するのであって、客観に内在するものと見なされねばならない（ibid.）。

そこには、本来他のものはない。他のものと見なされるものは、概念が自らに対して外在的なものとして措定したものに他ならない。概念がそれらの実体をなしているのである。外在性がそれらに本質的でそれらの規定性を構成する契機であるとすれば、それらは、外から規定されるという性格によって、目的関係に従属することになるのである。

ヘーゲルはこのように目的関係の客観性を説くことによって、カントを乗り越え、目的論の復権を更に確かなものにしようとするだけでなく、機械論の優位を覆そうとするのである。それは、近代思想に対してもう一つの革命を企てることに他ならない(9)。

二　概念の目的論的構造

目的は、自己を外化（sich äußerlich setzen）しようとする本質的な努力であり、衝動である。しかし、外化すると言っても、それは他のものに移行するわけではない。それは、同じく自己を外化する力（Kraft）とも異なる。また、原因（Ursache）や実体（Substanz）とも異なる。力は、発現しない場合には抽象的にうちに籠もっているにすぎず、触発されることによって初めて発現し、定在を得る。実体は偶有性の中で、原因は結果の中で現実性を持つのであるから、それらの働きは他のものに移行することであり、それに抗して自由であることはできない(10)。目的を力や原因として語るとすれば、自己触発によって外化する力、自己自身の原因である原因（Ursache ihrer selbst）、結果が直ちに原因であるような原因であると言わなければならない（ibid.,S.160.）。それは、力や原因の概念を止揚することに他ならない。目的は具体的な概念（der konkrete Begriff）であって、客観的な区別を絶対的な統一のうちに保持しているのである。言い換えれば、自己を自己自身から突き離す否定性（die sich von sich abstoßende Negativität）を含みながら、自己との同等性を維持する普遍的なもの（das sich gleiche Allgemeine）に他ならない（ibid.）。そのようなものとして、それは推理（Schluß）であるとされる。それは、まずは普遍的な働きであり、なお無規定的な働きである。だが、この働きは否定的に自己に関係することであるから、自己を特殊化し、特殊性の契機を自己に与える（ibid.,S.161.）。とはいえ、この特殊性は、まさしく普遍的な働きの特殊化によって生じたものであるから、この働きへの反省を含んでおり、措定された形式の区別に対して、形式が自己内反省した全体に他ならない。このように否定的に自己に関係し、自己を否定にもたらしつつ、再び自己に反省（回帰）する働き、自己関係的否定性であることによって、目的は個別性（Einzelheit）であることになる（ibid.）。

目的はこのように、普遍性、特殊性を契機とする個別性としての推理である。それは、形式の絶対的自己内反省とも表現される（ibid.）。この反省は、一方では、主体の内的普遍性であるとともに、他方では外に向かう反省である。それ故、目的は、概念が「客観性」のうちで自己自身に達したものであると言うことができる（ibid.）。それは、客観性のうちで自己に規定性を与える。その規定性とは、規定されてあることに伴う客観的な無関係性と外在性である。自己を自己から突き離す目的の否定性は、概念自身の諸規定でありながら互いに客観的な無関係性の形式を有する諸契機からなるものに他ならない。しかし、こうした差異性は、概念の単純な統一の中に含まれている。目的は、こうした客観性の全体的な自己内反省（diese totale Reflexion der Objektivität in sich）である。

とはいえ、それが直接的にあるかぎり、その自己規定によって生ずる特殊性は、自己のうちに反省しているだけで、具体的な形式から区別されており、規定された内容にすぎないものとなる。このため、目的は、形式上は無限な主観性（主体性）であるにかかわらず、有限なものになる（ibid.）。また、目的の規定性は客観的な無関係性という形式を持つため、目的に対して前提されたものという形を取る。それは、機械的・化学的世界として目的の前にあり、目的はそれに対して関係を持つことになる。その自己規定的な働きは、自己同一性を保ちながら、自己自身に対して外在的であり、自己内反省であると同様外への反省なのである（ibid.）。こうして、目的は有限なものとなる。目的は世界の外の存在となり、それに対して、客観性が機械的・化学的で目的によってまだ規定されておらず貫かれていない全体として対立するのである（ibid.）。

従って、目的の運動は、その前提を止揚し、客観の直接性と客観を概念によって規定されたものとして措定することとならねばならない。それは、目的の主観性を止揚すること（ein Aufheben der Subjectivität des Zwecks）（ibid.,S.161.）でもある。こうして、目的が実現されることになる。客観的存在は目的と結合される。目的の契機として目的と同一の規定性が外的な規定性としてあることになり、逆に前提であった客観的なものが概念によって規定されたものとして措定されるのである。目的はこのように自己を実現しようとする衝動（der Trieb seiner Realisation）である。
概念の諸契機の規定性は外面性であった。しかし、それらが概念の統一のうちで単一であるということは、外面性という規定性には相応しくない。それ故、概念は（外面性である）自己を自己から突き離す。この突き離しは、否定的統一が自己に関係しようとする決意（Entschluß）と捉えられる。そうすることで、否定的統一は排他的な個別性となる。だが、こうした排斥によって、それは自己を開示する（aufschließen）のである。それは自己を規定することであり、自己自身を措定することだからである。
目的を主体的概念として捉えるならば、その主体性は自己を規定することによって特殊性となり、自己に内容を与えるものでなければならない。この内容は、概念の統一のうちに包み込まれているかぎり、なお内なる内容である。こうした内容を措定することは、単純な自己内反省と言うべきものだが、しかし同時に無関係で外在的な客観性に関係することともなる。そして、この客観性は、主体によって右の内的規定性に等しいものとされ、概念によって規定されたものとして措定される。それは、まずは目的の達成のための「手段」（Mittel）とされる（ibid.,S.162.）。

「目的における最初の措定の働きは、内なるものを措定することである。すなわち、措定によって規定されたものとして措定することである。この措定は、同時に客観的世界を前提する（先だって措定する）（voraussetzen）ことである。だが、目的の主体性はこうした前提を止揚することを目ざす。主体に対して否定的なものを措定することと措定された外在的な客観の止揚を目指すのである。だが、それは、前提された客観的世界に対して最初の、それ自身直接的で外在的な否定にすぎない。それはまだ目的自身の達成とは言えず、そこへの始まりにすぎない。このように規定された客観が手段なのである」（ibid.）。

目的は手段を必要とする。それは、手段を通して客観性に繋がり、その中で自己自身と合致するのである。このことは、目的が有限であることに起因する。目的が有限であるとは、その規定作用一般が自己自身に対して外在的であり、そのため最初の規定作用が、自己を規定することと外在性を前措提する（voraussetzen）ことに分裂するということである。手段はそうした目的を客観性と媒介するものであるが、目的が有限である以上、目的そのものとその達成に対して外在的で無関係な定在の形を持つことになる（ibid.,S.163.）。従って、手段が媒介者であるということは、それが直接的な客観であり、目的の極に外面的に関係するということに他ならない。

概念と客観性は、従って、手段の中で外面的に結合されているにすぎない。そのかぎり、手段は単に機械的な客観（mechanisches Objekt）である（ibid.）。目的に対する客観の関係は直接的な関係であるが、手段の客観性は、目的関係のもとに包摂されている。手段のうちのこうした目的関係によって、手段はもう一方の極、まずは未規定な客観性に対して包摂的となる。目的関係は手段を包摂し、手段は未規定な客観性を包摂する。だが逆に、手段は、主観的な目的に対して、直接的な客観性として、目的の主体的個別性を欠く定在というあり方をしている。こうして、目的は手段のうちに外的な規定性としてあるとともに、手段の外に否定的統一としてあることになる。また、手段の方も目的を一つの規定性として持つだけで、全体の単純な具体化として有してはいない機械的な客観にとどまる。

それが実在的な無関係性（reale Gleichgültigkeit）にとどまる限り、そのうちに目的規定があるにせよ、その自己内反省は目的の形式的な自己関係にすぎず（ibid.,S.164.）、純粋な主観性（die reine Subjectivität）と言うべきものにすぎない。だが、まさにその故に、この主観性は活動（Tätigkeit）でなければならないことになる。

とはいえ、手段は自体的には概念の全体である客観である。それは、他の直接的な客観に対するのと同様、目的に対して抵抗する力は持たない。それは、措定された概念である目的によって完全に貫かれうるものであって、目的の伝達に対してこれを受け容れるのみである。それは、自体的には目的と同一だからである。そして、それはそのようなものとして措定されてもいるのである。それは、否定的統一を目ざして努力することを核心に持っているからである。従って、客観は目的に対して無力であり、それに奉仕することができるにすぎない。目的がその主体性ないし魂であり、客観において現出しているのである（ibid.）。

客観は、このように直接的に目的に従属している。しかし、その直接性の故に、目的に対する手段の自立性はなお止揚されてはおらず、前提はなお残留している。手段を通じての目的の活動はなおこの前提に向けられる。そして、手段の中には客観性の契機が外在的なものとして措定されており、また概念の単純な統一はそうした客観性を自体的に有している。そのかぎり、目的の活動は活動（Tätigkeit）であり続けなければならなくなるのである。ただし、それは単なる衝動（Trieb）や努力（Streben）と同じ次元のものではない。

三　目的論的過程

目的は手段に関係するだけでなく、それを介して根源的な前提としての客観性に向かっていかなければならない。客観性とは、規定性に対して無関係であるということである。客観性に対する目的の関係は、媒介するものがもう一つの極に直接的に関係するということである。それが直接的な関係であるのは、媒介するものが外在的な客観という面を持っており、もう一つの極も外在的な客観であるからである。それは、機械的過程と化学反応という形を取る（ibid.,S.165.）。だが、それは目的の支配のもとで進行するのである。手段は目的の側にあり、目的の活動をうちに宿す客観であるから、それともう一つの極の間の機械的過程は、目的として前提されている概念に客観性が回帰することでもある。客観に対する合目的的活動の否定的な関わりは、外在的なことではなく、客観性がそれ自身において変化し概念に移行することに他ならない。

目的が客観とまったく別の本性を持ち、また手段ともう一つの客観が互いに独立した全体であるとすれば、目的が客観に直接関係してこれを手段とし、これを通じてもう一つの客観を規定することは、暴力（Gewalt）とならざるをえない（ibid.）。目的が客観の外在性を前提としこれに関係せざるをえないということは、目的の有限性の表れであり、そこからくる必然である。目的が客観に直接関係するならば、それは機械的機制と化学機序に巻き込まれ、偶然性に曝され、没落を免れえなくなる。そのため、それは客観を手段として外に立て、自分の代わりに働かせて消耗させ、その背後で自己を保持するのである。ヘーゲルはこれを「理性のリスト」（die List der Vernunft）と名づける（ibid.,S.166.）。

しかし、こうした術策をめぐらしても、目的が有限であるかぎり、有限な内容しか持たず、絶対的とは言えない。そうした目的は客観に対して外在的な外的目的であり、それと客観との関係も外的合目的性（die äußere Zweckmäßigkeit）にすぎない。だが、目的は概念であり、客観とその過程に対して自由なものとして存在し、それ自身を規定する働きである。また、それは機械的機制の真理でもある（ibid.,S.159.）。それ故、それは機械的機制の中でも自己自身と合致するだけである。客観に対する目的の力は、それだけであるこうした同一性を保持しうることに他ならない。その働きは、この同一性を開示することであり、外在性という仮象を止揚することである。省みれば、外在性そのものが概念によって措定されていたのであった（ibid.,S.166.）。

目的論的過程とは、概念を客観性に移すことである。但し、それは、前提されている他のもののうちに移すことなのではない。概念が自己自身を通して自己自身と合致すること（das Zusammengehen des Begriffes durch sich selbst mit sich selbst）なのである（ibid.,S.167.）。目的の内容は、同一的なものという形式の中にある同一性であると言える。

> 「外在性は目的が移行してなるものであり、（……）すでにそれ自身概念の契機として概念の自己のうちでの区別の形式として措定されたものである。従って、目的は外在性のうちにそれ自身の契機を持つ。そして、具体的な統一と内容としての内容は、それの単純な形式であり、目的の区別された諸契機――主観的な目的、手段、媒介された活動、客観的活動――において自体的に同じであり続けるだけでなく、自己に同じであり続けるものとしてありもする形式なのである」（ibid.）。

それ故、目的論的活動とは、目的の中にすでにあるものが現存するようになることであり、すでになっているものがなることである。総じて、すべての関係規定はそれらの区別を失っており、互い他のものであるという規定を持つことはなく、単純な概念と同一のものとして措定されているのである（ibid.）。

とはいえ、手段を用いて目的を目ざす活動のあり方を見るならば、幾つもの問題が露呈する。それは機械的に客観にかかわり、客観の無関係な規定の代わりに同じく外在的な規定を客観のうちに置くだけであるならば、その産物（Product）は目的を外面的に体現しているにすぎない（ibid.,S.168.）。また、合目的的活動の産物の中では、目的の内容と客観の内容が別のものとしてある。それと同様、合目的的活動と手段たる目的の間にも、また、主観的目的活動内部での概念の全体としての無限な形式とその内容の間にも対立がある。更には、主観的目的が客観に関係し、これを手段とすることも、手段が更に外にある客観に関係することも直接的な関係にすぎない。それ故、そうした関係を媒介するものが求められねばならず、これもまた更なる媒介を必要とすることになる。こうして、媒介の無限進行が不可避的となる（ibid.）。結局、完全な媒介が確認できない諸関係によって産物が生まれることになり、関係はむしろ産物、結果を予め前提していたと言わざるをえない。産物は媒介なき媒介によって媒介されていたという悖理が生ずる。それを推理と言うならば、不完全推理と呼ぶ他はない。

のみならず、産物は外来の目的によって規定された客観である以上、手段のあり方と異なるわけではない（ibid.）。それは達成された目的とは言えず、目的もその中で真に客観性を得たわけではない。従って、それを達成された目的と見るか、手段にすぎないと見るかは、客観そのものには関わりのない非客観的相対的な規定である。そして、手段が消耗することを宿命としているように、それもまたこの必然を免れない。それは、安定的に自己自身を保存する定在によってその目的を満たすのではなく、消耗することによってのみ満たすのである。それが概念の統一と合致するのは、概念の外面性、客観性を止揚することによってのみだからである（ibid.,S.169.）。

それは、使用され使い尽くされることによってのみその使命を果たし、その否定を通してのみそのあるべきものに合致する。それは、肯定的に目的と結合されているわけではない。これは、目的そのものが制限された内容しか持たないことによる。その形式は概念の無限な自己規定であるが、この制限された内容によって概念は外在的な個別性にされているのである。内容の制限のために、目的は概念の無限性に相応しくなくなり、存在という必然性の支配する領域に陥って生成や変化を免れず、可変的なものたらざるをえなくなるのである（ibid.）。

四　内的合目的性

目的が主観的な目的として外在的主観的であるかぎり、目的関係は外的合目的性にとどまる。それは、目的論の形式は持つものの、客観的な目的には至らず、手段を生み出すだけである。

だが、目的関係は外的合目的性にとどまるわけではない。それは、内的目的関係（die innere Zweckbeziehung）となり、客観的な目的を生み出す。目的が概念に対して自立したものとして前提した客観の外在性は、前提される中で非本質的な仮象として措定され、止揚されている。目的の活動は、本来、こうした仮象を提示するとともに、それを止揚することなのである（ibid.,S.169.）。そうでありうるのは、手段となるべき客観は自体的には概念の全体であり、外在性としてのその規定性は外在的なもの、非本質的なものとしてのみ措定されており、目的そのものの中にその契機としてあるのであって、目的に対して独立したものではないからである（ibid.f.）。客観を手段として規定することが直接的でありうるのは、このことによる（ibid.,S.170.）。そうするために、主観はそうすべく決意すること（Entschluß）以上のこと（暴力）を必要としない。このように決意し自己規定することが、客観の外在性を措定されたものとすることなのである。その中で、客観は目的に従属したものとなっており、それがそれだけであるということは内実のないことが示されるわけである。

こうした手段を用いて目的を客観的なものとすること、目的の実現は、客観性による客観性の止揚、すなわち単に措定されただけの客観的なもの（手段）と直接的なものとしての客観的なもの双方の止揚でなければならない（ibid.）。

その中で、客観性が目的の否定性と同一のものとして回復されるとともに、ただ目的によって規定された外在的なものとしての客観性が措定される。後者によって、産物は手段であり続ける。前者によって、産物は概念と同一の客観性、実現された目的（der realisirte Zweck）となる（ibid.）。

これを概念の動きとして通観するならば、次のようになる。――概念は自己を規定する。その規定性は外在的で無関係なものとなる。だが、それは概念たる目的の決意によって直ちに止揚され、内的主観的な規定性として内化されると同時に前以て措定（前提）された客観として規定される（こうして、手段が生まれるとともに、手段を通して働きかけられる素材としての客観が生まれる）。概念は、この第二の客観に更に向かっていく。それは直接的な伝達の形を取って、前提された客観を概念のうちに包摂する。そうすることで、内的主観性を止揚するとともに、外在的な客観性を止揚する。無関係な客観性を止揚することは、媒介を経た自己内反省である。そして、そのことによって目的は達成されることになるのである。

ここでは、概念の主観性の領域と客観性の領域の違いを確認しておかねばならない。主観性の領域では、概念が自己を自己から区別するとしても、その区別は概念と直接的に同一である。これに対して、客観性の領域では、概念の自己規定によって生ずる規定性は、無関係な外在性となる。従って、概念がその中で自己自身との同一性を維持しようとすれば、自己を自己から突き離すこととならざるをえない。同一性に対して外在的で無関係なものとして規定されたものが同一性自身であり、同一性そのもの、自己内反省としての同一性がそれに対して他のものとなるからである。こうした事情に基づいて初めて、概念の客観的な自己内還帰（die objective Rückkehr des Begriffs in sich）、概念の真の客観化（die wahrhafte Objektivierung desselben）が理解される（ibid.S.171.）。すなわち、個々の契機がそれぞれ媒介の通過点であるとともに、それらの連結（推理）の全体なのである。

概念の中に根源的に外在性が生じることで、概念は自己を自己から突き離す統一（die sich von sich abstossende Einheit）となり（ibid.）、目的であるとともに、客観性に赴く働きとなる。それは、外在的な客観を直接措定し、前提する。概念は自己規定によってこの客観を規定する。それは、外在的客観の非本質性を確信することに他ならず、外在性を止揚することに他ならない（ibid.）。そこに生まれる手段によって、概念は更に外在的な客観を止揚しようとする。それは機械的な過程を含み、手段の摩耗に導く。だが、そうして生み出されるものは、再び手段にすぎない。目的を追求することは手段を生み出すことに他ならない。「目的は手段の中で達成されるが、満たされた目的の中に手段の媒介は保存されている」（ibid.）――これが外的目的関係の最終的な帰結であり、外在的目的関係が自己の真理として示す事柄なのである。だが、そこにおいて、この関係は止揚されていることにもなるのである。

こうして、概念とは、その特殊性が外在的な客観性であり、また外在性がその自己規定であるような単純な具体的統一である。目的とはこうした概念に他ならない。その運動は、概念が外在性の契機を自己のうちに措定しておりながら、それ自身は当為、努力目標にとどまるというのではなく、具体的な全体（concrete Totalität）として、直接的な客観性と同一であると言えるところに達している（ibid.,S.172.）。この同一性は、一方では単純な概念であるとともに、直接的な客観性であるが、他方では本質的に媒介であり、媒介によって媒介を止揚して回復される単純な直接性である。こうして、概念は対自的にある同一性として、自体的にあるそれの客観性から区別されながら、この外在的な全体の中にあって、その自己規定的な同一性を保っているのである。ここにおいて、内的、外的合目的性の対立は克服され、内的合目的性が単なる統制的理念としてだけでなく、実現された（realisiert）ものとなっていると言うことができる。ヘーゲルの言う「理念」（Idee）に達しているのである。

注

（1）*Aristoteles' Metaphysik*, Hamburg 1978, Buch V,Kapitel 1～2, S.178～180.
（2）ニュートン物理学に対するゲーテの自然学やドイツ観念論の自然哲学がこうした傾向を示している。
（3）「理性の思弁的関心は、世界の中のあらゆる配置を、恰もそれが最高の理性の意図に基づいて生じたかのように見なすことを必然的とする。そのような原理は、即ち、経験の領野に向けられているわれわれの理性に対してまったく新しい展望を開き、目的論的な法則に従って世界の諸物を結合し、そうすることでそれらの最大の体系的統一に達するように仕向けるのである」。I.Kant, *Kritik der reinen Vernunft*, 1781,1787. A686f.,B714f.

（4）とはいえ、カントが外的合目的性しか考えておらず、内的合目的性の概念を持っていなかったというわけではない。むしろ、自然研究に際して、統制的原理として活かされるべきものは、後者である。

（5）G.W.F.Hegel, *Wissenschaft der Logik*, II, 1816, in: GW.,12.,S.133～153.

（6）I.Kant, *Kritik der Urteilskraft*, Berlin 1790, Dritte Auflage 1799, Hamburg 1963, S.314.

（7）『純粋理性批判』「弁証論」において示される四つの宇宙論的二律背反は、物自体と現象の区別に基づき、二つの対立的主張をともに非とする（第一、第二二律背反）か、ともに是とする（第三、第四二律背反）という第三の道を提示することによって解消される。K.d.r.V.,A476,B504～A484,B512.

（8）普遍的なものＡの徴標をａとする時、特殊なものＢのＡへの包摂は、次の推理によって行われる。

　　Ａはａである

　　Ｂはａである

　故に、ＢはＡである

（9）近代科学を自然観の機械論的革命と見るならば、これに対する第二の革命が企てられていると見なされる。

（10）『論理の学』第二巻「本質論」、第二部現象、第二章本質的関係、Ｂ力とその外化の関係、第三部絶対的関係、Ａ実体性の関係、Ｂ原因性の関係を参照。W.d.L.I.,S.359～364, 394～407.

第三部　絶対理念への階梯

第一章　個体の生滅と類の保存

——ヘーゲルの生命論——

序

『論理の学』「概念論」において、「生命」（Leben）は理念の直接的なあり方、「直接的な理念」（die unmittelbare Idee）として登場する[1]。それは、「客観性」の諸段階、機械的機制、化学機序、合目的的組織の考察を経て到達されたものである。「合目的性」（Zweckmäßigkeit）の分析は、「外的合目的性」（die äußere Zweckmäßigkeit）のそれにとどまらず、「内的合目的性」（die innere Zweckmäßigkeit）に及んでいた。内的合目的性とは、事物と目的が分離されておらず、目的が事物に内在していて、事物が目的の手段であると同時に目的そのものであるようなあり方のことである[2]。事物は、そこにおいて「自己目的」（Selbstzweck）と称される。そして、それは、無機物から区別されて有機物（Organismus）と呼ばれるのである。

有機物は、一般に生命体と同義とされる。それ故、内的合目的性の考察が理念とりわけ生命論に繋がることは容易に理解される。それは、概念と実在性の統一（die Einheit des Begriffs und der Realität）としての理念の表現に相応しいのである。まさしく、概念（目的）とそれの体現（実在化 Realisation）としての事物（res）が不可分なのだからである[3]。

だが、こうした生命は不変不易のものとして持続することができるのだろうか。アリストテレスは生命活動の特徴を、感覚、思惟、運動、栄養、成長、生殖等に見たが[4]、そこには、生あるものが外的環境に囲まれこれと交渉しつつ死の脅威に抗して自己の個体性を維持し、終には世代の交代によって生命の持続を図ろうとする努力が読み取れる。その無常性を強調するならば、生者必滅という言葉が生まれる。生ある者は死す。死が全くの無に帰することであり、その先は虚無であるとすれば、そもそも生きることには何の意味があるのか、生きて向上しようという意欲はどこから生じうるのか、という問いも生まれよう。

カントは、道徳的向上の努力を続けるためには、魂の不滅への信念が不可欠であるとした[5]。それは、道徳的主体が虚無の思いを抱き挫折することを防ぐための盾であった。だが、その背景には矢張り、虚無への予感と懼れがあったとは言えまいか。

これに対して、ヘーゲルの生死観はどうであったか。個体（Individuum）は死を免れない。そもそも生命が個体という形を取って現れ、営まれるのは何故か。そして、その死の必然性は何に起因するのか。生命界は循環する。旧いものは消えて新しいものが生まれる。その際、旧いものの消滅は新しいものの出現のきっかけである。新しいものの出現は旧いものの死を背景としている。そして、それを通して種（Art）および類（Gattung）が保存されるのである。

こうした事実を見れば、生きることは類を担って働くことであり、死ぬことは類の存続のための最終的な寄与である。類は個体の生死の繰り返しを通して存続する。類の観点においては、生は死への道であるかもしれないが、死は生への通路である。生のみが積極的な意味を持つというのではなく、死もまた意味を持つことになる。

ヘーゲルは個体を超えた類、特殊なものに対する普遍的なものの観念を持つことによって、個体の生死に新しい意味を与えたと言うことができる。だが、それは、個体を類の道具とし、類に奉仕すべきものとする全体主義ではないかという批判も生むかもしれない。全体というものが見透しがたくなっている時代においてこそ、生と死の意味が問われねばならない、と。しかし、そうした虚無的状況こそが、ヘーゲルが対決し、克服しようとしたものであった。

全体を見失い、更にはそれを拒否せんとする時代的風潮の中でこそ、個体の生と死の交替の中に普遍的なものを見出そうとするヘーゲルの思考法の意義が認められるべきである。

一　普遍的生命と生きた個体

ヘーゲルは、生命の理念を「直接的な理念」であるとする（W.d.L.II.S.179.）。また、それを「普遍的な生命」（das allgemeine Leben）とも呼ぶ。理念とは概念と実在性の統一（ibid.S.176.）のことであり、「その客観性が相応なものとなっている概念」である。だが、客観性が概念に相応であるのは、概念自身が客観性を自己に相応なものとして措定したことによる。概念は自己を外化・客観化しながら、この外面性を自己のもとに統一しているのである。それは外化と外化の止揚（否定の否定）という意味で否定的な統一なのであり、「自己自身への無限な関係」（die unendliche Beziehung auf sich selbst）（ibid.S.182.）としてある。否定の否定は「否定性」（Negativität）とも言い換えられる。その中には、自己を限定する働き、「自己規定」が含まれている。自己を限定するとは、自己のうちで自己を分割すること（Diremtion）である。ヘーゲルは、概念は「主観的な個別性」（die subjektive Einzelheit）と「無関係な普遍性」（gleichgültige Allgemeinheit）に自己を分割すると言う。

こうして、一方に直接的なものとしての理念、概念と実在性の統一が措定される。それは概念から現れたものであるから、本質的に措定されてあることであり、否定的なものである。それは、概念の普遍性の面（die Seite der Allgemeinheit des Begriffes, ibid.S.183.）と見なされる。とはいえ、抽象的な普遍性にすぎず、本質的に主体（Subject）たる概念に帰属してあるにすぎない。にもかかわらず、それはそれだけであり、主体に対して無関係な直接的な存在の形式を有するように見えるのである。

それは、概念の契機として措定されたものであるにかかわらず、概念の主体性ないし否定的統一に対立している。

だが、真の中心と言えるのは、概念の主体性である。そこにこそ主体は認められる。それは、抽象的な普遍に対して個別性（Einzelheit）の形を取って現れる。単純ではあるが否定的な自己同一性としてである。ヘーゲルはそれを「生きた個体」（das lebendige Individuum）と呼ぶ（ibid.）。そして、それは魂（Seele）と身体性（Leiblichkeit）を持つと言う。

魂とは生命そのものの概念であり、自らのうちで完全に規定された概念であるとされる。それは自ら始まりとなり、自ら動く原理である。[6] そうした概念は、単純さを保ちながら外面性を自己の内に契機として含んでいるはずである。概念は、まさに自己を規定し外化しつつ外化したものを回収する運動であるからである。だが、魂がこうした運動を顕在化させることなく、直接的なあり方にとどまるかぎりでは、概念の外面性は無媒介にあり、魂は直接的に外面的なものとしてあって、客観的存在を帯びているだけのように見える。ただし、客観的存在といっても、主体の述語としての客観性であり、主体の目的に従属する実在性、手段（Mittel）としてのそれに他ならない。それは魂の身体性と言うべきものである。魂はこうして身体性を有することになる。「生きたものは身体性を概念と直ちに同一な実在性として持つ」（ibid.S.183.）。そして、それによって、魂は外在的な客観性と関係を持ち、交渉することになる。その意味で、身体は魂と外界を媒介する媒辞（Mitte）の役割を担うのである。

外界との関係を媒介するためには、身体は外界との機械的、化学的関係に入らねばならない。だが、身体はそれに尽きるわけではない。また、身体を備える生命体は、機械的化学的原因が作用しうるような機械的化学的産物であるわけでもない。こうしたものには概念が内在しているということが欠けており、概念はそれに対して外在的である。そのかぎり、そこには死んだもの（ein Todtes）があるにすぎない。生きたものの外面性、客観性は、概念によって貫かれ、概念を目的とし、その手段、道具（Mittel, Werkzeug）としてあるのである。その合目的性は、「外的合目的性」ではなく、「内的合目的性」に他ならない（ibid.,S.184.）。概念はその外面性から区別されているが、区別されながらも外面性を貫き、自己と同一であり続ける。そうした意味で、それは「規定された概念」とされるべきものである。

こうした合目的性を備えた客観性は、「有機物」（Organismus）と呼ばれる（ibid.）。それは目的の手段であり道具である。概念がその実体をなしているからである。だが、それはまた「遂行された目的」（der ausgeführte Zweck）でもある（ibid.）。概念がそれを自己に適するように措定したのだからであり、その中で主観的目的としての概念は自己自身と直接結合されているからである。

このような有機体は、諸部分（Theile）の複合体というのではなく、諸分肢（Glieder）の複合体である。諸分肢はバラバラにあるのではなく、個体性の中にのみある。それらはバラバラにされることはできるが、その場合には機械的化学的関係のもとに置かれることになり、生きたものの分肢というわけにはいかなくなる。それらの外在性は、生きた個体性の否定的統一に対立する。生きた個体性は、従って、これらの抽象的な契機（本来的には概念の規定性である）を「実在的な区別」（reeller Unterschied）[7]（区別されたものが区別されていながら実在的な関係のうちにある）として措定せんとする衝動（Trieb）となる。この区別が直接的（無媒介）である場合には、右の衝動は、各々の特殊な契機が自己を生み出すとともに、その特殊性を普遍性に高めようとし、それにとって外在的な他のものを止揚し、それらを犠牲として自己を生み出す一方、自己自身を止揚して他のものの手段となろうとする衝動となる。諸分肢相互の間に目的と手段の関係が生まれるのである。

生きた個体性に見られるこうした過程は、まったくその内部で行われ、生きたものが自己自身と演じている事柄に他ならない。客観性を手段と道具とする主体の関係は、概念の自己自身における否定的統一だからである。目的がそうした外面性の中で自己を実現するのは、それが外面性を支配する力であり、外面性が自己を解消し目的の否定的統一に還帰する様を見せる過程であることによる。こうして、生きたものの外面の動揺と可変性は、概念の自己啓示（die Manifestation des Begriffs）（ibid.,S.184f.）に他ならないことになる。概念は否定性として自己自身に客観性を帯びるが、それは、客観性の無関係な存立が自己を止揚するものとして自己を示すかぎりにおいてである（ibid.,S.185.）。こうして、概念は、この衝動を通して自己を生産する。しかも、その産物（das Product）はそれ自身生産するもの（das Producirende）であることになる。[8]産物が産物であるのは、外面性でありながら自己を否定的に措定するものとしてであり、産出する過程としてに他ならないのである（ibid.）。

二　個体の全体性

右のように、概念は自己関係的否定的統一であり、客観性は概念の道具ないし手段として意味づけられる。そして、概念はその客観性において直ちに自己自身のうちに還帰しているとされる。客観性は概念によって措定されるとともに、また直ちに概念の否定的統一のうちに止揚されるのである。しかし、生きた個体の客観性ないし身体性は具体的な全体（concrete Totalität）である。それは概念によって生気を与えられており、概念を実体として持つ。それ故、それは概念の諸規定を本質的な区別として持っていなければならない。その諸規定とは、普遍性（Allgemeinheit）、特殊性（Besonderheit）、個別性（Einzelheit）である。そして、それらには感受性（Sensibilität）、興奮性（Irritabilität）、再生産性（Reproduktion）が対応するのである（ibid.,S.185f.）。

普遍性が感受性に対応するのは何故か。普遍性とは単純な直接性（die einfache Unmittelbarkeit）である。だが、それが単純な直接性であるのは、自己のうちでの絶対的な否定性（absolute Negativität）としてである。単純な直接性とは無媒介性、媒介の否定を意味するとするならば、それはすでに否定的な概念なのであり、否定を介して単純性を保持していると解さなければならない。それは、区別に陥りながら区別を止揚した「絶対的な区別」（der absolute Unterschied）とも表現される。否定性を単純性の中で解消し、自己自身と同じになっているのである。

ヘーゲルは、そうしたあり方が感受性において直観されると言う。感受性とは、無限な規定可能な受容性（eine unendliche bestimmbare Receptivität）である。それは、規定されながらも、多様なもの、外在的なものになるのではなく、まったく自己のうちに反省している。個別的外在的規定性として外から与えられる印象（Eindruck）は、自己感情（Selbstgefühl）という単純性の中に還帰する。一切の外在性を自己のうちに受け入れ、自己同等的な普遍性の中に連れ戻すのが感受性なのであり、その意味で、感受性は「自己のうちにある魂の定在」（das Daseyn der in sich seyenden Seele）（ibid.,S.185.）である。

とはいえ、自己感情の中には否定性が含まれている。それは、まだ実在的（reell）となってはいない。だが、それは露わになろうとする衝動を持つ。否定性が露わになることは興奮性と名づけられる。それによって、感情は自己を規定する。生きたものが自己を規定するということは、自己を分割すること（Urtheil）、有限なものとすること（Verendlichung）である。それは特殊なものになる。そこにおいて、自己と自己の外なるものの区別が明確となり、外なるものを前提された客観としてそれに関係し、それと相互作用する。分化によって幾つもの種（Art）が生じ、異なった種が並び存するようになる。この差異性が比較と形式的な反省によって捨象されるならば、類の概念が生まれ、その体系が構築される。但し、それは形式的な類とその体系化と言うべきものである。しかし、外に向かおうとする特殊なものの否定性は、本来概念の自己関係的な否定性に他ならない。それは、生きたものが個体として自己に反省することである（個体的反省 die individuelle Reflexion）。

こうして、生きたものは個別的なもの（das Einzelne）になる。この自己内反省には、更に次のことが含まれている。興奮状態にある生きたものは、客観性をその手段と道具として身につけている。これは外から規定される可能性があるが、生きたものはそうした客観性に対して（gegen）いる。生きたものは自己自身に対する自己の外面性（＝客観性）であり、この外面性に対するという形においてあるのである。自己内反省とは、概念の統一がその外面的客観性の中で否定的統一として自己を措定することに他ならない。そうすることで、生きたものと外面性の直接的な対立を止揚するのである。その働きは再生産（Reproduktion）と呼ばれる（ibid.,S.186.）。

ヘーゲルは、生命は再生産においてこそ具体的なもの、生き生きしたものとなると言う。そこで初めて、生命は感情と抵抗力（Widerstandskraft）を獲得する。再生産は感受性という単純な契機としての否定性を宿し、その発露たる興奮性は生きた抵抗力に他ならない。そして、外なるものに対して関係することが再生産することなのである。それは、自己との個体的な同一性を保持することに他ならない（ibid.）。個体の契機の各々は、すべての契機を含む全体となる。それぞれは、再生産の中で全体の具体的な全体（concrete Totalität des Ganzen）として措定されているのである（ibid.）。

生きたものは、再生産によって現実的な個体性として自己を措定する。それは、自己に関係し、それだけであるものである。だが同時に、外のものに対して実在的な関係（reelle Beziehung）を持つ。すなわち、他のもの、客観的世界に対する特殊性ないし興奮性の反省でもある。従前の考察においては、生命の過程は個体の内部にとどめられていたが、前提された客観性への関係に移行する。それは、個体が自己を主観的な全体として措定するとともに、その規定性の契機を外面性への関係として措定することによって全体となるためである（ibid.）。

三　個体の衝動と普遍性の回復

生きた個体は自己自身の中で自己を形づくる。そのようにして、自己において自己に対してある主体（an und für sich seyendes Subject）である。そのようなものとして、それは前提された客観的世界に対する。それは自己目的（Selbstzweck）であり、それに対しては前提された外界は否定的なもの、非自立的なものという価値しか持たない。それは客観性を自己のもとに従属させ、これを手段となし、そこに自らの実在性を見出す。そうすることで、それは自体的対自的にある理念となり、本質的な自立者となるのである（ibid.,S.187.）。それは自己感情を持つ中で、それに対立する他在がそもそも虚しいことを確信する。そして、こうした他在を止揚し、この確信が真実であることを得心しようとする。こうした欲求が生きたものの衝動なのである。

この欲求とともに、完全に措定された外在性、生きたものと並んで無関係に存在する客観的な全体に関係する過程（Process）が始まる。その欲求とは、生きたものが先ず自己を規定（限定）することによって自己を否定されたものとして措定し、そうして自己に対して他なる、無関係な客観性に関係することである[9]。だが、その中で喪われることなく自己を保存し、自己自身に等しい概念の同一性であり続け、それに対する他の世界を自己に等しいものとし、止揚して、自己を客観化しようとする。生きたものの自己規定は、こうすることで客観的な外面性の形式を獲得する。しかも、同時に、それは自己と同一なのである（ibid.）。

だが、そこには絶対的な矛盾（der absolute Widerspruch）がある。生きたものの自己客観化によるこの客観的な外面性は、客観的な特殊性に他ならず、自己との絶対的な不等性と分裂が生じているのである。にもかかわらず、この分裂の中で絶対的な同一性は保持されるとされる。生きたものがこの分裂を自覚するならば、矛盾の感情（das Gefühl des Widerspruchs）（ibid.）と痛苦（Schmerz）が生まれる。生きたものにおける痛苦こそは、思惟不可能とされがちな矛盾の現実的な現存なのである[10]。そして、痛苦を持つということは生きた自然の特徴とされる。

だが、こうした痛苦から、個体が再び自己に対する同一性となろうとする欲求と衝動が始まる。この同一性は否定の否定として成就されるべきものである。同一性は、衝動の中では、生きたものの主観的な確信としてあるにすぎない。それに従って、生きたものは、外在的で無関係に存在する世界を没概念的で非本質的な現実と見なし、これに関係する。それは、主体によって保持されねばならない。そこにおいて、主体は内在的な目的としてあることになる。客観的世界が目的に対して無関心であり、機械的に規定可能であり、自由を欠くということは、却って、生きたものに抗することができず、主体に相応しいものとなりうるということを意味する。

客観的世界のこの無力さは、生きたものとしての生きたものに機械的な作用を及ぼすことはなく、それを刺激するだけであるという点に示される。外的世界が生きたものに入り込むことがあるとすれば、それがすでに生きたものの中にあるかぎりでのみなのである。主体に対して作用を及ぼすということは、主体が外面性に相応するものを自己のうちに見出すということに他ならない。外面性は、もとより主体の全体に相応しているわけではなく、その特殊な面に対応しているだけである。そして、このことが可能であるのは、主体の側が外面的に振る舞い、特殊なものとなっているかぎりにおいてのみなのである（ibid.S.188.）。

主体は、欲求において外在的なものに関わる中で自ら外在的なもの、道具（Werkzeug）となる。だが、そうすることによって、客体に対して優位を保ち力（Gewalt）を及ぼすことが可能になる。機械的機制や化学機序といった客観性の過程は断ち切られ、外在性は内面性に変ぜられる。目的は客体に対して外的目的であるように見えるとしても、その外的合目的性は無関係の対象の中に主体が生み出したものであり、客体は主体に対して実体であるわけではない。むしろ、主体の方が客体の本質であり、それに内在的でありそれを貫く規定なのである。主体はそのようなものとして自己を措定するわけである。それによって、外的合目的性という見かけは止揚されるのである（ibid.）。

主体が客体をこのようにわがものにすることで、機械的過程は内面化され、それ固有の性状を剥奪され、主体の手段となる。そして、主体の主体性がその実体となるのである。この過程は「同化」（Assimilation）と呼ばれる（ibid.S.189.）。それは、個体の自己再生産過程と一緒になる。だが、この再生産過程においては、主体はその客観性を客体とすることで、その諸分肢を外の事物と機械的化学的に抗争させねばならない。そうすることによって、それは消耗して行く。過程の機械的化学的な面は、生きたものの解体（Auflösung des Lebendigen）の始まりである。とはいえ、生命はこれらの過程の上に広がり、それらを覆う普遍性として、それらに浸透する。そして、それらの産物は生命によって完全に規定される。それらはまさに生きた個体性に変化するのである。それは、生きた個体性が自己自身のうちに還帰することに他ならない。生産するとは再生産することなのであり、その中で生きたものは自己に対して自己と同一であり続けるのである。

生命は直接的な理念である。理念とは概念と実在性の同一性のことであるが、理念が直接的であるかぎり、この同一性も直接的な同一性であり、まだ自己に対してある同一性とは言えない。しかし、客観的な過程を通して、生きたものは自己感情を持つにいたる。なぜなら、その過程において、それは無関係に措定された他在の中で自己自身と同一であり、否定的なものの否定的な統一であることを明らかにするからである。個体は、無関係なものとして前提された客観性と一体となったことによって現実的な統一として自己を構成する一方、自らの特殊性を止揚し普遍性に高まっていることになる。個体の特殊性とは、生命が個体的な生命とそれに対する外在的な客観性に分かれていることにあった。だが、その分裂が止揚されたことによって、個体は実在的で普遍的な生命（reelles allgemeines Leben）として自らを措定したのである。この普遍的な生命は類（Gattung）（ibid.）と称される。

四　普遍性の対自化

生きた個体は、前提されている外なる世界と関係することを通して、自己自身を再生産する。そのことによって、それはそれ自身の基礎となる。それは、現実から自己を生み出すのであり、理念の現実性（die Wirklichkeit der Idee）であると言うことができる。

対立を止揚することによって無関係な他在との同一性に達したものとして、それは類という規定を得る。しかし、こうした個体の理念は対立の止揚としての同一性なのであるから、本質的に自己を特殊化（Besonderung）する、すなわち、再び分裂（Diremtion）する必然性を宿している。つまり、それと同一であるはずの客観性を前提する（voraussetzen）とともに、生きたものが他の生きたものに関係するという結果を生むのである（ibid.,S.190.）。類というこの普遍的なものにおいては、外在性は個体の内在的な契機となっている。また、この外在性は、それ自身生きた全体として客観的なのであり、個体にとって、それが止揚されたものではなく存立するものとしてそれ自身の確信を持つことができる場に他ならない[11]。

とはいえ、個体的な自己感情の同一性は、他の自立的な個体であるものの中での同一性に他ならない。従って、ここにも矛盾があり、衝動が生まれることになる。類は生の理念の完成であると言えるが、さしあたりはなお直接性の段階にあるにすぎない。個体は自体的には類であるが、類であることを自覚しているわけではない。類であることを自己に対するものとしてはいない。それに対してあるものは、他の生きた個体にすぎないのである。

　こうした他の個体との同一性、個体の普遍性は内的主観的なものにすぎない。従って、個体はこの普遍性を措定されたものとし、自己を普遍的なものとして実現することを求める。だが、それは、なお互いに特殊なものとしてある個別的な諸個体性を止揚することによってでなければ達成されえない。それらの個体性は、それらの要求を満たし、それらの類的普遍性のうちに解消して同一性を実現する。こうして、分裂から自己のうちに反省する類の否定的統一が生まれるのである（ibid.,S.190.）。類は、このような仕方で自己内反省することによって現実性を得る。否定的統一と個体性の契機がその中で措定されるからである。それは生きた種（類）が伝播すること（Fortpflanzung der lebenden Geschlechter）を意味する。生命とは直接性の形を取った理念（直接的な理念）のことであったが、こうして、現実性に達するのである。

　しかし、直接性から現実性に至るこの反省は繰り返しを生むだけであり、無限進行となるのではないか。理念は、直接性という有限なあり方から脱却することはなく、直接性の内部で、その過程を媒介するにすぎないかぎりそうなるであろう。だがまた、そこにはより以上のものがある、とヘーゲルは言う。その過程の中で理念は直接性を止揚し、より以上の形式の定在に達している、と言うのである。

　すなわち、類の過程においては、個々の個体は互いに無関係で直接的な規定を止揚しあい否定的な統一を生み出す。それは、個々の個体が死ぬ（ersterben）ということである。個体的な生命の分離された個体性は、類の過程の中で没落する。しかし、そのことを通して、類は概念と同一となり、実在化された類となる。諸個体の相互止揚によって生まれる否定的統一は、類が自己のうちに立ち帰るところであるが、個別性を止揚することであるとともに、個別性を産出することでもある。そのようにして、類は自己自身と合致するのである。

　それは、理念の普遍性が対自的になりつつあるということである。そこには、生と死の交替がある。その交替を通して、普遍的な類は自己を回復するのである。「この生の死は精神が出現すること（das Hervorgehen des Geistes）である」

念、それ自身単純な普遍性である実在性が生まれるわけである。理念は理念として自己に関係し、普遍性を自らの規定と現存とする普遍者となるのである（ibid.）。ヘーゲルはそれを認識の理念（die Idee des Erkennens）と呼ぶ。[12]

注

（1）G.W.F.Hegel, *Wissenschaft der Logik*.II（1816）, in: GW.,12., 1981, S.179.

（2）「外的合目的性」と「内的合目的性」を区別したのはカントであったが、カントは目的論を客観の規定のための規定的原理としてではなく、研究を導くための統制的原理としてのみ用いることを勧めた。I.Kant, *Kritik der Urteilskraft*, Berlin 1790, Hamburg 1963, S.44. 山口祐弘『カントにおける人間観の探究』勁草書房、一九九六年、一二七頁。

（3）カントは「目的」の概念を規定し、「ある客体の概念が同時にこの客体の現実性の根拠を含むかぎり、この概念は目的と呼ばれる」と述べていた。KU.,S. XXVIII. 山口祐弘『カントにおける人間観の探究』、一七九頁。

（4）Aristoteles, *De Anima*, II, I～IV, Oxford 1961. アリストテレスは、霊魂を生きている物体の原因とし、栄養的能力、感覚的能力、欲求的能力、思考的能力、運動によって識別されると言い、「生きている」ことの意味を理性、感覚、場所による運動と静止、栄養に基づく運動能力、すなわち衰弱と成長に見る。更には、生殖することを霊魂の仕事とする。

（5）I.Kant, *Kritik der praktischen Vernunft*, 1788, Hamburg 1974, S.140ff.

（6）前注（4）参照。

（7）「実在的」(reell) という形容は、カントが「論理的対立」(die logische Opposition) と区別して「実在的対立」(die reale Opposition) と呼んだものに通じるものがあろう。前者が或る規定とその欠如ないし論理的否定の関係であるのに対し、後者は実在的な内容を持ったもの同士の対立なのである。I.Kant, *Der Versuch, den Begriff der negativen Größe in die Weltweisheit einzuführen*, 1763, in: *Kants gesammelte Schriften* II, Berlin 1912; M.Wolf, *Der Begriff des Widerspruchs*, Königstein 1981.

（8）スピノザにおける「能産的自然」（natura naturans）と「所産的自然」（natura naturata）の関係と同一の関係が認められる。B.d.Spinoza, *Ethica ordine geometrico demonstrata*, Pars I, Propositio XXIX, Scholium, in: *Spinoza Opera*, II, Heidelberg 1972, S.71.

（9）これは、生きたものが身体を自らの手段、道具として生み出し、外界と関係するという、第一節で見られた働きに他ならない。

（10）ヘーゲルが矛盾を真理の基準とし、矛盾について独自の思想を持っていたことについては、山口祐弘『近代知の返照』学陽書房、

一九八八年、第Ⅲ篇第二章、一六一頁以下を参照。G.W.F.Hegel, *Habilitationsthesen*, 1801, in: Werke. 2., Frankfurt a.M.1971, S.533.

(11) この「生きた全体」は、現代のエコロジーにおける「生態系」と見ることができる。

(12) ここから「理念論」第二章「認識の理念」が開始される。W.d.L.II.,S.192〜235.

第二章　認識の課題と学知の限界

序

ヘーゲルは『論理の学』第三巻「概念論」の第三部「理念」（Idee）において、「認識」を論ずる。[1] 認識を主観的な営為と見れば、それは「概念論」第一部「主観性」において取り上げられるべきであったであろう。そこでは、概念、判断、推理が主題とされ、人間の知的営為が考察されたのだからである。[2] そうした主観性が客観性に移行し、客観性を経て到達されたのが理念である。そうである以上、改めて理念論において認識が取り上げられるのはなぜか、それは如何なる観点で考察され、如何なる課題を与えられているのかが問われる。

理念は、まず直接的な理念（die unmittelbare Idee）として、生命（Leben）という形を取る（W.d.L.II.S.179.）。生命は分裂に陥りながら、統一を回復し保持する。そして、この統一を確認することが理念の課題となる。この確認を遂行することが認識に委ねられるのである（ibid.S.191.）。それは、理念が自己自身の同一性を確認することとも言い換えられる。理念が理念自身に向き合い、理念が理念を認識するのである。

ここでは、認識の主体は理念である。だが、そうだとすれば、それは人知を越えた働きなのではないのか。人間の知的営為はそれとどのように関わり、どのような役割を果たしうるのか。有限な人間の主観的な認識活動と経験は、埒外に置かれているのではないのか。そうした疑問が生まれる。

だが、ヘーゲルの論述を見れば、彼が考察を加えているのは、人間の分析的、総合的な認識であることが分かる。のみならず、その限界すらが指摘され、理論知ばかりでなく、実践知をも視野に入れるべきことも説かれているのである。そのかぎり、理念の自己同一性の確認に与り、これを果たすのは人間の知とされていることになる。人間は、理念の知的契機として位置づけられる。だが、そうした使命を認識は果たして、またどこまで達成しうるのか。これを問うことが避けられない。本章では、この問いに対するヘーゲルの見解を明らかにすることに努める。

一　分析と総合

ヘーゲルは、認識を分析的認識（das analytische Erkennen）と総合的認識（das synthetische Erkennen）に大別する（ibid., S.202,209.）。この分類はカントの分析判断（das analytische Urteil）と総合判断（das synthetische Urteil）の区別に従うもののように思われる[3]。カントにおいては、与えられた主語のうちにすでに含まれているものを抽出し、述語としてこの主語に述定するのが分析判断である。「三角形は三つの角を持つ」はその一例である。そこでは主語の内容が述語とされるのであるから、述語は同一律に従って主語から演繹的に導き出される。同一律に従うことが必須であり、判断が真であるためには十分である。それに違反している、すなわち、矛盾を犯している場合には、判断は偽である。従って、分析判断の真偽は、同一律および矛盾律によって判定される。

こうした分析判断においては、人は与えられた概念のもとにとどまっているだけでよく、概念の外に眼を向ける必要はない。ひたすら概念を分析し、その意味成素を明らかにすることが肝要である。この意味で、分析判断は解明判断（Erläuterungsurteil）と呼ばれる。それは新たな内容によって認識を広げる拡張判断（Erweiterungsurteil）ではないのである（K.d.r.V.,B11.）。

これに対し、主語の概念に含まれていないものを述語として主語に帰属させるのが、総合判断である。「三角形の内角の和は一八〇度である」はその例である。「三角形」、「内角」、「和」からなる合成語たる主語の中には、「一八〇度」という意味はまったく含まれていない。それを言うには、主語の概念の外に出なければならない。それは、概念「三角形」を空間的形象として作図し、直観的に表象できるものとするのである。更に、補助線を引き、平行線公理を始めとする諸定理を適用して角の移動を行い、一点の周りに集めなければならない。

ここでは、概念に加えて直観が不可欠の役割を演ずる。直観の中に新しい内容が見出され、主語としての概念に帰属させられるのである。幾何学において見られるこうした手法を、カントは算術にも認める。「5＋7＝12」は総合判断であり、人は主語「5＋7」から述語「12」に達するためには、「5」に順次「1」を加え、七個の「1」を足し終わった時、始めの「5」から「6、7、8……」と命名的に数え、「12」に達しなければならない。課題としての「5＋7」を直観的に構成する（konstruieren）ことによって、答えに到達するのである。

こうした直観は、経験的感覚的直観とは異なる「純粋直観」（die reine Anschauung）でなければならない。そうであることによって、それは概念を構成（作図）するのに相応しくなる。構成は概念に忠実になされ、それの精確な提示でなければならない。それは、純粋直観が経験的な流動性や異質なものの混入を免れており、主観の統制下にあるからこそ可能なのである。それによって、判断は厳密さと一義性を持つことができる。構成は判断を下す者がなすことであり、主体的能動的な働きに他ならない。[4]

これに対して、経験的感覚的直観は、主観の意向とは無関係に感官が触発されることによって生じる。それには、純粋直観のような一義性はない。もとより、それは新しい内容を提供し、総合判断を可能とする。しかし、その普遍妥当性を保証するものでは必ずしもない。その真偽を判定するには、感覚内容との照合が不可欠である。それとの一致不一致が真偽の基準となるのである。

では、ヘーゲルはカントのこうした区別をそのまま踏襲したと言えるのであろうか。彼は「5＋7＝12」の例について、それは分析的なものであると言う（W.d.L.II.S.206.）。分析的な認識といえども、まったく抽象的に同一なもの、同語反復「12＝12」というわけではなく、そこには進展がなければならない。それは、「5＋7」と「12」の区別であると考えられるかもしれない。そうである以上、区別もなければならない。カントはそれによってこの例を総合的と見たのであったが、しかしそれは質的な区別ではなく、反省や概念の規定性であるわけでもない。「5＋7」と「12」はまったく同じ内容でしかない。「5＋7」はそれを一つの表現で表すべきだという要求を示しているが、5に7を加えるという操作は1から5に到達したのと同じ操作を繰り返し、加えられるものが7になるまで続けること以上のことではない。それは、本性上まったく表面的で無思想な作業である。そこには他のものに移行すること（Übergang zu einem Andern）はなく、同じ操作の継続、反復があるにすぎない（ibid.,S.207.）。

ヘーゲルはそうした操作を総合的と呼ぶことはできないとする。彼は算術、更には分離量（die diskrete Größe）[5]の学は特に分析的な学（die analytische Wissenschaft）と呼ばれると言う（ibid.,S.206.）。算術や代数学の素材は、まったく抽象的かつ無規定なものであり、関係の特有性をまったく持たず、一切の規定や結合はそれに対して外面的なものでしかなくなっている。それは「一」が分離量の原理とされることに現れる。そうした一は増やされて数多性となり一定の集合数となるが、こうした増加や限定は、同じ抽象的な一を原理とした上での空虚な進展であり、限定作用にすぎない。数がどのように括られ分離されるかは、認識する者のなす措定作用である。そして、前進することは、不等なものをより大きな同等性に還元することに他ならない。加法から乗法へ、乗法から累乗への進展のようにである。

そうした操作によって得られる命題（定理）の証明も空虚な繰り返しにすぎない。命題の一辺「5＋7」は計算の課題を表し、他辺は結果を表す。課題を厳格に遂行するならば、定まった結果となるはずであるが、その正しさは操作を繰り返し行い、正確さを吟味することでしかない。証明は、答えは課せられたとおりに計算したから正しいというトートロジーの主張でしかない（ibid.,S.207.）。

高次解析学においては、課題ないし定理によって直に示されていることとは別の規定や関係が媒介項として用いられる。そのため、課題や定理は総合的な規定を含むように見えるかもしれない。だが、それは、課題や定理がそれらの中の一つの面を明示していないためにすぎない。こうした面を顧慮し展開することから総合的であるという見かけが生まれるのである（ibid.）。一方、微積分学という可変量の無限微差を考察する解析学においては、概念によってしか捉えられない質的な量規定が基礎にある。そして、量そのものから質的量規定性にこのように移行することは、最早、分析的とは言えない。(6) しかも、それは、数学的な本性のものではなく、数学的な仕方で正当化されうるようなものでもない（ibid.,S.208.）。

分析的なものから総合的なものへの移行は、一般に、直接性の形式から媒介へ、抽象的な同一性から区別へ必然的に移行することとしてなされる。分析的なものは、自己自身に関係するかぎりの諸規定にとどまっている。それは、これらの規定が与えられたものであるという所与性に固執する。しかし、規定性とは、他のものに関係することを本性とする。抽象的な同一性といえども、それは本質的に区別されたものの同一性なのであり、こうした同一性こそが認識に固有のものなのである。主観的な概念に対しても、連関（Zusammenhang）が概念によって措定され、概念と同一のものとならなければならない（ibid.）。

このように見るならば、分析をめぐるカントとヘーゲルの見解にはかなりの隔たりのあることが分かる。ヘーゲルは分析的認識の特徴を、媒介を欠き、他在を含むことなく概念を直接伝達すること（die unmittelbare, das Anderssein noch nicht enthaltende Mitteilung des Begriffes）（ibid.,S.202.）にあるとする。そこでは、認識活動は自らの否定性を放棄している。客観に対する概念の否定的関係は、自己を否定し、単純で同一的なものとなっている。この自己否定は一つの媒介と見なされうるが、それは、認識する者が自己のうちで行っている主観的な反省にすぎない。それに対しては、客観の区別が自体的にあるものとして前提され、客観のうちなる差別として存在しているのである。そして、そうした関係を通して成立するのは、単純な同一性、抽象的な普遍性という形式（die Form einfacher Identität, der abstrakten Allgemeinheit）に他ならない。分析的認識はこうした同一性を原理とし、他のものへの移行、異なったものの結合をその活動から排除しているのである（ibid.,S.203.）。

そうした分析的認識は、個別的で具体的な対象を前提することから出発する。その対象とは、表象に対してすでに出来上がったものでもあれば、一つの課題、それを取り巻く諸状況や諸条件の中で与えられているだけでまだそれだけで際だたされておらず、自立的なものとしては提示されていないものであることもある。それを分析するのが分析的認識なのである。ただし、それは概念諸規定を産み出すものでなければならず、しかもそれらの規定は対象の中に直に含まれているのでなければならない（ibid.）。認識の活動は、客観のうちにすでにあるものを展開すること（Entwicklung）としてのみ見なされねばならない。これは、認識の理念から導かれることである。なぜなら、客観はそれ自身概念の全体に他ならないからである。とはいえ、それは空虚な同一性としての主観的な概念のうちに思想諸規定を外から受け取ることではない。[7] それは、与えられた素材を論理的な諸規定に変えることでなければならない（die Verwandlung des gegebenen Stoffes in logische Bestimmungen）（ibid.）。それは、論理的なものを対象のうちですでに出来上がったものとして前提するとともに、まさしく論理的なものとして現出させ、主観的活動の産物として措定するのである（ibid.f.）。論理的なものは、分析によって際だたされるかぎり、抽象的な形を取って認識活動のうちに措定されたものとしてあるが、また自体的に存在するものとしてもあるのである（ibid.,S.204.）。

それ故、分析的認識は、媒介項を経ることなく主観的な媒介もないままに、論理的な諸規定を直ちに対象に固有で自体的に属するものとして捉えることになる。だが、それは、この認識が没概念的で非弁証法的であるということでもある。それは、認識に求められる前進や区別されたものの展開を、与えられた区別として持つだけであり、前進もまた素材の諸規定に則して起こるにすぎない。それが内在的前進と見えるとすれば、導出された諸規定が更に分析されることによってのみである。それによって獲得される最高にして最後のものは、抽象的で主観的な同一性（die abstrakte subjektive Identität）に他ならない。そして、それに対しては差異性（Verschiedenheit）が対立するのみである。

こうした進み方は、分析をただ繰り返すことでしかない。すでに抽象的な概念規定にもたらされているものを更に規定し分析するだけである。思想諸規定がそれ自身のうちに移行を含んでいるように見えるとしても、この認識はそれを見出されるものとして受け入れるのみである。諸規定間の連関は意識の事実（eine Tatsache des Bewußtseyns）（ibid. S.204.）にすぎない。真に総合的な前進、概念の自己産出的な前進を示すこと（die Aufzeigung dieses wahrhaft synthetischen Fortgehens, des sich selbst producirenden Begriffs）は期待されるべくもないのである（ibid.,S.205.）。

　このような事情であるから、分析的認識は「存在するものの捕捉」（die Auffassen dessen, was ist）（ibid.,S.209.）にとどまる。これに対して、総合的認識は「存在するものの概念的把握」（das Begreiffen dessen, was ist）を目ざす、とヘーゲルは言う。それは「多様な諸規定をその統一において捉えること」（die Mannichfaltigkeit von Bestimmungen in ihrer Einheit zu fassen）と言い換えられる（ibid.）。それは、カントが、直観によって与えられる感覚的多様を悟性概念によって統一することで対象の像と認識が成立するとしたことに通じるものと言えよう。

　だが、ヘーゲルはこうした総合的認識にも有限性を認め、それに限界を設ける。そこにおいて多様なもの、異なったもの（die Verschiedenen）が結合されるにしても、それらは関係づけられる一方、互いに無関係であり独立したものでもある、と言うのである。そうした関係をヘーゲルは〈Verhältnis〉と表現する。総合的認識は、さしあたり抽象的な同一性から関係へ、存在から反省にまで移行しているにすぎない。それは、概念がその対象の中に認める絶対的反省（die absolute Reflexion）とは言えない（ibid.,S.209.）。それは、異なったものの同一性を見出しはするが、この同一性はさしあたりまだ内に隠れた（noch innere）同一性、「必然性」と呼ばれるにすぎない。それは、主観的な、自己自身に対してある同一性ではなく、概念そのものであるとは言えない。総合的認識は概念の諸規定を持ち、客観をそれらの中で措定するが、それらの規定は互いに対する関係のうちにあるだけであり、無媒介に統一されているにすぎない。その統一は、概念を主体（Subject）たらしめるものではないのである（ibid.）。

　このことは、総合的認識が有限性を免れえないということである。同一性はまだ内に隠れたものとしてあり、諸規定は互いに外在的である。そのかぎり、同一性は主体性（Subjectivität）としてあるわけでもなく、個別性（Einzelheit）

という在り方に達してもいない。個別的なもの（das Einzelne）は、依然「所与の内容」（ein gegebener Inhalt）でしかありえない。それ故、認識は客観的世界を諸概念に変えはするが、概念の諸規定に従って形式を与えるだけであり、客観の個別性に関してはそれを見出す（finden）にとどまる。それは、それ自身で規定を与える（bestimmend）ものではない。諸命題や諸法則を発見し、その必然性を証明しはするが、しかし、事象そのものの必然性を証明することはできない。それは認識の必然性にすぎない。認識は与えられた諸規定と現象の諸区別に沿って進み、命題を統一や関係として認識したり、現象に基づいてその根拠を知ったりするだけである。

このように見れば、総合的認識といえど、弁証法による諸規定の反対への移行や思弁による対立するものの統一的把握に達するものではないことが分かる。(8) それはなお経験的認識の水準にとどまっており、知と対象の一致を成就するには遠いと言わざるをえない。その有限性と限界がどのような形で現れるかを見なければならない。

二　定義と分類

分析的認識と同様、総合的認識も対象が与えられてあるという前提から出発する。それのなすべき第一のことは、まだ所与の状態の客観性（die noch gegebene Objektivität）を概念の形式に変えることである。それは、概念の諸契機（普遍性、特殊性、個別性）に従って対象を捕捉すること（Auffassen）である（ibid.,S.210.）。

それは、対象を定義する（definieren）ことと言い換えられる。対象（客観）は、直接的に表象される個別的なものであるが、そのうちにある普遍的なものを言い表すことが、定義である。定義は、必然性の判断の形を取って対象を類（Gattung）に包摂する。(9) 但し、その類とは最近類であり、特殊なものの区別の原理（特殊化の原理）を備える普遍でなければならない。その区別によって諸々の種（Arten）が生まれ、(10) 区別は種差（die specifische Differenz）と呼ばれることになる（ibid.,S.211.）。対象としての個別的なものは、種差によって特定の種に属するとされ、更に高次の普遍者、類に包摂されるのである。普遍の側から言えば、それは自己を種差によって種別化（特殊化）しながら、種（最低種）の直下に個別的なものを見ることとなる。

定義はこのように対象を概念に還元する。しかし、その中で対象が現存するために必要な外面性を剥奪する（ibid., S.210.）。それが、概念が実在性を得、理念となるためには必要なことなのである。ここに、定義と記述（Beschreibung）の違いが生まれる。記述は、実在性に属する内容を余すところなく拾い上げる。これに対して、定義は直観されたものの様々な規定を最も単純な契機に還元するのみである。そして、これらの契機の形式や相互規定は概念のうちに予め備えられているのである。従って、対象は本質的に規定されたものである普遍的なものとして捉えられるわけだが、個別的なものとしての対象は概念の外に置かれた直接的なものという意味を持つにすぎない。それは、類とその特殊化、普遍と特殊が一体となっているところであるはずだが、それ自身は第三のものとして概念体系から疎外されているのである（ibid., S.210.）。

このことは、認識が対象に対して主観的なものであることを意味する。それは総合的認識が外在的な出発点しか持たないことの帰結であり、その現れであると言えよう。概念の形式はともかくとして、その内容は与えられたものであり、偶然的なものである。従って、概念が内容的に具体的となる際には、この内容の偶然性とともに、対象が持つ様々な性質のうちどの内容規定が概念のために選ばれその諸契機となるべきかをめぐっても、偶然性が現れる（ibid., S.211.）。後の点について言うならば、個別性はそれだけで規定されてあるものとして、総合的認識に固有の概念規定の外にある。それ故、対象のどの面がその概念規定に属しており、どの面が外在的な実在性にのみ属すると見なされるべきかを定める原理はない。このことは、定義を下そうとする認識が除去しえない困難である、とヘーゲルは言う（ibid.）。

自覚的な合目的的活動によって目的を与えられた産物や予め形態や形状を与えられた幾何学的対象や算術的対象は、このかぎりではないかもしれない。だが、自然界や精神界の具体的な対象に関しては、事情は大いに異なる。ここでは、諸対象は「多くの性質を持つ物」(Dinge von vielen Eigenschaften)(ibid.,S.212.)として表象される。それらのもとでは、何が最近類であり、種差であるかを捉えることが問題となる。多くの性質のうちどれが類として対象に帰属し、種として帰属するのか、どれがそれらの中で本質的であるのかを定めなければならない。最後の点については、諸性質がどのような相互連関にあるのかを知ることが必要となる。しかし、そのための基準としてあるのは、ただ多くの性質を持つ物が現存しているという事実(das Daseyn)だけである(ibid.)。

性質が本質的とされうるのは、それが普遍的であることによる。しかし、対象が経験的な所与である限り、普遍性は経験的な普遍性(die bloß empirische Allgemeinheit)にすぎず、時間的な持続性か他の対象との比較によって見出される共通性にすぎない。しかし、比較によって全体に亘る特質として見出されるものを共通の基礎として主張するためには、それを反省によって総括して単純な思想規定にし、全体の単純な性質として捉えなければならない。

このように、定義は対象の単純な規定性を捉えるべきであるにかかわらず、その把捉の働きは直接的なものにとどまる。それ故、定義は対象の直接的な性質の一つ、感覚的な存在ないし表象の一つの規定をそのために用いることしかできない。抽象によってその性質が個別化されることで、単純性が生まれるにすぎない。普遍性と本質性としては、経験的な普遍性、諸事情の変化の中での持続性しか見出されない。そして、反省は外在的な存在と表象の中で、概念規定が見出されるべくもないところにそれを求めることになるのである。ヘーゲルは言う。

「このため、定義を下す働きは、本質的に対象の原理たるべき本質的な概念規定を自ら断念し、徴標(Merkmal)で満足しようとする。徴標とは、対象自身にとっての本質性が無関係なものであり、むしろ外在的な反省にとっての標識であるということだけを目的とする規定のことである。――そうした個別的な外的規定性は、具体的な全体と全体性の概念の本性にはまったく相応しくない。そのため、こうした規定性はそれだけでは取り出されえず、具体的な全体がその真実の表現と規定をこの規定性のうちに有しているとは考えられないのである」(ibid.

S.212f.)。

定義の困難さは、こうした事情にあるだけではない。仮に対象が概念に基づいて成り立っているとしても、概念は定在（現存）の形を取る中で外に出ており、区別された諸性質となって展開している。そして、それらの性質の一つに絶対的に結合しているわけではない。「本質論」においては、「多くの性質を持つ物」は分解し、自立的な諸物質へと解体した。[11] 諸性質ですら互いに外在的なのである。精神もまた多くの自立的な諸力の集まりにすぎなくなる。個別的な性質や力が物を特徴づける原理（charakterisirendes Princip）であることはありえない。概念の規定性としての規定性は消滅する（ibid.,S.213.）。更に言えば、諸性質が互いに異なっているだけでなく、概念とその実現の間にも区別がある。自然や精神のうちでは、概念の規定性は外在的なものに依存しており、変わりやすく、概念に相応しくないものとして現れる。「現実的なものは、それがあるべきあり方を自体的には示している。（……）しかし、概念の現実性はこの概念には不完全にしか一致しておらず、劣っていることを（……）示すのである」（ibid.,S.213f.）。未熟であったり畸形であることを示す例が見出されない性質はない。そうした悪しき例が混入しているならば、物の中にその本質を言い当てる定義を求めることは無意味となろう。

こうした悪しき事例に対して、概念こそが基準でなければならないと思われるかもしれない。だが、その場合、概念はその確証を現象に求めることはできない。そして、定義は対象に対する規定を現存する直接的なものから拾い上げ見出されたものにおいてしか正当化されない以上、概念の自立性は定義の意味とは対立することになる。そして、定義の中で主観的に措定されている概念と定義の外にある現実的な対象が一致するという意味の真理は、個々の対象が劣悪でもありうるが故に確認することはできないのである（ibid.,S.214.）。

定義の内容の正しさと必然性はこうして拒まれる。定義は概念をただ直接的なものとして言い表すだけであるから、概念そのものを把握するには至らない。それは、与えられる内容に即して概念の形式規定を提示するだけであり、概念の自己内反省、概念の対自存在（概念が自己に対してあること）はそこには認められないのである（ibid.）。

だが、定義の含む内容の規定性について見るならば、およそ規定性とはそれに対する他の規定性によって媒介されたものであるから、定義が対象を捉える時は、対立する規定性を介して捉えるのである。それは種ないし種差の対立と言うことができよう。高次の類が対立する種に分類されていることを前提として、対象を一の種に帰属させているのである。よって、定義の考察は「分類」（Eintheilung）の考察に移行しなければならないことになる（ibid.,S.215.）。

定義は、個別的な内容が特殊性を経て普遍性に高められることと解される。これに対し、普遍性を客観的な基礎とし、それを分割して個別的な内容にまで下降するのが、分類である。定義と分類は上昇と下降として対照される。普遍から特殊への移行は概念の形式に則したものであるから、総合的な学（eine synthetische Wissenschaft）、体系と体系的認識（System und systematisches Erkennen）の基礎であり、それを可能にするものであると言うことができる（ibid., S.215.）。およそ認識するということは、概念的に把握すること（Begreifen）であり、概念の形式を基礎に置くものであるとするならば、具体的なものから分離された単純なものを始めに置かなければならない。そこからしてのみ、対象を「自己に関係する普遍的なもの」という形式（die Form des sich auf sich beziehenden Allgemeinen）を備えたものとして捉えることができるのである。すなわち自己を分割して特殊なものとなりその尖端に個別的なもの、直接的なものを措定しそれを包摂する普遍的なものとしてである。およそ学問における進展は、対象の抽象態から出発し、特殊性を経て具体的な個別化に向かうものでなければならない（ibid.）。

では、そうした普遍的なものはどこに見出されるのか。分類の基礎となるべき普遍的なものは、特殊なものから区別されたものである。或いは、分類において特殊なものは普遍的なものから区別される。だが、そうした普遍的なものはすでに規定されたものであり、それ自身分類の一項となるべきものである。従って、一層高次の普遍的なものが求められ、無限進行が結果することになる。[12]

だが、一定の所与から出発する認識にはこうした問題はない。特定の学が原初的な普遍性を持つと見える何らかのものを対象とし、表象がそれを既知のものとしていることを前提し、演繹を必要としないと見る場合には、それを絶対的な始元として扱うことになる（ibid.,S.217.）。

そして、それが分類されることによって進展がなされる。そのためには、普遍的なもの及び概念から始めるという内在的な態度が必要である。しかし、問題の認識にはそのための原理は欠けている。それは、与えられたものから内容の規定性を汲み取るにすぎない。分類の中で現れる特殊なものに対して、分類根拠に関しても分離の項相互の関係に関しても、固有の根拠はない。認識の仕事は、経験的素材の中に見出される特殊なものを秩序づけ比較することによって、その普遍的な諸規定を発見することに尽きる。これらの規定は分類根拠として使われることになるが、それには多くのものがありえ、それに応じて様々な分類が生まれることになる。分類される項、種は、想定されている分類根拠に従って互いに規定しあうという仕方で互いに関係づけられる。しかし、観点が異なることによって根拠が異なれば、それらは同一線上に置かれることはできない（ibid.,S.218.）。内在的な原理が欠けているため、分類活動の法則は形式的で空虚な規則でしかなくなる。経験の場で限りなく多様な種を前にして、それらの種の数を相対的に多くしていくとしても、類を規定し尽くすには至らない。すべての種が完全に枚挙されるべきであるという要求が立てられるのみである。そして、それはトートロジーに終わらざるをえないのである。

経験知の中では、想定された類の規定に合わない種が発見されることがある。その規定は、性状全体についての曖昧な表象に従って想定されていることがあるからである。そうした場合、類の想定は変更されざるをえないであろう。そうした種が幾つか集まるならば、それらは新たな類をなすものとされ、その類の種と見なされる。それは、認識の拡大と見なされる（類とは、人が何らかの観点を統一と見なし、その観点から構成するものによって規定したものに他ならない）。逆に、人が最初に想定した規定に固執するならば、以前は同じ種とされていたものも、当の類から除外されることになる（ibid.）。

こうして、或る時は、一の規定性を類の本質的な契機として想定し、特殊なものをその規定性に従って類の下に置いたり除外したりし、或る時は特殊なものから始め、その構成に当たっては別の規定性を導きとするといったことが行われる。それは、まったく概念を欠いた活動であると言わねばならず、恣意の戯れという様を呈する。具体的なもののどの部分、どの側面が固持され秩序づけられるかは、恣意的に決められる（ibid.,S.219.）。分類の原理そのものの中に偶然性が現れるのである。

およそ経験的に見出される種は互いに異なっているだけで、対立しあうことはない。区別は差異性にとどまり、対立にまで発展することはない（ibid.）[13]。だが、こうした恣意的な差異化と分類の偶然性に対して、対象そのものの内的区別に眼を向け、区別された項の関係を考察するという課題も生まれる。それは、対象をその実在性において、その定在の諸条件と形式の中で認識することである。そうすることで、対象を個別性において捉えようとするのである。定義が普遍性のもとにとどまり、分類は特殊性のもとにあったとすれば、個別性に向かって認識は前進する。概念の諸規定に従う認識の発展は、第三の段階に達するのである。

三　定理と証明

定義は対象の普遍的な性状を見出し、これによって対象を規定する。それは、対象を普遍性の観点から捉え、個別性から普遍性の次元に引き上げることである。これに対し、分類は普遍を分割して特殊とし、その尖端に対象を措定し、類種関係の体系の中に位置づけようとする。前者を上昇過程と呼ぶならば、後者は下降過程と見なされる。両者は相俟って学知の体系を成立させることに寄与する。

だが、認識活動にとって対象が外在的な所与でしかない場合は、定義も分類も主観性、恣意性、偶然性を帯びざるをえない。それらは対象の内部構造を解明し、対象そのものを把握するには至らない。一の性状を他の性状から区別し、一の種を他の種から区別し、他のものとの区別を通して対象を捉えているにすぎない。

これに対し、対象そのものの中に区別された契機を見出し、その必然的関係を明らかにすることによって対象の内的性状を捉えるならば、対象を真に個別性において把握することになる。三角形には三角と三辺があると言う時、二辺と夾角、二角と夾辺が定まれば、三角形全体の形状は定まる。それによって、複数の三角形の合同条件も与えられる。三角形の形状を決定しているものが如何なる要素であり、どの要素とどの要素の関係によって当の三角形の全本質が決定されているのかが、理解される。ユークリッドは、それを「定理」（Lehrsatz）として示した。それは、三角形の内在的個別的認識の表現であると言える。のみならず、二辺と夾角ないし二角と夾辺という三つの要素によって、他の三要素が定まり、三角形の全要素と全容が定まるというのであるから、そこには認識の拡張があると言える。まさに、総合的な認識が遂行されているのである。ヘーゲルは言う。「定理は（……）対象の諸規定性の関係が必然的にすなわち概念の内的同一性のうちで根拠づけられている限り、対象の真に総合的なもの（das eigentlich Synthetische eines Gegenstandes）である」（ibid.,S.220.）。

定義や分類の中に総合的なものがあるといっても、それは外から拾い上げられた結合にすぎない。それは、概念の形式にもたらされるとしても、見出された（vorgefunden）ものとしてただ提示（monstrieren）されるにすぎない。そこでは、内容は演繹されるわけではないから、証明の必要もなく、知覚で十分とされる。もとより、定義や分類は、認識活動として単なる知覚や表象からは区別され、内容に概念の形式を与えるものではある。しかし、普遍性や特殊性は外から捉えられたものとして、主観性、偶然性を免れない。これに対し、定理の内容は、個別性という概念の契機に由来する。個別性において、概念は実在性に移行し、実在性との統一としての「理念」（Idee）となる（ibid.）。それ故、定理の内容は実在性の諸規定を実質的に持つ。従って、概念の形式によってのみ正当化されるわけではない。それは、異なったものの結合として、概念の形式だけではまだ措定されていない統一であり総合である。だが、それは、最初に示されるものであるかぎり「証明」を必要とする。

論証・証明（Beweis）と言えば、それ以上証明を与えることのできない最高原理から諸定理を演繹的に導出することするのが普通であろう。最高原理を公理（Axiom）と呼び、公理体系を構築することは、現代においても追求されている。[14] 対象に直接（無媒介に）帰属するものは定義に含まれており、残りのものは媒介されたものとして、その媒介が先ず示されねばならないとされる。だが、対象の諸規定のうちどれが定義に取り入れられ、どれが定理に含められるべきかを区別することは困難である。それをめぐる原理はありえない、とヘーゲルは言う。定理の内容は規定されたものであるとすれば、それ自身媒介されたものである。それが直接的（無媒介）であるように見えるのは、主観的なことであり、主観が恣意的に始めを設定し、一つの対象を前提として妥当させているだけなのである。

このことは、ユークリッドの平行線公理についても言えることである。公理が絶対的に最初のものであり、証明を要しないとされるのは不当なことである。そうだとすれば、公理は単なるトートロジー、抽象的な同一性の表現でしかありえなくなる。差異性のないところでは媒介も必要ではない。トートロジー以上のものであろうとすれば、一の学に対して他の学から提供され前提とされているものでしかありえない。それは、当の学に対しては第一のものであるから、その学自身の内部では証明されず定理とされることもありえない。とはいえ、それはまったく証明されずにすむというわけではない。それは、或る立場にとって第一のものであるにすぎないのである（ibid.,S.222.）。

定理の内容に関して言えば、それは概念の実在性の諸規定性の関係であるが、対象の不完全で個別的な関係であることもあれば、実在性の全内容に関わり、それの規定された関係を表現するものであることもありうる。こうして、幾何学の定理の中には、対象の個々の関係を含むだけのものもあれば、対象の完全な規定性を表現する関係を含むものもある。対象の完全な内容規定性の統一は、その対象の概念と同じである。それを表現するものは勝義の定義である。もとより、主観的恣意的観点から無媒介に拾い上げられた定義にすぎないのではなく、規定された実在的な区別へと展開した概念、概念の完全な定在を表現する定義に他ならない。そこに概念と実在性の統一としての理念（Idee）の提示があると言えるのである。

このように、対象がその本質的で実在的な規定性に分かれ区別されながら自己自身において統一を保持しているあり方が、個別性（Einzelheit）である。定理は、普遍的なものからこの意味の個別性に移行することの表現でなければならない。ヘーゲルはそこに真に総合的な進行（der wahrhafte synthetische Fortgang）を認めるのである（ibid.,S.224.）。

とはいえ、定理は証明されなければならない。それは実在的な諸規定の関係であり、概念の諸規定の関係を有しないものの関係だからである。実在的な規定性としての諸規定は、無関係に存立し互いに異なったものという形式を持つ。それらは、直接的に一体であるわけではない。そうであるからこそ、媒介が示される必要があるのである。

しかし、その媒介を支えるものは概念ではない。概念はそれ自身の弁証法によって反対のものに移行し、総合的な認識を生み出す。だが、当面問題になっている認識（総合的認識）においては、そうした移行は見られない。それ故、媒介に与る諸規定は、証明を組み立てるための暫定的な素材としてどこからか持ってこられるものでなければならない。このようにして証明の準備をすることは、幾何学に見られるように「作図」（Construction）と呼ばれる（ibid., S.225.）。

しかし、このように素材を持ってくることが意味を持つと言えるのは、証明が成立した後のことである。それ自身では、それは盲目的で概念を欠く（ohne Begriff）行為のように見える。補助線を引くことが目的に適っているか否かは、後になって分かるのである。そうした作業を導く目的はまだ言明されておらず、操作は知性を欠いている（ohne Verstand）と言わねばならない。それが目ざすものが本来的な定理ないし課題であるか否かは、無関係なことである。それは、定理ないし課題の中で与えられている規定から導かれたものではなく、目的を知らない者にとっては無意味な作業である。目的はそれに対して外在的であると言う他はない（ibid.）。

証明は、この隠れているものを明るみに出すことに他ならない。定理の中で結合されたものとして言明されていることを媒介し、結合に必然性の見かけを与えるのである。しかし、定理の内容にある諸規定は概念の諸規定ではなく、所与の無関係な部分としてあるだけであり、様々な外面的な関係のうちにあるのであるから、それらの関係を必然的と見させているのは、形式的で外在的な概念にすぎない。証明は定理の内容である関係の発生ではなく、必然性は洞察する者に対してのみあり、証明全体は認識するという主観的な目的のためにあるにすぎない（ibid.,S.225.）。そして、それを行うのは外在的反省（eine äußerliche Reflexion）に他ならないのである。

この反省は、盲目的に持ち来たった素材をもとに定理を証明しようとするのであるから、外在的な事情から内的性状へと推理し、外から内に向かうものと言える。だが、作図とともに生ずる諸事情は、本来、対象の本性から生じる帰結に他ならない。それは、定理の中で結合されているものの現象であり、外面なのである。それが、ここでは根拠とされ、媒介するものとされているのであるから、根拠と帰結の顚倒が起こっていることになる。根拠は主観的な根拠に他ならない。このことからも、証明は認識のためにのみなされていることが結論されるのである（ibid.）。

四　認識の限界と概念の次元

幾何学（Geometrie）は総合的認識の輝かしい例と評される。だが、それは基本的には質的規定を捨象した量の学問であり、形式的な同一性（die formelle Identität）、同等性（Gleichheit）という没概念的な統一（die begrifflose Einheit）の追究にとどまる。そして、そうした同一性や統一は外在的な反省（die äußerliche abstrahierende Reflexion）の抽象化の働きによって捉えられるものに他ならない。そうした反省が対象とするものが空間規定（Raumbestimmungen）なのである（ibid.S.226.）。

空間は一切の感覚的性質を捨象した抽象的な対象である。それは、非感覚的（unsinnlich）と形容されうる。だが、なお直観の形式として感覚的なものである。それは感覚的なものが互いの外にあること、相互外在性（außereinander）に他ならない。そのかぎり、それは没概念的なものである。それの諸規定は互いに外在的（疎遠）な静止点にとどまっており、反対への移行という概念の運動を欠き、まったく有限で外面的な規定性に他ならない（ibid.）。それらの学は有限なものの学（Wissenschaft des Endlichen）であり、有限なものを量の面から比較し、その統一として同等性（Gleichheit）を定立するのみである。そのかぎり、幾何学を総合的な学問と呼ぶことは難しい。

とはいえ、幾何学は比較する中で質的な不等性（die qualitative Ungleichheit）や共軛不可能性（Incommensurabilität）に遭遇することがある（ibid.,S.227.）[15]。そして、そこにおいてその領分である有限性の次元を超えて無限性すなわち質的に異なったものを同等とすること（das Gleichsetzen solcher, die qualitativ verschieden sind）へと進まざるをえなくなる（ibid.）。だが、それは有限性の境位にあるこの学にとっては、明証性が失われることを意味する。概念とその現象たる反対への移行をそれは知らないからである。有限なものの有限な学としての幾何学は、ここで限界を露呈する。総合的なものの必然性と媒介は、肯定的な同一性（die positive Identität）にではなく、否定的な同一性（die negative Identität）に根ざしていることが気づかれる。

総合判断からなる体系として数学や幾何学と並べられる物理学（Physik）においてはどうであるか。それは、まさに経験による知識の拡張を図るものとして総合的な学問である。だが、そこでも幾何学と同様の顚倒が認められる。すなわち、一定の反省諸規定が経験を分析することによって導かれ、それが先頭に置かれて普遍的な基礎とされ、個別的なものに適用されて、その中に示される。経験の分析から導かれる結果が基礎とされ、原理とされるのである。だが、それが経験から導かれたものである以上、経験こそがその根拠であり基礎なのでなければならない。経験が基礎から説明されるとすれば、説明されるものの方がその基礎の真の基礎（根拠）である（ibid.,S.227.）。そうだとすれば、具体的なものの説明（Erklärung）ないし証明は、トートロジーにすぎない。それは真の関係を混乱させ、認識の欺瞞を覆い隠すものとなる。すなわち、諸経験の一面だけを拾い上げ、それを単純な定義と原則とし、経験の具体的全体と取り組むのではなく、事例として、仮説や理論にとって役立つ面からのみ認めるのである。そうした認識は、具体的な知覚を囚われなくそれだけで考察することは困難になる（ibid.,S.228.）。根拠と帰結の連関と知覚を正しく思想に編成する過程を見透すことを可能にするためには、こうしたやり方を逆転させなければならない。さもなければ、人は盲目的に諸前提を受け入れ、混乱した像を鵜呑みにして学に歩みいる他はない。そして、前提の必然性や概念を求めても、この出発点を超えていくことはできないのである（ibid.）。

哲学や形而上学について見るならば、ヴォルフ[16]は、まったく分析的である部分もあれば偶然的である部分もある知識に対して総合的な方法を適用するという不適切なやり方をした。だが、哲学における学的厳密さに対してそうした方法の持つ有用性と本質性への信仰が揺らぐことはなかった。スピノザ[17]の論述形式は長い間模範的と見なされてきたが、カント[18]は以前の形而上学が厳密な証明を追求した結果、その内容が二律背反に陥ることを明らかにした（ibid., S.229.）。カントはどちらかと言えば、素材の面から以前の形而上学を批判したのであったが、ヤコービは証明の仕方の面から批判を加えた。そうした証明の方法は、まったく有限なものの硬直した必然性の圏域に縛り付けられており、自由すなわち概念と真にあるもののすべてはその及ばぬところにあり、それによっては到達できないというのである（ibid.）。

カントによれば、形而上学を矛盾に陥れるのはそれ特有の素材である。これに対し、ヤコービによれば、認識の方法と本性が被制約性と依存性の連関しか捉ええなくするのであり、絶対的な真理であるものに対しては相応しくないものなのである。[19]実際、哲学の原理は「無限で自由な概念」（der unendliche freie Begriff）であり、一切の内容はそれに基づいている以上、没概念的な有限性の方法は不適切である。この方法による総合、媒介すなわち証明は、自由に対立する必然性、従属的なものの同一性に導くにすぎない。それ故、同一性といえども現存するには至らず内に隠れた同一性、換言すれば異なったものに対して外在的な同一性でしかないことになる。その規定された内容はそれに対して与えられたものでしかない。それは抽象的なものに止まり、実在性を持つことなく、「自体的対自的に規定された同一性」（an und für sich bestimmte Identität）としては措定されていない。概念こそは、「それ自体において無限なもの」（das an und für sich Unendliche）なのであるが、そうした認識からは排除されているのである（ibid.S.230.）。

それ故、総合的認識においても、概念がその対象ないし実在性の中で自己自身との統一を達成しているとは言えない。概念は対自的になっているとは言えず、その統一に従って自体的対自的に規定されてはいないのである。理念の観点から言えば、対象と主観的概念に不一致があるが故に、理念はまだ真理を達成してはいないことになる。冒頭（序）

で見た理念による理念の認識という課題を担う人知は、その学知、分析的・総合的認識によってその使命を果たしているとは言えない。だが、ヘーゲルが「本質論」において明らかにしたことを振り返るならば、本質は必然性を介して概念へ、自由の国（das Reich der Freiheit）に移行したのであった（W.d.L.I.S.409.）。従って、ヤコービの指摘する必然性と自由の背反も克服されうることになり、「無限で自由な概念」への道は閉ざされているわけではない。ヘーゲルは、真なるものの追究である理論知に加えて善の追究たる実践知と行為をも視野に入れて、「真なる存在」（das wahre Seyn）への道を切り開いていこうとする。[20]

注

（1）G.W.F.Hegel, *Wissenschaft der Logik*, II.（1816）, in: GW.,12, Hamburg 1981, S.99.

（2）山口祐弘『近代知の返照』学陽書房、一九八八年、第Ⅱ篇第二、三章、第三篇第一章参照。

（3）I.Kant, *Kritik der reinen Vernunft*, 1781,1787, A6f., B10f.

（4）カントは、哲学が概念に基づく認識（die Erkenntnis aus Begriffen）であることと対照させて、数学を概念の構成に基づく認識（die Erkenntnis aus der Konstruktion der Begriffe）と規定した。I.Kant, *Untersuchungen über die Deutlichkeit der Grundsätze der natürlichen Theologie und der Moral,zur Beantwortung der Frage, Welche die König. Akademie der Wissenschaften zu Berlin auf das Jahr 1763 aufgegeben hat*, 1764, in: *Kants gesammelte Schriften*, II, Berlin 1911.

（5）G.W.F.Hegel, *Wissenschaft der Logik*, I/1, 1832, in: GW.,21, Hamburg 1985, S.189.

（6）「存在論」第二部大きさ（量）への注一において、ヘーゲルは高次解析学で用いられる数学的無限について次のように述べている。「それは真の無限の概念と一致しており、有限な定量ないし定量一般とその彼岸、悪無限を止揚し、単純さと自己自身への関係に還帰している。それは外面性と外面性の否定を含み、他のものとの本質的な統一のうちにあって、自らの他のものによって規定されたものとしてのみある。それは、それとの関係（比）のうちにあるものに関係することでのみ意味を持つ。このことは、その無限性が質的な無限性としてあるということである」（W.d.L.I/1.,S.241.）。「質的」の意味は、次の記述からも理解される。「定量は（……）他の定量のうちにその規定性を有する。すなわち、質的に（qualtativ）、それがあるところのものなのである」（ibid.S.235.）。

（7）対象の内には、その中に投げ入れられた（hineingelegt）ものしかないとする主観的観念論も、明らかになる諸規定は対象の中から取り出される（herausgenommen）のみであるとする実在論も一面的として斥けられる。
（8）ヘーゲルによる弁証法と思弁の規定については、『エンツィクロペディー』第七九～八二節を参照。G.W.F.Hegel, *Ezyklopädie der philosophischen Wissenschaften im Grundrisse*, 1830, in: Werke.,8., Frankfurt a.M. 1970, §79～82.
（9）「必然性の判断」の最初の形式である「定言判断」（das kategorische Urtheil）においては、主語がその内在的本性を普遍性のうちに持つと想定されており、この普遍性が主語の述語として言い表される。「バラは植物である」「この指輪は金である」などがそれに当たる。
（10）「種が種であるのは、それが個別的なものの中にある一方、類の中でより高次の普遍性である限りでのみである」とヘーゲルは言う。W.d.L.II.,S.77f. 種は個物に内在するとともに、類の分化によって生ずるものとして個物を超える普遍性を有しているのである。
（11）G.W.F.Hegel, *Wissenschaft der Logik*, I（1812/13）, in: GW.,11., Hamburg 1978, S.330, 336.
（12）この事情は、概念の措定をめぐるものとして、「概念論」の冒頭で論じられている。W.d.L.II.,S.35f. 山口祐弘『近代知の返照』第Ⅱ篇第二章、1概念の自己分割、八八～九〇頁参照。
（13）「本質論」第二章反省諸規定（Reflexionsbestimmungen）では、同一性（Identität）に続く区別（Unterschied）の項において、差異性（Verschiedenheit）は対立（Gegensatz）に移行するとされている。W.d.L.I.,S.267～275.
（14）現代論理学における公理体系（axiomatic system）の追求は、その事例と言えよう。
（15）例えば、正方形の辺と対角線、円の直径と円周の長さは共軛不可能である。
（16）緒論「論理の学の一般的概念」において、ヘーゲルはスピノザとヴォルフの方法に批判を加えている。「純粋数学の方法は、その抽象的な対象やそれが対象に関して唯一考察を向ける量的な規定に対して適合している。（……）スピノザとヴォルフらはその方法を哲学に応用する誘惑に駆られ、没概念的な量の外面的進行を概念の歩みにしようとしていた」。ヴォルフは、数学において獲得された学問的方法の概念を哲学にとって実りあるものにし、数学の諸部門を『全数学的学問の基礎』に倣って論じようとしたのである。Chr.Wolff, *Vernünftige, Gedanken*（1）, 1712, in: *Gesammelte Werke*, I.Abteilung, Band I, Hildesheim/New York 1978, Einführung des Herausgebers, S.30.
（17）スピノザの『エティカ』のフルタイトルは「幾何学的秩序によって証明されたエティカ」（*Ethica ordine geometrico demonstrata*）であり、幾何学の論証形式を踏襲していることはよく知られている。
（18）カントは、伝統的形而上学の霊魂論、宇宙論、神学における証明の仕方を検討し、霊魂論については媒概念多義による誤謬推理が、宇宙論においては反対意見の誤謬を指摘するだけの間接帰謬法が、神学においては概念と存在の区別についての無自覚による論過が犯されているとした。しかし、何よりも、現象と物自体の区別を無視し霊魂、宇宙、神といった本来不可知なものについて言及しようとするところに、誤謬の原因を認めたのである。

（19）スピノザの体系をモデルとする論証的学問に対するヤコービの批判については、山口祐弘『ドイツ観念論の思索圏』一六六頁以下を参照。

（20）「認識の理念」は「真なるものの理念」（die Idee des Wahren）と「善の理念」（die Idee des Guten）を含み、認識と実践の相互補完によって「絶対理念」（die absolute Idee）に達することになっている。

第三章　絶対理念への道

序

『論理の学』第三巻「概念論」の第三部「理念論」は、「生命」から「認識の理念」を経て最終章「絶対理念」に達する。[1]「認識の理念」が理念論だけでなく『論理の学』全体の頂点の直前に置かれていることは、哲学と哲学知のあり方を考える上でも意味深長である。本章では、ヘーゲルがそこに込めた意図を明らかにし、認識の意義を考えることとする。

先行する「生命」から認識の理念が導かれる過程は以下のようであった。[2]

①「生命」は「直接的な理念」、理念の直接態である。とはいえ、理念は概念と実在性の一致なのであるから、直接的であると言われながら、否定の否定という構造を有し，「自己自身への無限な関係」としてあり、自己規定（限定）、自己分割を含む。それによって、「直接的な個別性」と「無関係な普遍性」の両極が生じ、「単純な否定的同一性」と「抽象的な普遍性」として対立する。前者は「生きた個体」と呼ばれ、魂と身体を持つ。魂は身体を自己に従属する手段とし、それを介して外在的な客観性に関係する。それによって客観性は合目的性を備え、「実現された目的」として「有機体」となる。そこでは、目的の外在性は止揚され，諸分肢が目的と手段として相互に関係しあう「内的合

目的性」が実現されている。

②こうした生きた個体の客観性は「具体的な全体」と評される。それは概念によって生気づけられており、概念を実体として持つ。そして、概念の諸契機、普遍性、特殊性、個別性に対応して感受性、興奮性、再生産という機能を持つ。感受性は外のものを自己のうちに受け入れ、自己同等的な普遍性の中に収める。そこに生まれる自己感情は、しかし、外に現れようとする衝動、興奮性となる。それによって、感情は自己を限定・分割し、有限なものとなる。自己と自己の外のものとの区別が現れ、特殊な「種」が並び存し、相互作用をなすことになる。だが、それらが外のものに向かうことは、同時に、個体として自己に還帰（反省）することに他ならない。そうして、自己との個体的な同一性を維持するのである。

③そうする中で，生きたものは自己を客観的なものとし、客観的な外面性の形式を獲得する。しかし、そこには矛盾が孕まれている。それは客観的な特殊性であり，自己との不等性と分裂を宿している。にもかかわらず、絶対的な自己同一性を保持するのである。この矛盾は痛苦の感情として意識される。

この感情は、自己同一性を回復しようとする欲求と衝動を生む。生きたものは、主体として自己を外在的なものとし、自ら道具となることによって客体に対して優位を保ち力を及ぼす。そうして、客体を自己に同化するのである。それによって、生きた個体は無関係なものとして前提されていた客観性と一体となり、現実的な統一として自己を構成するとともに自らの特殊性を止揚して普遍性に高まる。それは、実在的で普遍的な生命として自己を措定したのである。この普遍的な生命は「類」と呼ばれることになる。

④しかし、この類は対立の止揚としての同一性であるから、自己を特殊化し分裂する可能性を有している。それと同一であるはずの客観性を前提するとともに、生きたものが他の生きたものに関係するという事態を生む。生きたものが個体的な自己感情の同一性を得るのは、他の自立的な個体の中でのことにすぎない。個体は、自体的には類なのであるが、そのことを自覚しているわけではない。それに対してあるのは、他の生きた個体なのである。

従って、それは自体的な普遍性を措定されたものとし、自己を普遍的なものとしなければならない。そのためには、なお互いに特殊なものとしてある個別的な個体性を止揚することが必要である。諸個体は類的普遍性のうちに解消して、同一性を実現する他はない。そうして、分裂から自己の内に反省する類の否定的統一が生まれることになる。[3] それによって、類は現実的なものとなり、直接的な理念としての生命は現実性を獲得するのである。

それは、理念が直接態から抜け出て「精神」(Geist) となることとされる (W.d.L.II.S.191.)。この否定的統一は，諸個体が止揚しあうことによって実現されるものである以上、個々の個体の死によって媒介されている。だがまた、諸個体を産出することでもある。類は、個体の死と再生の交替を通して自己自身と合致する。それは、理念が理念として自己に関係し、普遍性としての普遍性になることである。そして、理念がこのように対自的になることが認識の働きであるとされるのである。この意味の認識が如何にして成就するのかが検討されなければならない。

一　認識の課題

右のように、類の過程において、個体的生命の分離した個別性が没落することによって、類は自己に還帰し、同一性を維持する。この同一性は否定的同一性と称される。類は、個別性を産出しつつこれを止揚することによって、自己自身と合致するからである。これは、理念の普遍性が対自的になることを意味する。理念は、類としては自体的に(即自的に) あるだけだが、個別性を止揚して単純な普遍性となることによって対自的になるのである。それは、理念が自己に対して理念として関係することである。そこに、普遍性をその規定性と定在として有する普遍的なものが生まれることになる。ヘーゲルが認識の理念 (die Idee des Erkennens) と呼ぶものはこうした境位に他ならない。

理念が対自的にある、理念が理念に対してある、或いは普遍的なものが普遍的なものに対してあるということは、理念が自己を分割 (判断) しているということである。生命の理念においては、理念は理念の域にあるとしても、それに従属した客観性のうちに埋没しており、内在的で実体的な形式としての自己に関係するという形で同一性を保持しているにすぎない。個々の個体的生命の産出と死滅の交替を通して類が理念として自己に関係する理念となることによって、こうした生命の次元は超えられる。それは、概念の実在性が普遍性へと解消された概念の形式となることを意味する。ヘーゲルはそこに精神の出現を見るのである。

「生命のうちでは、理念の実在性は個別性としてある。普遍性ないし類は、内に潜んでいる。絶対的な否定的統一としての生命の真理は、したがって、抽象的なすなわち直接的な個別性を止揚することであり、同一的なものとして、自己と同一であり、類として自己自身に等しいということである。この理念が精神なのである」(W.d.L.II. S.196f)。

しかし、こうした生命の超出によって、理念は二重化される。すなわち、分割・判断が生じている。それは、生命としてある客観的理念と，概念自身をその実在性とする主観的概念への分割である（ibid.,S.192.)。思惟、精神、自己意識はそうした分割を宿してあると見なされる。それらは自己自身を対象としており、その定在、その存在の規定性をそれ自身からの区別として有するのである。

だが、まさに自己自身を対象とすることにおいて、或いは対象としてあるものが自己自身であることにおいて、自由な概念が現出していると考えられる。ヘーゲルは、それを自己に対してある自我（für sich seyendes Ich）に見出す（ibid., S.197.)。

しかし､こうした自我においても､理念は精神の理念としてはまだ完成されていない､とヘーゲルは言う（ibid.,S.198.)。理念は自由で自己自身を対象として持つ概念であるが、とはいえ対象と自己の関係は直接的（無媒介）である。まさにこの無媒介性の故に、理念は主観的で有限なものたらざるをえない。したがって、それは直接的な同一性を顕在化し、実在化（実現）しなければならない。それは、実現されるべき目的なのである。概念自身と実在性の同一性すなわち真なるものが目指されねばならない。

とはいえ、その達成は、それ自身である対象が主観に働きかける客観ないし表象として主観のうちに現れるという形ではなく、主観が対象を概念規定（Begriffsbestimmung）に変ずるという形でなされねばならない。概念が対象の中で自己を確証するのであり、その中で自己に関係し、客観に即して自らに実在性を与え、真理を見出すのである（ibid., S.199.）。

こうして、一方の極に、目的としてさしあたり主観的な実在性だけを持つ概念と、他方の極に客観的な世界がこの主観的なものに対する制限としてあることになる。とはいえ、両極は本来理念であるという点で同一である。それらの統一は理念の統一であり、その概念が一方においては対自的に、他方においては自体的にあるにすぎない。また、一方においては実在性は抽象的であり、他方においては具体的な外在性としてあるという違いがあるのみである。

この統一を措定されたものとすることに認識の課題が見出される。認識者は、さしあたり抽象的にそれだけであるというあり方をしているにすぎない。しかし、その概念のうちに、客観的世界の全本質を有している。それ故、それは、絶対的な自己確信を持ちつつ、自己自身のうちにある自己の実在性、形式的な真理を実在的な真理に高めようとする。それは、それだけである客観的世界の具体的な内容を概念と同一なものとして措定し、逆に概念を客観と同一なものとして措定することである（ibid.）。

とはいえ、客観的世界は、直接的には、対自的にある概念に対して直接性ないし存在という形式（die Form der Unmittelbarkeit oder des Seyns）を持つ。逆に、概念の方は、抽象的で自己のうちに閉ざされた自己自身の概念として自己に対してあるにすぎない（ibid.）。したがって、それは形式としてあるだけである。それが自らに備えている実在性は、それの単純な規定、普遍性と特殊性という規定のみである。その形式はその内容を外から受け取る他はない。その内容とは個別性であり、規定された規定性に他ならない（ibid.）。

このように、認識は、理念が直接性の段階を脱して精神の次元に達し、精神が二極に分かれたところで営まれる。

それは、この表面的な二極対立を前提し、それを止揚して統一を回復せんとする働きとして考えられるのである。

二　認識の限界

理念は主観的なものにとどまるかぎり、自己を対象とし自己に対して実在性であるとはいえ、その対象は自己に対して他のもの、自立的なものとしてあるわけではない。自己自身と対象の区別は、両者が異なっており無関係な定在であるということではない。他のものでない対象を対象とするかぎりでは、理念は主観的であり矛盾である。そのため、それは、この矛盾を止揚すべく、自らの主観性を止揚し、抽象的な実在性を具体的なものとし、主観的なものに対して前提されている世界の内容で自らを満たさねばならない。それは、具体的な実在性（die concrete Realität）を獲得する衝動となる（ibid.,S.200.）。

主観性に対して前提されている自体的客観的世界について言えば、それは理念（概念）の自己確信にとっては非本質的なものという価値しか持たない。従って、この面からも、こうした他在を止揚し、客観性のうちで自己自身を直観しようとする衝動が生まれる。それによって対立が止揚されるならば、対立から回復された形式の自己同一性、内容のある同一性が実現されることになる。この同一性は、内容から区別された形式に対してもはや無関係なものとして規定されている（ibid.）。

こうした同一性を真理と呼ぶならば、右の衝動は真理への衝動である。それを達成することが認識の目標であるかぎり、それは理論的理念としての真理と規定される。そして、真理が主観的な概念に対して、或いは主観的概念すなわち知のうちで真理であることが、真理の一層確定的な意味なのである。それは、判断論の最終節「概念の判断」（das Urtheil des Begriffs）において表現されるものに他ならない。(4) 概念の判断は、事象の概念とその現実性を関係させつつ比較するものだからである。その比較を通して事象と概念の一致が認められるならば、その事象は真と判定されるのである。

とはいえ、そこでは、概念は形式として事象に対しているにすぎず、主観的なものという規定ないし主観にとっての、主観のものであるという規定を持つにすぎない。そのかぎり、概念が実在性を獲得し実在化されるといっても、その実現は理論的（観想的なtheoretisch）なものにとどまる。そこでは、世界が自体的にあるものとして前提されており、自体的にあるものが主観的なものとして、或いは概念規定の中で措定されているのみで、自体的かつ対自的に（それ自身においてまたそれ自身で）そうであるというわけではない。従って、概念と事象の一致とは、もともと異なっており表面的に結合されているだけのものの統一にすぎない。内容の基礎は所与として与えられたものであり、その外在性という形式が止揚されたにすぎないのである。

そうであるかぎり、認識はその目標を達成したように見えるとしても、なお有限なものにとどまる。結果的に内容は所与という規定をなお保持している以上、概念に対して自体的にあると前提されたものは止揚されているわけではない。カントにおいて、認識は現象を掴むのみで、物自体には達しないとされるように、認識は獲得した真理において真理に到達してはいないことになる。真の意味での概念と実在性の統一、真理はそこには含まれていないのである(5)。

そこには、存在するものの認識でありながら物自体の認識ではなく、真理でありながら真理とはされないという矛盾がある。だが、認識はそれ自身の歩みによってその有限性（Endlichkeit）を止揚し、その矛盾を解消しなければならない。概念は自らを実在化し、そうすることで、その主観性と自体的にあると前提されているものを止揚せねばならない。そのようにして客観を規定し、規定することを通して客観の中で自己に関係し、自己との同一性を確認するのである（ibid.,S.201.）。そこに概念の積極的肯定的な働きが認められる。その中では、客観はまったく規定可能なもの（das schlechthin Bestimmbare）であり、概念に対してそれだけであるわけではないということを本質とする。むしろ、客観性はそれ自身において概念であり、概念に対して（gegen）特別なものを有するわけではないと考えられなければならない（ibid.）。

とはいえ、認識は依然有限な認識であって、前提されている客観性は認識に対してそのような形を有しているわけではない。それは、自体的に存在する彼岸と見なされる。それが概念によって規定可能となるのは、そもそも概念とは理念であり、自己のうちで無限なものであって、そこにおいて客観はそれ自体において止揚されており、目的はそれを自己に対して（対自的に）止揚されたものとすることにすぎないからである（ibid.）。認識の理念は、それ自身とこうした対立の虚しさを確信しつつ、客観のうちで概念の実現に達することであり、客観もまた本質的にこうした関係のうちにあるのである。

その中で、客観に対する概念の規定作用は、直接的な伝達（eine unmittelbare Mitteilung）という形をとる。概念は抵抗を受けることなく客観を覆っていく。そうしつつ、概念は自己自身との純粋な同一性を保つのである（ibid.,S.202.）。それは、直ちに自己のうちに反省している。しかし、この自己内反省は客観的な直接性という規定を持つ。まさしく、客観において概念は自己の同一性を確認しているのである。

概念にとって概念自身の規定であるものは、また存在でもある。それ故、客観のうちに措定された規定は、前提として見いだされるものと見なされる。概念はそれを客観のうちに見いだすのみである。それは、与えられたものを捕捉するという働き（Auffassen eines Gegebenen）を為すのみである。概念は、むしろ、自己自身に対して否定的となり、現前しているものに対して控えめに振る舞い、受動的となって、それが主観によって規定されたものとしてではなく、それ自身においてあるとおりにそれ自身を示す（sich zeigen, wie es in sich selbst ist）ようにしなければならない（ibid.）。

従って、認識するということは、論理的諸規定を客観に適用することではなく、それらを見いだされたものとして受け取り捕捉すること（ein Empfangen und Auffassen）に他ならない。それ故、それは、まず対象を覆っている表面の殻を対象から遠ざけ、主観的な障碍を取り除くことに専念しなければならない。そうして、受容と捕捉を純粋なものとするのである。ヘーゲルはそうした働きを分析的認識（das analytische Erkennen）と名づける。

三　捕捉と把握

分析と総合の違いを強調したのは、カントであった。[6]彼は、「三角形は三つの角を持つ」といった判断を分析判断（das analytische Urteil）と呼び、「三角形の内角の和は二直角である」といった判断を総合判断（das synthetische Urteil）と呼んだ。前者においては、述語「三つの角を持つ」は主語「三角形」の概念の中に既に含まれており、判断は概念を分析してそこに含まれている意味を取りだし述語としているにすぎない。そこでは、主語から述語に移行するに当たって、判断者に要求される特別の働きはない。判断者は主語の意味を十分に理解し受容した上で、新たなものを付加することなくその一部を抽出すればよいのである。これに対して、後者においては、判断者は「三角形」の概念に沈潜するだけでは足りない。「三角形」を純粋空間において作図、構成し、補助線を引き、平行線公理を適用し、角の移動を行い、三つの角を一カ所に集めて、その総和を直観的に確認しなければならない。総合判断には、こうした媒介が必要である。

カントによるこの対照を通してみれば、「分析的認識」についてのヘーゲルの説明が理解しやすくなる。「分析的認識の決定的な特徴は、（……）それには（……）媒介がまだ含まれておらず、それは概念を直接的に、他在をまだ含まない形で伝達することであって、その中で、活動はその否定性を放棄しているという点にある（……）」（ibid.）。主語と述語の関係は直接的（無媒介）であり、判断を下す者も不要な関与をしてはならない。客観に対する概念の関係は、否定性を抑制した自己否定的なものでなければならず、単純で自己同一的でなければならない。ヘーゲルは、それを「自己内反省」（Reflexion in sich）（ibid.,S.203.）と表現する。そして、それは主観的なものにすぎないと言う。客観の中には、区別が自体的にあるものとして前提されており、客観のうちなる差異性として現存している。それ故、そこには単純な同一性、抽象的な普遍性という形式があるのみとなる。「従って、分析的認識は総じてこうした同一性を原理とし、他のものへの移行、異なったものの結合は、それ自身とその働きから除外されている」(ibid.)。

分析的認識の出発点は、個別的で具体的な対象を前提することにある。その対象は、既に出来あがったものとして表象されている場合も、それを取り巻く諸状況や制約が示されているにすぎない場合もある。しかし、それを分析するということは、そこに含まれている特殊な諸表象にそれをただ分解するということではない。分析はあくまで認識の理念に含まれるものとして概念を基礎としており、概念諸規定を成果として導くのでなければならない。しかも、それらが対象の中に直接含まれていることを明らかにするのである。認識の理念においては、客観は概念の全体に他ならず、その中に既にあるものを展開するということが認識の働きなのである(ibid.)。

この見地においては、分析とはあらかじめ対象のうちに投げ入れ(hineinlegen)[7]たものを取り出すにすぎないとする主観的観念論や、主観の概念には空虚な同一性しかなく、思惟諸規定を外から受け取るという働きしかないとする実在論の考え方は斥けられる。分析的認識とは与えられた素材を論理的諸規定に変えることに他ならない。それ故、論理的諸規定が先ず前もって措定(前提)されていなければならず、それを改めて措定することが、分析の働きであると考えなければならない。その背景には、まさしく理念が一旦自己を分割し(sich urtheilen)、主観的概念と客観的概念に分かれることを前提として、両者を統一しようとするところに認識の役割があるという思想がある。[8]従って、客観(客観的概念)といえども概念に他ならない。それ故、論理的なものは、対象のうちで既に出来上がったものとして現れるとともに、主観的な働きによる産物としても現れうるのである(ibid.S.203f.)。それ故、それは、主観のうちにのみあり措定されたものであるというだけではなく、自体的に存在するものでもあると言うことができる。

だが、それだけに、分析的認識にはいかなる中間者も媒介もないということになる。論理的諸規定は対象に固有であり、それに自体的に帰属しているのであって、主観的な媒介なしに対象から受け取られるべきものであるとされている。しかし、こうした分析的認識は没概念的で非弁証法的であると言わざるをえない。認識とは前に進んでいくべきものであり、諸々の区別を展開していくべきものである。分析的認識にとって区別があるとすれば、所与の区別でしかなく、その前進は素材の諸規定のうちにしかない。内在的な前進があるように見えるとしても、導出された思想の諸規定が改めて分析されるだけである。分析が究極的に至りつくのは、抽象的で主観的な同一性に他ならない。それに対しては差異性が向きあうことになる。同一性と差異性が決して統一されないことが、分析的認識の限界であることになろう。その限界を打破するには、直接性の形式から媒介へ、抽象的同一性から区別への移行がなされなければならない。そうするならば、分析的認識は総合的認識に移行することができる（ibid.,S.209.）。

分析的認識は同一性の原理に立脚するかぎり、諸規定の同一性のもとに立ち止まるのみである。だが、諸規定がまさしく諸規定であり、規定性を有しているということは、それらが他のものに関係しているということである。規定（限定）は否定である。一の規定は他のものを否定することによって当の規定なのだからである。分析的認識はこのことに気づかず、抽象的な同一性（die abstrakte Identität）を知るにすぎない。しかも、抽象的同一性（A＝A）とは本質的に区別されたものの同一性であることが、「本質論」の反省諸規定の考察において示されたのであった[9]。従って、抽象的同一性に代わって区別されたものの同一性が分析的認識にとっての同一性でなければならず、抽象的一面的と見える主観的概念にとっては、連関もそれによって措定されており、それと同一であると見なされなければならない。こうして、分析的認識は総合的認識に移行することになる（ibid.）。

分析的認識は客観が何であるかを受け取るだけだが、総合的認識は客観が何であるかを把握する（begreifen）、とヘーゲルは言う。把握するとは、多様な諸規定を統一的に捉えることである（die Mannichfaltigkeit der Bestimmungen in ihrer Einheit zu fassen）。そこでは、異なったものが関係づけられる。ただし、異なったものが関係のうちに置かれるといっても、それらがもともと無関係で互いに自立したものとしてあって、それらが外面的・表面的に結合されているというだけでは足りない。それらは、概念（Begriff）のうちで結合されていなければならない。概念は、その時、単純ではあるが、内に規定を持った（規定された）概念となっている。概念はその対象のうちに自らの絶対的反省（die absolute Reflexion）を認めることになる。単に異なったものが結合され同一性が定立されているという場合には、それは、自己自身に対してある、主観的な同一性とは言えない。それは、隠れた（innere）同一性であり、（外からの強制による）必然性と呼ばれるにすぎない。概念そのものであるとは言えないのである。

総合的認識は概念そのものを目指すべきである。そのため、それは概念の諸規定（Begriffsbestimmungen）[10]を内容として持ち、客観をその中に措定することになる。だが、それらは、まずは互いに外在的に関係しているにすぎないか、無媒介な統一のうちにあるだけであり、概念が主体であるような統一のうちにあるとは言えない（ibid.）。

そのため、総合的認識といえども、まだ有限性の域にあるとされざるをえない。同一性は内的同一性にとどまるが故に、その諸規定は相互に外在的である。したがって、概念が固有のものとして対象のうちに持つものには個別性が欠けていることになる。客観のうちで概念に対応するものは規定された形式であり、概念の特殊化したものである。しかし、その規定が更に規定されたものとしての「個別的なもの」が生まれているわけではない。それは、なお所与の内容として与えられる他はないのである。

認識活動は客観的世界を概念に変えはする。しかし、概念の規定に従って形式を与えるだけである。規定された規定性としての個別性に関しては、それをただ見出す（finden）にとどまる。それはまだ自ら規定を与えるには至らない。それは、世界についての定理（Sätze）や法則（Gesetze）を見出す。そして、その必然性を証明しもする。しかし、事象そのものの必然性としてではなく、認識の必然性を証明するにすぎない。それは、与えられた諸規定や現象のうちの諸々の区別に沿って進み、自分で統一や関係として定理を認識したり、現象からその根拠を探り当てるだけなのである（ibid.f.）。

総合的認識において、概念は、同一性の諸契機と実在的諸規定、すなわち普遍性と特殊な区別に関して対自的となり、更には異なったものの連関と依存性である同一性としても自己に対するものとなる（ibid.S.229）。しかし、そこでは、概念が概念に一致しているとは言えない。概念はその対象ないし実在性の中で自己自身との統一となっているわけではないからである。概念は自己自身を認識するには至らない。総じて、概念は自己に対してある（対自的である）

わけではなく、統一を維持しながら同時にそれ自身において（自己においてまた自己に対して）規定されているわけではない。対象と主観的概念は一致していないと言わざるをえず、真理が達成されているとは言えない。

しかし、概念が概念の対象となり自由の境地に達することが、目標である。そこに移行する過程は、「本質論」から「概念論」への移行、必然性の領域から概念へと移行した過程と同じである。[11] そして、概念が自体的対自的に規定された概念であることを自覚するに至って、実践的理念、行為の領域が開けるのである。

四　認識と実践の相互補完

概念は、自己自身の対象となることによって、自体的対自的に規定されている（それとともに、主観は個別的なものであることが自己にとって明らかとなっている）。だが、そこにはなお主観性が付着している。概念は、主観的なものとして、自体的にある他在を前提として残している。それ故、それは自己を実現せんとする衝動（Trieb）となり、自己自身によって客観的世界の中で自己に客観性を与え、自己を実現せんとする目的（Zweck）とならざるをえない。それは、自らの現実性を確信する一方、前提としてある世界の非現実性を確信する。それは、客観性を自己自身に取り戻しているのである。それが自己のうちで持つ規定性こそが客観的なものなのである。それは、直ちに規定されており規定性を内に宿す普遍性に他ならない。前提されている客観的世界は、様々な仕方で無媒介に規定されたものにすぎず、概念の統一を欠き、それだけでは虚しい（nichtig）ものと見なされる（ibid.,S.231.）。それは、概念のうちに包摂され、統一にもたらされるべきものとなる。

それによって、個別的外的現実性への要求を宿しながら概念のうちに含まれ概念に等しい規定性が生まれる。ヘーゲルはそれを「善」（das Gute）と名づける。それは、自己のうちで概念の全体であると同時に、自由な統一と主観性の形式を備えた客観的なものである。それ故、それは絶対的であるという威厳を持つ。それは、普遍的なものであるとともに現実的なものであるという威厳に他ならない。

とはいえ、こうした現実的なものは、まだ主観的であり、措定されたものでしかない。そのかぎり、善の理念は衝動にとどまる。自己を実現せんとするその衝動とは、直接性という空虚な形式を自己に与えようとする衝動である。目的の働きは、自分の規定を措定し、外的世界の諸規定を止揚することを介して、外的現実性の形式を持った実在性を自己に与えようとすることにある。そのかぎり、衝動、目的の働きにはまだ遂行（完遂）されていないという意味の有限性があることになる（ibid.,S.232.）。

ここで、概念は自己自身に対してある客観性という形をとった理念である。そのことによって、主観的なものは（ただ措定されただけのもの）恣意的偶然的なものではなく、絶対的なもの（das Absolute）となっている。とはいえ、自己に対してということは、自体的にあることでもあるというわけではない。この形式上の対立は、内容においても現れる。そのため、善は何らかの特殊な目的、有限な目的にとどまらざるをえない（ibid.）。

善がその内面において無限であるにかかわらず有限であるならば、有限性の運命を免れることはできない。遂行された善は、その主観的目的、理念のうちにすでにあるものによって善である。だが、遂行はそれに外在的な定在を与える。しかし、この定在は、それ自体としては虚しい外面性として規定されているにすぎない。それ故、善がその中で持つのは、偶然的で壊れやすい存在であり、その理念と一致した完成には達していない（ibid.）。更に、善は内容的に制限されたものである以上、多様な善があることになる。現実化された善は外的偶然や悪によるばかりでなく、善そのものの衝突や抗争による破壊にさらされる。独自の運行をなす客観的世界が前提されていることによって、善の主観性と有限性が生まれているのだが、そうした面から善の遂行は障害に曝され、不可能にされているのである（ibid.）。善は、当為（Sollen）、要請（Postulat）であり続ける他はない[12]。それは、絶対的な要請であるにしても、主観性という規定性に付きまとわれた絶対者にすぎないのである。

こうした問題が生じるのは、二つの世界が対立状態にあるからである。「一方の世界は透明な思想の純粋な空間のうちにある主観性の国であり、他方の世界は、外在的で多様な世界の境位にある客観性の国である。後者は、閉ざされた闇の国に他ならない」(ibid.,S.233.)。この対立が止揚されないかぎり、善の達成はありえないことになろう。なるほど、理念のうちでは概念が概念に対している(後者の概念は、主観性のうちにありながら客観という契機を有する)。そこには主観―客観という関係構造がある。それ故、理念は自己意識という形態を持つ。それ故、それは自己意識の叙述と合致するところがある。

だが、実践的理念の欠陥を補うには、「概念のうちなる現実性の契機がそれだけで外在的存在という規定に届いている」ことが必要である(ibid.)。そのためには、理論的理念の意義を再考しなければならない。「実践的理念には理論的理念が欠けている」(ibid.)とヘーゲルは言う。「認識の働きは、それ自身では無規定な概念の自己自身との同一性として、ただ受け取ること(Auffassen)として自己を知るだけである。充実すなわちそれ自身で規定された客観性は、その同一性に対しては与えられるもの(ein Gegebens)であり、真に存在するものは主観的な措定作用から独立にある現実である」(ibid.)。これに対して、「実践的理念にとっては、この現実は克服しえない制限として対立してもいるのだが、それ自身として虚しいもの(das an und für sich Nichtige)であり、その真の規定と唯一の価値を善の目的によって初めて獲得すべきものに他ならない」(ibid.)。外的現実を真に存在するものとして認めることが、この障害を取り除く道であることになる。「よって、善の理念は真なるものの理念のうちにのみその補完を見出すことができるのである」とヘーゲルは言う(ibid.)。

とはいえ、善の理念はこの移行を自己自身によってなしうる、とヘーゲルは言う。現実がそれに対し克服しがたく対立するのは、直接的な定在という規定しか持たないからである。それは、悪であるか自己の価値を自己自身のうちに有してはいない無関係(心)なもの、規定可能でしかないものである。それは、自体的対自的に(それ自身で)あるという意味を持った客観的なものではない。だが、そうした抽象的存在を実践的理念はすでに克服している。善なる目的は現実に対して直接関係し(第一の前提)、これを我がものとし、手段(Mittel)にして外的現実に向かわせるのである（第二の前提）[13]。最初の現実に対して直接関係する中で、現実の無関係性は止揚されている。そこにおいて、目的はいかなる抵抗もなく自己を現実に伝え、それと単純で同一的な関係を保持している。抵抗は、まさにこの意のままになる手段と外的現実の間で生じるものに他ならない。要は、二つの前提の中にある思想を総合することである、とヘーゲルは言う。

二つの前提の違いは、第一前提において直接的になされていることが、第二前提においては間接的媒介的になされている点にあるにすぎない。総じて、目的関係の中では、達成された目的はそれ自身手段となるが、逆に手段はすでに達成された目的でもある。その意味で、第二前提はすでに第一前提に含まれていると言える。ただし、その直接性だけでは十分ではなく、対立する他の現実に対して善を達成するには媒介がなければならない。それは、直接的な関係に対しても、善が実現されているためにも必要とされているのである（ibid.,S.234.）。

直接的関係とは、概念が外面的なものに化し、そこに埋没していることであり、概念が自己に対してあるという自覚的な面が失われていることである。媒介によって、概念が見失われているという事態は止揚され、その自覚（対自存在）が回復される。そして、対自的である概念としての善が現実的となるのである。概念は、そこにおいて自己自身と同一的となり、唯一自由なものとなることになる（ibid.）。

にもかかわらず、善の目的が依然達成されないとすれば、それは、概念が働く以前に持っていた見解、現実が虚しいものとして規定されておりながら、なお実在的なものとして前提されているという見解にとどまっているからである。その結果、目的を達成する努力は、無限進行となる。しかし、それを妨げ制約しているのは、概念自身の持つ見方に他ならない。概念は、自らの見方によって自らの妨げとなっているのである。よって、それは、自己自身に立ち向かわねばならず、概念の実現とは自体的には何であるかを反省することによって、その見方を消滅させねばならない。

そうすれば、自体的にある客観的概念と直接的現実との同一性が措定されることになる。客観的概念の働きによって外的現実は変容され、虚しいものとしてのその規定は止揚され，現象しているだけの実在性、外的な規定可能性と虚ろさは取り除かれる。そして、自体的対自的にあるものとして措定されるのである（ibid.,S.235.）。それとともに、善が主観的で内容的に制限された目的であり、主観的な働きによって実現されねばならないということと、この働きそのものも止揚される。

こうして、自体的対自的に存在する概念としての理念が、主観のうちばかりでなく、直接的な現実としてあるとされる。主観の側も、前提によって脱却できなかった個別性から解放され、自己自身との自由で普遍的な同一性（freie, allgemeine Idntität mit sich selbst）としてあることになる。この同一性に対しては、概念の客観性は、主観の前にある所与のもの（eine gegebene）となっている。そして、それとともに、主観は自体的対自的に規定された概念であることを自覚するのである。

こうして、認識の働きが回復され、実践的理念と結合される。目の前の現実は、達成された絶対的な目的としても規定されている。もとより、探求する認識におけるように、概念の主観性を欠く客観的世界としてではなく、概念を内的現実的な存立根拠とする客観的な世界としてである（ibid.）。目的とされていた世界が目の前の客観的現実的世界として展開している様が見られる。そこでは、現実に抗して理想を求め、当為を追求する必要はもはやない。認識と行為、理論と実践が一致した境位が開かれているのである。ヘーゲルは、それを「絶対的理念」（die absolute Idee）と呼ぶ。

絶対的理念は、その実在性のうちで自己自身とのみ合致する理性的概念である（ibid.,S.236.）。それは、自己に対してある自由な主観的概念である。その意味で、それは「人格」（Persönlichkeit）を持つとされる。すなわち、一方では実践的で、自己において自己に対して（自体的対自的に）規定され、不加入でアトム的な主観性となっている人（者Person）であるとともに、こうした排斥的な個別性であるのにとどまらず、他者の中で自己自身の客観性を対象として持つ普遍性であり、認識活動であることを自覚しているのである。ヘーゲルは、こうした絶対理念のみが存在（Seyn）

であり、不変の生命（das unveränderliche Leben）であって、自己を知る（自知を備えた）真理（die sich wissende Wahrheit）、全真理（alle Wahrheit）であると言う（ibid.）。そして、それが、哲学の唯一の対象であり、内容であるとする。

排他的であるとともにそれに伴う規定性を止揚した普遍性でもあるということは、「概念論」冒頭で示された概念の構造の再確認であると見ることができよう。「それ自身自由である現存となった概念は、自我ないし純粋な自己意識に他ならない。（……）自我は、純粋概念自身が概念として定在するに至ったものである。（……）自我は、このまず純粋で自己に関係する統一である。しかも、直接的にではなく、一切の規定性と内容を捨象して、制限のない自己自身との同等性の自由に還帰することによってである。従って、それは普遍性（Allgemeinheit）である。捨象することとして現れる否定的な振る舞いを通してのみ自己との統一であり、それ故、一切の規定されたあり方を自己のうちに解消されたものとして含んでいる統一である。第二に、自我は、同じく直ちに自己自身に関係する否定性として個別性（Einzelheit）であり、絶対的に規定されてあることであり、他のものに対立し、それを排斥するものである。すなわち、個体的な人（者 Person）である。（絶対的な）普遍性であるとともに、同じく直ちに絶対的な個別化であるもの、自体的対自的にありながら、まったく規定されていることであり、措定されてあることとの統一によってのみ自体的対自的にあることであるということが、概念としての自我の本性でもあるのである」（ibid.S.17.）。

これによって、ヘーゲルが概念、更には理念として考えたものが如何なるものであったかが理解されるとともに、存在としての存在の探究という古来の哲学的関心にヘーゲルがどのように応えたかが了解される。ヘーゲルは『論理の学』を「自然と有限精神の創造以前の永遠の本質における神の叙述」（W.d.L.I.S.21.）として多分に神学的な響きのある説明を与えそれを「本来的形而上学」と呼んだのであった[14]が、その到達点が、右に見るような人格であることにおいて、彼は形而上学に近代的な意味を与え、その革新を図ったということができるのである。

注

（1）G.W.F.Hegel, *Wissenschaft der Logik*, II. (1816), in: GW.,12., 1981,S.173~235. Abk.: W.d.L.II.

（2）本書第三部「絶対理念への道程」第二章「認識の課題」を参照。W.d.L.II.,S.179~192.

（3）同第一章「個体の生滅と類の保存」を参照。

（4）W.d.L.II., S.84.「概念の判断」においては、対象の根拠である概念に対する対象の関係（seine Beziehung auf den Begriff）が表現され、その一致不一致によって真偽、正不正、美醜の評価が下される。そこでは、事象（物事）の概念とその現実性を関係づけ比較すること（die beziehende Vergleichung des Begriffs der Sache und der Wirklichkeit）が行われているのである（ibid.,S.200.）。

（5）「近年、有限性のこうした側面が固定され、認識活動の客観的な関係と考えられていることは奇妙なことである。恰も有限なものそのものが絶対的なものとされているかのようである！」とヘーゲルは違和感を表明し、「認識のこうした非真理性の関係を真の関係として考えることは、近代の一般的な臆見となった誤謬である」と断じている（W.d.L.II.,S.201.）。

（6）I.Kant, *Kritik der reinen Vernunft*, 1781, 1787, A6~10, B10~14.

（7）「投げ入れ」（hineinlegen）の方法は、カントが近代科学の実験的方法の特徴として洞察したもの。仮説を問いとして自然界に突きつけ、答えを要求することで認識が得られるとする。認識者は自分が構成した仮説の是非を知るだけであるから、自分が考えた以上のことを認識することはできない。そのかぎり、観念論が帰結することになる。I.Kant, *Kritik der reinen Vernunft*, 1787, BXIV.

（8）生命は直接的な理念であり、未だ自己自身において実在化（実現）されていない概念としての理念である。概念はこうした理念を超えていく。それは、概念が解放されて普遍性という形式を得ること、純粋かつ単純な自己同一性となることである。それは、自己のうちに区別を生じるとしても、それは区別ならざる区別であり、概念の対象であるにせよ概念自身である対象に他ならない。概念自身と生命の次元にある理念との違いは、こうした同じ概念の区別に他ならない。前者を主観的概念と呼び、後者を客観的概念と呼ぶとすれば、後者は概念に従属した客観性にすぎない。理念はこのような仕方で分割（判断）されるのであり、認識活動はこうした分割を止揚すべく営まれることになる（W.d.L.II.,S.192.）。

（9）本書第三巻第一部第二章「反省諸規定と反省の論理学」を参照。

（10）普遍性（Allgemeinheit）、特殊性（Besonderheit）、個別性（Einzelheit）のこと。これらは、概念が自らに与える諸規定であり、普遍的な概念の三契機（die drei Momente）とされる（W.d.L.II.,S.32,210.）。

（11）本書第二巻第三部第三章「実体の完成と概念の発生」を参照。

（12）実現されるべくして実現されるべきでないという当為の持つ矛盾が再現される。当為はそれの要求することが未達成であるが故に当為なのであり、達成されればその意味を失う。よって、未達成の状態にとどまらざるをえないのである。その背景にあるのは、現実と要請の対立である。W.d.L.I/1.(1832), in: GW.,21, 1985, S.121.

（13）ヘーゲルはこれを「行為の推理」（der Schluß des Handelns）と呼ぶ。それは、目的論の考察で確認された推理でもある。「目的関係は、客観性を通して自己を自己自身と結合する（zusammenschließen）自立的で自由な概念の推理（Schluß）である」とされていた。W.d.L.II.S.159.

（14）本書第三巻序章「論理学の再生と形而上学の復権」を参照。

第四部　哲学的理念と歴史

第一章　哲学の歴史的立場

序

ヘーゲルの理念の思想は、歴史哲学において現実性を帯びる。ヘーゲルは理念を理性、精神、更には神と言い換えつつ[1]、「理性が歴史を支配している」[2]と言う。それは、恰も歴史の運行が神の摂理によって定められており、理性的合理的な過程であることを主張しているかのように聞こえる。しかし、このような言明は、歴史を全体として見渡し達観した上でなければ生まれえず、また納得も得られないと思われる。ヘーゲルはどのようにしてこうした思想に到達し、また臆することなくそれを言い表すことができたのであろうか。

ヘーゲルが他の思想家と異なり、歴史を重視した哲学者であったことは、よく知られている。哲学に関しても、彼は歴史的観点を重んじた。「哲学史の研究は哲学そのものの研究である」と言うことによって、哲学と哲学史の一体性を強調した[3]。それは、哲学史を時代遅れの思想の記述として見るのではなく、哲学史を貫くものが現在の哲学的思索に深く繋がっており、現在の哲学と同一のものを有するという思想の表明であろう。過去と現在は等価のものであり、現在にとって過去は不可欠のものとしてあるのである。

こうした同一性の意識があればこそ、彼は歴史を全体として語る立場に立ちえたと考えたのかもしれない。過去を蔑むのでなく、歴史を最大限尊重するものとして、それは「歴史的立場」と呼ぶことができる。もとより、それは所謂「歴史主義」、歴史相対主義と同じものではない。歴史を肯定的に評価する限り、歴史に内在することを怠ってはならないであろうが、しかしそれは歴史の一段階に囚われ拘束されるのではなく、その全体を見透すものとしてあるのである。それは、時代の制約を受け入れつつこれを超える視点に立っているのでなければならない。そこには、内在と超越という相反する方向を同時に追及する働きが求められる。

ヘーゲルは、こうした一見矛盾する思索を如何に統一し遂行することができたのか。それを可能にした思惟方法は如何なるものであったのか。彼の哲学的思索の起点に遡ってその淵源を探ることとする。

一　哲学的批判の課題

ヘーゲルが哲学と本格的に取り組むようになったのは、青年期の遍歴の末、「私は人間の低次の要求から出発して哲学にまで駆り立てられねばならなかった」[4]とシェリングに告白しつつ、シェリングの待つイェーナに赴いてからであった。イェーナにおいて、彼は「哲学的批判」の課題を掲げ、これを遂行すべくシェリングとともに『批判的哲学雑誌』[5]を刊行し、デカルトに発する近代哲学、就中ドイツ哲学の現状と対決し、自らの哲学的立場を確立しようとする（Wesen.,S.117f.）。彼によれば、精神と物体を峻別する二元論が北西世界の近代の文化の中で形を変えながらあらゆる方面に手を伸ばしつつあった（ibid.,S.126.）。それは「一切の古い生活の没落」を告知する原理となり、政治的革命や宗教改革を指導し、比較的静穏な公共生活の改革にまで浸透している。ドイツ哲学もまたそれに規定されているのである。

だが、哲学として見るならば、二元主義は不完全な体系であり、いわゆる反省哲学（Reflexionsphilosophie）を招来するものに他ならない。それは、絶対的なものへの道を閉ざす主観主義、有限主義、経験主義を育むのである。そうした反省哲学と対決することが、『雑誌』に収められた論文『信と知』[6]とともに哲学的批判の目的に他ならなかった。

しかし、哲学的批判は、あるべき哲学の理念を前提することなしには成り立たない（ibid.,S.120.）。そうした理念を、ヘーゲルは、『差異論文』[7]において、カント哲学とその継承を自任するフィヒテ哲学のうちに見出していた。それは、カテゴリーの演繹のうちに示された主観、客観の同一性の思想であり、フィヒテが自我＝自我という形で取り出したものに他ならない。フィヒテはそれをカント哲学の精神と名づけた（Dif.,S.5.）が、ヘーゲルはそこに思弁の真の原理を見出し、それによってカント哲学は真の観念論となると評するのである（ibid.）。ここには、フランクフルト時代の反カント主義に対して、カント哲学を再評価する姿勢が示されていると見ることができる。だが、一方では、カント哲学もフィヒテ哲学も反省哲学の代表と見なされていたという事情が存する。

なるほど、カント哲学は学、とりわけ哲学の理念によって旧来の哲学的思索の権威を失墜させ、一種の解放状態を生み出していた。哲学的自由と思惟の自律性を謳歌する精神が漲り、独創的な体系を構築しようとする活気に満ちた状況は古代ギリシアを思わせるほどになった、だが、他面、単なる特殊性を独創性と称する者も現れるようになった。とりわけ悟性（Verstand）が「特殊な反省形式（eine besondere Reflexionsform）」（Wesen.,S.121.）を売り物にするようになった。しかし、それらは「（近代）文化の一般的な大道」のうちにあるにすぎない（ibid.）。特殊なものは永久に制限のうちに閉じ込められているか、自己充足することなく次々と新しいものに手を伸ばしては放棄せざるをえない。それは、ギリシアの哲学の園における生き生きとした諸形態の自由な成長劇ではなく、「呪われた者の苦悶劇」（ibid.）と言うべきものである。

カント哲学がこうした傾向を助長したことは否定されえない。悟性概念の使用を経験界に限定し、理性に構成的な機能を認めず、統制的な役割しか認めない批判哲学は、学において理性を放棄し、粗野な経験主義に屈服するという結果をもたらした。一切が内的、外的経験のうちで「意識の事実」（ibid.,S.122.）として処理されるのである。

批判哲学が行った人間理性の限界設定は、学の客観性を確保するためのものであったが、まさに限界のうちにあるという意識は卑屈な態度を生み出さざるをえなかった。ラインホルトのように蓋然的、仮説的なものから出発し、真理に到達しえて後にそれの必然性を確証しようというのである。だが、蓋然的、仮説的なものは制限されたものであり、この方法は有限者の救済を意図することしかできない。真理は仮説の手引きを必要とはしないのであり、後に確証されるものならば始めから仮説であることはないはずであり、また仮説は後になっても断言的なものとなることはないというのが、ヘーゲルの言い分である。結局、それは、有限なものを無限なものから分離したままにし、絶対者を一つの理念にとどめ、それ自身有限なものにするという結果となるにすぎない（ibid.,S.123.）[8]。

これに対して、直接的な自己意識のうちに出発点の確実性を求めたのがフィヒテである。だが、それは意識の中にあるという有限性を脱しえず、しかも経験的意識に対立している。無限なものは要求されるもの、思惟されただけのもの、単なる理念にすぎないものとなる。しかも、思惟と思惟されたものは分離されている（ibid.,S.124.）。対立が支配的であり、それによって有限なもののみが救済される。それが近代の哲学的文化（unsere neuere philosophische Kultur）を特徴づけるのであり、これが反省文化（Reflexionskultur）と称される所以である（ibid.）[9]。信仰に活路を求め、信仰において絶対者のうちにあると説くヤコービの思惟も一の対立項を主張するにすぎない。

常識と悟性の通俗性が理性（Vernunft）に対して優位を保つ近代は、自由と平等の時代とされるが、また哲学の通俗化と平板化の時代でもある。理想とは真ならざるものを意味し、人間性とは平板さのことである。逆に、通俗的なものが哲学を装っている。浅薄さと哲学が共存し、不安と落ち着きのなさが漂い、哲学体系も絶えず変化するもの、新奇さとして捉えられる。真剣さが欠けているわけではないが、制限されたもののそれは生きたものとなることはできず、一過的な作用を及ぼすにすぎないから、暗い不信の感情と絶望の気分を醸し出すことになる。

だが、ヘーゲルは、この不安は、死滅し腐乱した文化の廃墟から新しい生命と若々しさを取り戻そうとする精神の発酵状態と見なしうると考える。生きたものの認識を可能にする理性への渇望が、平板さの蔓延に耐えきれずに生まれつつあると見なすのである。「哲学的批判」（die philosophische Kritik）（ibid.,S.117.）が意義を見出すのもこうした状況下においてに他ならない。そして、批判の前提となる哲学の理念はすでに暗示されている。従って、批判は反省哲学そのものの中から尺度を得ており、その内在的な批判を遂行することになる。

二　哲学の唯一性

しかるに、哲学の理念（die Idee der Philosophie selbst）とは唯一の理念でなければならない。「哲学とは唯一の哲学であり、唯一の哲学でのみありうる」（ibid.）からである。そうであるとすれば、カント哲学の理念が唯一の理念であると言うことは如何にして正当化されうるのか。カント哲学が否定的な側面を有し、またフィヒテも体系化に失敗したと見なされる以上、その理念のみを顕揚することにどれだけの意味があるのか。それは、カントの統制的理念のように現実に対立し、実現不可能なものであって、それによって個々の哲学の失敗を宣告することだけが残されているのではないのか。

ヘーゲルは、哲学の理念と本質の唯一性を理性の一性に基づける。哲学とは理性の自己認識であり、理性がそれ自身の客観となることと解される。『差異論文』においても、ヘーゲルは哲学の唯一性を理性の唯一性に基づけている。「理性は永遠に一にして同一である」（Dif.S.10.）。そして、それは単なる要請ではなく、歴史的な現実としてある。哲学とは、この理性が自己自身を目指し、自己を認識することに他ならない（ibid.）。それは、「思弁」（Spekulation）とも名づけられる。従って、理性の産出したものはすべて一つの真なる哲学である。自己自身を認識する理性は自己にのみ関係するのであり、そのうちに理性の全作品と活動が存する。従って、理性はあらゆる時代に亘って同一の課題と取り組み、同一の解決を示してきたのである。哲学の内的本質に関しては、先行者も後続者もないと言わなければならない。

それ故、思弁としての哲学は、様々な時代や頭脳の哲学体系のうちに、単に様々な様式やまったく固有の見解だけを見るのではなく、自己の見解を偶然性や制限から解放し、特殊な諸形式を通して自己自身を見出すことに努めなければならない。多様なものは哲学ではない。様々な哲学体系の固有性は哲学の本質に属することではなく、体系を構築する際に用いられる素材とそれに形を与える形式に由来する。「ある哲学に真に固有なものとは、理性が特殊な時代を素材として自己を形成した個体性に他ならない」(ibid.,S.12.)。理性は、それによって特殊な姿を得る。だが、理性はその中で自己を一にして同一のものとして捉える。異なったもの、特殊なものを介して否定的な自己認識が遂行されるのである。このような自己把握こそは、「カテゴリーの演繹」、「自我＝自我」のうちに認められた主観―客観の同一性に他ならない。

　だが、理性そのものは絶対者の現象(Erscheinung)として位置づけられる(ibid.,S.10.)[10]。しかも、哲学の課題は「絶対者を意識に対して構成すること」と規定されている(ibid.,S.16.)。そうである以上、絶対者の認識と理性の自己認識(それはそれ自体絶対的認識とされる)との関係が問われなければならない。理性が絶対者の現象である限り、それが自己を認識するとは自己を絶対者の現象として知ることに他ならない。すなわち、自己が自己でないものの現象であると認めることであり、自己の否定を絶対者として、自己を絶対者の否定として定立することであると言ってよかろう。それは、すぐれて否定的な自己認識に他ならない。時代毎の特殊性に対して理性が否定的に関わることによって、理性は二重の否定的関係のうちにあることになる。

　理性を鏡面に喩えるならば、その活動たる思弁は絶対者を映し出すことである[11]。理性は特殊な形態を取りながら自己を絶対者の現象として知るわけであるから、この特殊的形態自身が絶対者の契機となる。絶対者は超越的なものではなく、理性および理性の特殊的形態すなわち時代毎の文化形態として現象するものに他ならない。絶対者とは現象する絶対者なのである。

　こうして、「絶対者とは内的なものであると同時に外的なものであり、本質であると同時に現象である」(Dif.,S.91.)。しかも、現象は本質に貫かれることによって一の発展系列をなす。「絶対者はこの発展の系列をおのれ自身の完成に至るまで産出しつつ、その系列を辿る。それと同時に各々の点で足を止め、おのれを一つの形態へと組織化すること（sich in eine Gestalt organisiren）が必要である。このような多様性の中で、絶対者は自己を形成するものとして（als sich bildend）現れるのである」（ibid.）。

この絶対者観は、一切の有限性と対立・分裂を超えることを可能にする。哲学とは、有限なものと無限なもののこの同一性の意識を追求することである。理性はその働きによって分裂したものをおのれのうちに吸収しまた措定する。そうすることによって、それらに生命を与えるのである（ibid.,S.92.）。「分裂こそは哲学の要求の源泉である」（ibid.,S.12.）とされるのであったが、その要求を満たすものとして右の絶対者観は構想されていると言いうる。それが超絶的な理念に止まるものでないことは明らかであろう。諸哲学は、こうした絶対者観をどこまで自覚的に提示しえたかをめぐって評価されるのである。

三　悟性の時代の歴史観

絶対者は現象するという思想によって、ヘーゲルは『精神の現象学』の構想の間近にいると言うことができる。それは、ヘーゲルが歴史を貫く同一の理性を想定しえたことに基づいている。だが、このような想定をなす根拠は何であろうか。それは、哲学の歴史ないし歴史全体について過去、現在、未来に亘る同一性を想定することに等しい。しかも、これら三次元を等価のものとして捉えるのである。歴史には前進も後退もなく、先行者も後続者もない。そのような思想は如何にして可能であったのか。

ヘーゲルがこのような歴史意識を確立するには、ラインホルトおよびフィヒテとの対決を経なければならなかった。(12) 両者は哲学の学としての成立を望み企てながら、分裂の時代と悟性的反省によって規定されていた。ヘーゲルとしては、彼らを両極端として位置づけ、それらを止揚する形で自己の思想を練らねばならなかった。ラインホルトについて彼は言う。ラインホルトの思想には、「哲学に対する一般的な要求の一つの側面が定着しつつ現象している」のだが、ただ彼の努力は「哲学そのものに到達する以前に固定した形態を獲得してしまった」（Dif.S.91.）。一体、学の前進と拡張を促そうとするラインホルトの課題は、「認識の実在性を基礎づける」（ibid.S.79.）ことである。[13] 認識の基礎が明らかになりさえすれば、すべての認識を誤りなく導くことができるはずだからである。だが、このような考え方は、獲得された基礎的知見を技術として用いようとする思想に通じている。「このような研究の基礎にあると見られるのは、哲学を一種の手細工品であって、絶えず新たに考案されるものであるとする考え方である。新しい考案はすべて、すでに使用された技術およびその目的についての知識を前提している。だが、これまでになされた一切の改良の後にもなお主要な課題が残っている。この課題をラインホルトは、つまるところ普遍妥当的で究極的な技術を発明することと考えているように思われる。そして、それを熟知しさえすれば、誰にでも作品が自ずからできるというのである」（ibid.S.10.）。

ここには、最も完全な状態を目指そうとする進歩の思想がある。それは、過去と現在が不完全であるという思想を伴っている。だが、哲学的探究が道具の開発に他ならない限り、それが究極の目的の達成となることはありえない。解決は、「われわれが憧れる哲学の至福の島」（ibid.S.11.）の「ユートピア」に求める他はない。こうした相対的な前進の様をヘーゲルは次のように記す。「哲学の歴史は、学を拡張しようとする衝動がそれに没頭する時には、より有用な面を獲得する。なぜならば、ラインホルトによると、この歴史は、哲学の精神にかつてなかったほど深く通じ、人間の認識の実在性の究明に関する先行者固有の見解を新しい固有の見解によって更に一層推し進めることに役立つはずだからである。哲学の課題を解決しようとする従来の予備的な試みをこのように知ることによってのみ、ようやくこの試みは実際の成功を収めるだろう。それも人類にこの成功が約束されているとしてなのだが」（ibid.S.10.）。

過去の哲学は、哲学の課題を解決するための予備的な試みでしかなかったのであり、現在の哲学者はそれを役立てるという功利的な態度を持つことができるだけである。そして、そこにあるのは、知るものと知られるものの疎遠さと外面的な関係である。両者の生きた関係、同一性は認められない。分裂に基づく生の関心の喪失の帰結として、右のような哲学観はあるのである。知の営みも、疎遠な客体について無関心な知識を蒐集するだけのものとなる。或いは、知るという働きそのものがそうした客体化、疎隔に他ならなくなっている（ibid.S.9.）[14]。「知識は疎遠な客体に関わるのであって、哲学についての知が知識に留まるかぎり、そのうちでは、内なるものの全体が運動することはなく、無関心さが全面的に自由を主張していたのである」（ibid.）。

　こうして、知は死せる「ミイラの蒐集」（ibid.）に力を費やす。その対象は、それ自体に価値を持ってはいない私見であり、主体はそれに無関心かつ無頓着に関わるにすぎない。何らかの関心が生まれるにしても、それは好奇心の類にすぎない。そうした関心に基づく知の集積は全体に達することはありえない。全体とは、主観的なものと客観的なもの、内なるものと外なるものの一体性であり、如何なる分離にも先立っているものだからである。

　そして、このようにして獲得された知識が利用の対象となる。それは支配されるということである。外的なもののみが支配の対象となるのである。「この種の無関心さにとっては、それが打ち解けて好奇心となったとしても、その第一の関心事は、せいぜい新たに形成された哲学に名称を与えること、丁度アダムが動物に対する彼の支配を、動物に名を与えることによって表明したように、哲学に対する支配を名称の発案によって表明することである」（ibid.）。

　支配は主体の優位を示すことであるが、知の場面では、主体の関心は可能な限り滅却され、純粋に客観的な知識が求められる。客観の項に決定的な比重が置かれる。歴史へのこうした関わり方を、ツィンマーリは「歴史記録的、客観化的経験的態度」（die historisierende oder objectivierend-empirische Einstellung）[15]と名づける。ラインホルトは「真理に対する愛と信仰」（ibid.S.11.）[16]を極みにまで高めながら、余りにも真理から遠ざかることになったのである。

　進歩信仰を伴いながら相対化的傾向を免れないラインホルトの歴史記録的・客観化的態度に対して、フィヒテの非歴史的な絶対化が対立する。フィヒテによれば、哲学が学であるか否かを決めるものは、それが普遍妥当的であるか否かではなく、哲学する者が自分の哲学について実質的な確信を持ちうるか否かである。その観点から、フィヒテは、スピノザは自分の哲学を信ずることはできず、内面的で生きた確信を持つことはなく、また古代人も哲学の課題を意識して考えていたかどうかすら疑わしいとした。

それは、フィヒテにとって整合的なことであった。「学問としての哲学を所有しているという信念を抱く人たちが、彼らの哲学を承認しない人たちすべてに対して哲学者という称号をまったく拒否し、それ故に、彼らの哲学に同意することを一般に哲学者であることの基準とするようになるということは、極めて確実に予知される。彼らが整合的なやり方をしようとするならば、どうしてもこのようにしなければならないであろう。なぜなら、哲学はただ一つだからである」(2.Einleitung.S.512.)[17]。それは「明らかな循環」ではある。「自分で確信を持ちさえしているならば、私の哲学は実際哲学者すべてに対して普遍妥当的であると言って誰もがまったく正しい。たとえ彼以外には彼の哲学の諸命題を認める者はいないとしてもである。彼の哲学を認めない人は哲学者ではない、と彼は付け加えるのだからである」(ibid.)。

だが、フィヒテは、確信の実質を「哲学的思索における自由な判断」と「生活の場で強いられる判断」の合致とすることによって、この循環を救おうとする。「私の意見はこうである。たとえ自分の哲学について完全に、また終始変わらず確信している者が自分一人しかいないとしても、彼が自己の哲学において自己自身と完全に合致しており、哲学的思索における彼の自由な判断と生活の場で彼に強制された判断が完全に合致するならば、この一人の人において哲学はその目的を達成したのであり、その範囲を完結したのである。なぜなら、哲学は、彼が全人類とともに出発した点に彼を確かに連れ戻したのだからである。かくして、哲学はこの一人の人を除いて何人もそれを理解せず認めないとしても、学として実際に世界に存在しているのである。それどころか、たとえ、そのただ一人がその哲学を自己の外に示すことがまったくできないにしても、そうなのである」(ibid.)。

このような確固たる確信を、哲学史上の体系家たちの誰一人として有することはなかった、とフィヒテは言う。「確信とは如何なる時代、如何なる状況の変化にも依存しないもののみを言う。(……)不変で永遠に真なるものについてのみ、人は確信を持つことができる。誤謬を信じることはまったく不可能である」(ibid.S.513.)。こうして、フィヒテは次の推理を構成する。「あるのはただ一つの真実な哲学であり、それについてのみ人は真に信じることができる。――私は私の哲学を信じている。――従って、私の哲学は一つであり、真実である」[18]。これによって、超越論的観念論の体系としての知識学は、その真理性を保証されるのである。

このようなフィヒテの主張は、「彼固有の体系の持つ形式の固有性」、「その形式の持つ完璧で強靭な性質」によって生み出される、とヘーゲルは述べる(Dif.S.11.)。彼においては、まさに確実性が学の徴標であり、絶対的第一根本命題の確実性とその確実性を伝播する整合的演繹こそが学問性をなすものに他ならなかった。そして、確実性の基盤は、自己の思惟への反省による自己確信に他ならなかったのである。

こうして、フィヒテは過去のすべての体系の真理性を否定し、自己の体系のみを真と見なす。ツィンマーリはそれを「非歴史的・主観化的-独断的態度」(die ahistorische oder subjektivierend-dogmatische Einstellung)[19]と呼ぶ。それは、主体的関心と生きた関与を喪失した実証主義に対する反動であり、哲学の発端であると言うことはできる。だが、それは主-客分裂の一方の極に立つものであり、全体の視点に達しているとは言えない。そもそも、学とは次の要求を満たすものでなければならない。

一　学は全体でなければならない。

二　学は生きた関わりを要求する。

三　学の中では「内なるものの全体」が動いていなければならない。(Dif.S.9.)[20]

歴史記録的・客観化的態度も主観化的・独断的態度もこれらの要求を満たしているとは言えないのである。

四　ヘーゲルの歴史的立場

およそ、哲学とは何かを問う時、過去の哲学体系ないし哲学史を無視するわけにはいかない。それらを手懸かりとして哲学とは何かを問い、自ら哲学しようとするのである。ここには三つの契機がある。求められている哲学の本質、問いかけられている過去の哲学体系、そして問う者である。過去の哲学が哲学の名に値するかどうかは、吟味を必要とする。哲学の本質ないし理念を体現していると見えるものをこそ、問いの対象としなければならない。哲学の理念を欠く体系を斥け、それを表現している「注目すべき個体性」（die interessante Individualität）（Dif.,S.12.）を識別することが必要である。そして、後者に対しては、それが真に理念の充足たりえているか否かを吟味しなければならない。「体系の哲学と体系という両観点の区別が、とりわけ諸哲学体系の評価において重要性を帯びる」（ibid.,S.31.）。ヘーゲルは、こうした識別と吟味を哲学的批判の課題と見なすのである[21]。

もとより、ここには循環がある。「哲学的体系構想、実現された哲学の理念の表現が哲学的批判の前提であった。だが、逆に哲学的批判こそが哲学の前提であり、それ故また哲学的体系構想の前提なのでもあった[22]」（Zimmerli,S.228.）。ともあれ、哲学体系は哲学の理念の体現ないし現象であり、同じく哲学の理念の現象たらんとする問う者とともに、この理念に定位している。この定位によってこそ、問う者と体系は現象として相互に関係しあう。「問うことと問いかけられるものは、問い求められているものの現象形式として理解されなければならない」（ibid.,S.34.）。そうすることによって、「問う者と問いかけられているものの差異を貫いて、それらの統一を問い求められているもののうちで認識する」（ibid.）道が開かれる。主体と客体の内的同一性を認識することが可能となる。「異なったものの多様性を通して」（ibid.）生きた統一が求められるのである。学の要件はそのようにしてのみ満たされる。

その際、現象に対し、理念は前もって規定された内容を有すると考えるわけにはいかない。多様な現象ないし制限された現象が一つのものを志向するという関係があるのみである。理念の内実は、諸現象の生きた関係を求める中で形成される統一的連関以上のものではなく、関係そのものに他ならない。従って、課題は以下のようになる。「様々な現象のうちで現象しているものに関係しつつ、現象が互いに持つ関係を洞察せよ」(ibid.)。現象のうちで探究に携わるものが理性であるが、関係はこの理性の洞察の結果であり、理性の産物である。関係は全体的な関係となるならば絶対者と呼ばれようが、「絶対者を意識に対して構成すること」が課題となる。絶対者は関係なのであるから、それは関係を洞察し、規定された関係とすることに他ならない。理性は自己が絶対者すなわち関係の現象であることを意識しつつ、絶対者との同一性を確認する。こうして、次の主張が可能となるのである。「絶対者とその現象、理性が永遠に一にして同一であるとすれば、(……)自己自身を目指し自己を認識した理性はすべて、一つの真なる哲学を産出し、あらゆる時代に亘って同一な課題を解決してきたのであり、その解決も同一なのである」(Dif.S.10.)。

如何なる時代においても、全体を目指し有機的な関係を構築しようとする志向があるならば、形態は異なっていても、同質の精神が存するのであり、それによって諸形態相互の同一性が確認されうる。なるほど、「絶対者の現象としての理性は、同時に個別的な形態である」[23](Zimmerli,S.35.)。それは、時代毎の建築材料を用いて独特の体系を形成するばかりである。だが、「これら個別的な形態の各々は、絶対者の現象として自己自身を目指しており、自己を認識する。すなわち、自己を自己自身に対立させ、自己をそれがあるところのもの、すなわち絶対者の現象として把握する。このように〜として自己を把握することこそ、真の哲学を産出することであり、また哲学の課題を解決することなのである」(ibid.)。

こうして、ヘーゲルの哲学的立場が成立する。それは、すぐれて歴史的な態度(die geschichtliche Einstellung)である。それは、過去の哲学体系に自己と同等の意義を認める。「他の哲学体系に対して相応の意義を与え、他のものとしてのそれらの体系のうちに自己自身、絶対者の現象、理性の産物を認める」(ibid.)。そうして、そのうちに住まう生きた精神を再生させるのである。そのためには、その精神と同質の精神に立つことが必要である。「哲学に宿る生きた精神は、顕現するためには、同質の精神を通して生み出されることを必要とする」(Dif.S.9.)。哲学とは、同一性を確認すべく過去の体系と対話するという勝れて解釈学的な態度であると言うこともできる。

ヘーゲルはこのような関係の洞察を「哲学的思弁」と呼ぶ。それは、右の意味の歴史的態度を前提する。それは、何よりも個々の哲学体系が囚われている特殊性、固有性から脱却することを必要とする。「特殊性に囚われていることは根拠を欠いているという洞察、すなわち歴史的もしくは批判的哲学的態度に思弁そのものは根拠を有している」[24]。固有性に囚われている者にとっては、哲学の本質は底なしの深淵である。哲学に到達するためには、固有性のすべてを放擲し、身を捨てて飛び込むことが必要である。「意識が特殊性に囚われているのを見出す理性が哲学的思弁になるのは、ただ自己自身に高まり、自己自身ならびに自己の対象ともなる絶対者に自らを委ねることによってのみだからである」(ibid.S.11.)。理性は、そのために意識の有限性を賭ける。それによって、思弁は、様々な時代や頭脳の哲学体系のうちに、単に様々な様式や純粋に固有な見解のみを見るのではなく、特殊な諸形式を通して自己自身を見出すことができるわけである。自己否定的な自己と他者への関わり方こそが哲学的思弁を成り立たせていると言うことができる。

さて、こうしたヘーゲルの哲学的構想の根底にあるものは、理性への強い関心である。これが両極端を斥け、対立をうちに含む絶対者観を成立させ、また理性の思想を可能にしているのである。生とは分裂をうちに含む統一体に他ならない。「必然的な分裂は生の一要因であり、生は永遠に対立を通じて形成されるものであり、最も生き生きした全体は最高の分裂からの自己回復によってのみ可能なのである」(ibid.,S.13.)。

こうした生(Leben)の思想は、フランクフルト時代、盟友ヘルダーリンの影響下で形成されたものと思われる。ヘルダーリンは「およそ生命は、展開と閉鎖、巣立ちと自分自身への帰還の交替から成り立つ」と記した(Hyperion.,S.39.)[25]。生命とは「一にして全」(Eins und Alles)であり、すべてのものを統一する。すべてはそこにおいて生まれ、育まれる。それは美(Schönheit)であり、自然(Natur)とも称される。そこには、シェリングの能産的自然(natura naturans)に通じるものがある。[26] 三者の交流がそこに認められるのである。

だが、そのような共通性に拘わらず、ヘーゲルはヘルダーリンともシェリングとも一線を画していた。ヘルダーリンが根底にある統一に比重を置き、シェリングが「二元性をまったく含まない絶対的同一性」、無差別を考える傾向が強かったのに対し、ヘーゲルは対立の場に身を置き、その只中で統一を考えようとしていたのである。[27] 対立するものは全体から理解されねばならないが、全体とは関係項に先行するものではなく、諸項の関係に他ならないということである。

対立と分裂に伴う痛苦は、『キリスト教の精神と運命』において愛の思想の挫折を導いたばかりでなく（Nohl. S.327ff. 332ff.）、[28]『一八〇〇年の体系断片』[29] にも示されるように、生と反省を容易に一体化させなかった。生とは「反省の外なる存在」（ein Seyn außer der Reflexion）（ibid.S.348.）とされ、「対立と関係の結合」（die Verbindung der Entgegensetzung und der Beziehung）（ibid.）という表現を補うべき「結合と非結合の結合」（die Verbindung der Verbindung und der Nichtverbindung）（ibid.）という表現も一の反省的表現にすぎないとされたのである。それは、『差異論文』において思弁的真理の表現とされた「同一性と非同一性の同一性」（die Identität der Identität und der Nichtidentität）（Dif.S.64.）とはなお距離を置いていると言わねばならない。

それ故、ヘーゲルは思弁的真理の思想を携えてというよりは、分裂の意識とともにイェーナに到来したと言うべきであろう。そうだとすれば、ヘーゲルがシェリングの体系構想に接近した時、[30] 独自の構えがあったと見なければならない。シェリングの「同一性の同一性」（die Identität der Identität）（Darstellung.S.47.）、絶対的無差別のうちに、ヘーゲルはむしろ絶対的同一性、同一性と非同一性の同一性を読み込むのである。対立するものを止揚しつつ同時に存立させる絶対者、対立しあうものが絶対者のうちで実在性を与えられながら同一性を保つ実在的対立（die reelle Entgegensetzung）（Dif.S.66.）の思想を育む。多様な諸現象を貫く絶対者、現象するものとしての絶対者の思想は、分裂の視点を堅持しつつシェリングの体系を理解した結果獲得されたのだと言うことができる。

このことは、ヘーゲルのシェリング批判が遅からず開始されることを予告する。その批判において、ヘーゲルはむしろ、フィヒテと軌を一にする。[31] シェリングのもとでフィヒテとシェリングの差異を論じ、両者の対立を決定的にしたに拘わらず、ヘーゲルは却ってフィヒテに与することになるのである。そして、その視点からシェリングに転機をもたらすことになる。「無限なものは有限なものを必然的に含み、両者のみが絶対者を構成する」、「a＝aというあの命題は、無差別と差別を同時に措定することによって絶対者を表現する」というトロクスラーのノートに記されたシェリングの命題は、ヘーゲルの触発によって生まれたと見ることもできよう。[32]

いずれにせよ、ヘーゲルはこうした独自の絶対者観によって多様な事象を全体的統一的に捉える思想的枠組みを獲得したことになる。一なる理念、理性が世界と歴史を統べているという思想もここから容易に導かれよう。そこからヘーゲル独特の歴史的立場が生まれると考えられる。とはいえ、ヘーゲルは、絶対者観を確立して後そこからア・プリオリに歴史観を演繹したというわけではなく、ラインホルト、フィヒテに見られる一面的で対照的な歴史観との対決を通して、独自の歴史観と絶対者観を獲得するに至ったという事情を看過してはならない。

注

（1） G.W.F.Hegel, *Vorlesungen über die Philosophie der Geschichte*, in: *Werke in zwanzig Bänden*, 12, Frankfurt a. M. 1970, S.20, 53.
（2） ibid., S.19.
（3） G.W.F.Hegel, *Vorlesungen über die Geschichte der Philosophie*, I, in: Werke.,18., Frankfurt a. M. 1971, S.49.
（4） J. Hoffmeister, *Briefe von und an Hegel*, Band 1, Hamburg 1952, Brief 29, S.5
（5） *Kritisches Journal der Philosophie, Ersten Bandes erstes Stück, Einleitung, Ueber das Wesen der philosophischen Kritik überhaupt, und ihr Verhältniß zum gegenwärtigen Zustand der Philosophie insbesondere*, in: GW.,4.,S.117f.
（6） G.W.F.Hegel, *Glauben und Wissen oder die Reflexionsphilosophie der Subjectivität, in der Vollständigkeit ihrer Formen, als Kantische, Jacobische und Fichtesche Phiosophie*, in: *Kritisches Journal der Philosophie*, 1802, GW.,4., Hamburg 1968. Abk.: GuW.
（7） この理念をカント、フィヒテのうちに求め、また両者の哲学を積極面、消極面の二つの面から捉える見方は、『差異論文』の継承であるとともに、ベルン、フランクフルト時代のカント主義と反カント主義の総合と見なすこともできる。

（8）『差異論文』に照らすならば、この議論がラインホルト批判であることは明らかである。尤も、フィヒテもまた『知識学の概念』においては仮説的方法を認めていた。Vgl. Dif.S.85ff.

（9）この文化を代表する哲学を反省哲学（Reflexionsphilosophie）と名づけ、系統的に批判する目的で『信と知』が『批判的哲学雑誌』第二巻第一部に掲載される（GuW.,S.313.）。

（10）「絶対者とその現象、理性が永遠に一にして同一であるとすれば――実際そうなのであるが――自己自身を目指し自己を認識した理性はすべて、一つの真なる哲学を産出し、あらゆる時代に亘って同一の課題を解決してきたのであり、その解決も同一なのである」（Dif.S.10.）。

（11）この比喩が必ずしも無根拠でないことは、鏡（speculum）と思弁（Spekulation）の語源的な繋がりからも納得される。

（12）Vgl. W. Chr.Zimmerli, *Die Frage nach der Philosophie, Interpretationen zu Hegels Differenzschrift*, Bonn 1974, S.17f. Abk.: Zimmerli.

（13）Vgl. Ibid.,S.11, 81; C.L.Reinhold, *Beyträge zur leichtern Uebersicht des Zustandes der Philosophie beym Anfange des 19. Jahrhunderts, Erstes Heft*.S.68.　ラインホルトにおいて、認識とは思惟を適用することであり、認識の実在性の究明とはこの適用の分析を言う。適用とは思惟を他のものに適用することであるから、思惟ならざる他のもの、「思惟の素材」を要請する。だが、素材の存在は分析によって初めて明らかになるべきものであるから、ここには循環があると指摘される。

（14）このような知の由来をヘーゲルは次のように記す。「生気を失った個人が最早敢えて生を得ようとしないならば、全体への衝動は辛うじてなお知識の総体への衝動として現れるにすぎない。個人は、自分で所有しているものの多様性によって、実際とは違った見かけを手に入れようとする。学を知識に変えることによって、個人は学が要求する生き生きとした関与を学に拒み、学を彼方に、純粋に客観的な形態にとどめ、自らを普遍性に高めるという一切の要求に逆らって、固陋な特殊性に安住してしまっている」（ibid.,S.9.）。

（15）Zimmerli, op.cit.,S.18.

（16）Beyträge.,S.67.　こうした真理からの懸隔は、次のようにラインホルトのうちに現れる。――ラインホルトは哲学的思索の前提として、真理そのものへの愛と信仰、原真理ないしそれ自体において真であり確かなものを掲げるが、原真理はまったく把握できず説明できないものである。愛と信仰が要求されるのもそのためである。また、哲学は把握できるもののうちの最高のものと把握不可能なものの関係を探究することになるが、それは努力に止まる。しかも、把握できるもののうちの最高のものも、さしあたって「蓋然的仮説的にのみ」把握可能な第一のものと見なされるのみである。しかし、原真理が定言的に現れない限り、仮説的・蓋然的なものが真となることはない。しかも、把握可能なもののうちに把握不可能なものが捉えられると言う時、捉えられたものは最早原真理そのものではないのであるから、非真理と言う他はない。従って、ヘーゲルは次のように評するのである。「哲学は概念によって始め、前進し、終わらなければならないが、把握不可能な概念によってしなければならない。なぜなら、概念の制限のうちでは、把握不可能なものは告知されておらず、廃棄されているからである」(Dif.S.86.)。

(17) J.G.Fichte, *Zweite Einleitung in die Wissenschaftslehre, für Leser, die schon ein philosophisches System haben*, in: *Fichtes Werke*, 1. hrsg. von I. H.Fichte, Berlin 1971, S.512. Abk.: 2.Einleitung.

(18) Zimmerli, op.cit.,S.29.

(19) Zimmerli, op.cit.,S.26.

(20) Zimmerli, op.cit.,S.33.

(21) 批判はその対象のあり方に応じて様々な態度を取る。哲学の理念に基づく批判が意味を持つのは、同一の理念を所有しているものに対してのみである。この理念を欠いているものに対しては、批判は停止し、対象を却下するだけである。その際、表面的に見れば、主観的なもの同士の対立があるのみとなり、客観的評価であるという批判の本質は見失われる。非哲学の側が哲学でないことを告白するのを待つ他はない。

哲学の純粋理念が学的に展開されず、体系的意識の客観性に到達することなく、素朴な形でしか表現されていない場合でも、それは歓迎される。

但し、哲学の本質と主題を僅かな言葉で与えようとして没精神的に持ち出される空虚な形式には、学問的な意味は認められない。哲学の理念がより学的になる場合、理念を同じくしそれを純粋に客観的に提示しているに拘わらず、個体性が示されることがあるが、それと主観性および被制限性は区別されなければならない。そして、後者によって鈍った哲学の光を批判は消し去らねばならない。

その際、哲学の理念が実際にあることが示されるならば、批判は理念によって要求されていることとそれを満たすために生み出されたものを拠り所としつつ、完成された客観性に向かおうとし、この傾向性によって制限のある形態を否定することができる。だが、意識がまだ主観性を超えることができず、哲学の理念が明晰に直観されるに至らず背景にとどまっているため、権威に妨げられ最高の形式にまで進むことができない場合がある。しかし、その努力は否定されず、それを妨げるものを除去することが学的関心となる。

哲学の理念はよりはっきりと認識されているのに、主観性が哲学に対して自己防衛的になることがある。その場合には、それの用いる遁辞とその弱点を見抜くことが肝要である。

最後に、批判が最も注意すべきものは、哲学を所持すると自称し、偉大な哲学が用いた形式や言葉を振りかざすが、ただの冗舌に陥っている者である。それは、哲学の理念を欠くばかりでなく、真剣さを浅薄さに変えるものに他ならない。哲学はこの不幸を除くべく全力を注がねばならない。Wesen., S.118ff.

（22）Zimmerli, op.cit.,S.228.

（23）Zimmerli, op.cit.,S.35.

（24）Zimmerli, op.cit.,S.38.

（25）Ch.Jamme, *Ein ungelehrtes Buch, Die philosophische Gemeinschaft zwischen Hegel und Hölderlin in Frankfurt 1797-1800*, Bonn 1983, S.11

（26）F.Hölderlin, *Hyperion*, in: *Sämtliche Werke*, Dritter Band, Stuttgart 1958, S.39.

（27）W.F.J.Schelling, *Einleitung zu dem Entwurf eines Systems der Naturphilosophie. Oder über den Begriff der speculativen Physik und die innere Organisation eines Systems dieser Wissenschaft*, 1799, in: *Schellings Werke*,2, von M.Schröter, S.284. シェリングによれば、「自然哲学は自然を（それが産物であるかぎりにおいてではなく、生産的であると当時に産物であるかぎりおいて）自立的なものとして措定する。従って、最も簡潔に言えば、自然哲学は物理学のスピノザ主義として示されうる」(ibid.,S.273.)。D. Henrich, *Hegel im Kontext*, Frankfurt a.M. 1967, S.11; K.Düsing, *Schellings und Hegels erste absolute Metaphysik* (1801-1802), Köln 1988, S.117; G.W.F.Hegel, *Die Phänomenologie des Geistes*, 1807, in: GW.,9., Hamburg 1980.「すべての牛が黒くなる夜」というシェリングの絶対者思想に対するヘーゲルの揶揄的批判に照らすと、『差異論文』の次の記述はこの批判の先取りと見ることができる。「分裂の立場にとっては、絶対的総合は彼岸であり、分裂の諸々の規定性に対立した無規定なもの、無形態なものである。絶対者は夜である。そして、光は夜よりも若く、両者の区別は光が夜から歩み出ることと同様、絶対的な差異である。――無が最初のものであり、そこからすべての存在、有限性のすべての多様性が現れているのである。だが、哲学の課題は、これら二つの前提を合一すること、存在を非存在の中へ――生成として、分裂を絶対者の中へ――その現象として、有限なものを無限なものの中へ生として措定することである」(Dif.,S.15f.)。

（28）G.W.F.Hegel, *Der Geist des Christentums und sein Schicksal*, in: *Nohl, Hegels theologische Jugendschriften*, Tübingen 1907.Abk.: Nohl. 山口祐弘『生の直観と反省の階梯』、思想 No. 816、一九九二年、五一頁以下参照。

（29）G.W.F.Hegel, *Systemfragment von 1800*, in: Nohl, op.cit.

（30）F.W.J.Schelling, *Darstellung meines Systems der Philosophie*, 1801, in: *Schellings Werke*, 3.

（31）J.G.*Fichte-Gesammtausgabe der Bayerischen Akademie der Wissenschaften*, III-5, Stuttgart-Bad Cannstsatt 1982, S.89, Brief 613; J.G.Fichte, *Darstellung der Wissenschaftslehre aus dem Jahre 1801*, in: *Fichtes Werke*, II, S.66; K.Düsing, op.cit., S.148. 山口祐弘『一

九世紀初頭における体系論争――フィヒテ、シェリングの応酬とヘーゲル』、東京理科大学紀要、第二四号、一九九二年、一頁以下。
（32） K.Düsing, op.cit.,S.14.

第二章　哲学の時間性

――ヘーゲルの歴史的思惟――

序

「ミネルヴァの梟は黄昏に飛び立つ」(Rechts.,S.28.) ――『法哲学』序文[1]のこの言葉によってヘーゲル哲学の視座は定まっているかのように語られる。哲学的思索は一時代の、究極的には歴史の終わりに登場し、過去を回顧し総括することを課題とすると言うのである。ヘーゲル自身自分が歴史の頂点に立ち、人類史の完成を見届けたかのように語っているところがある。『精神の現象学』[2]) に即して言えば、ヘーゲルの視座は「絶対知」にある。全行程は絶対知に向かっており、それへの到達とともに終わるのである。

だが、このことは、ヘーゲルの哲学が歴史を前提しており、しかも歴史は目的を持つということを意味する。ヘーゲルにおいて、歴史は無秩序で偶然な事件の継起ではない。それは一つの方向に向けて導かれる。それを指導するものは「精神」(Geist)、「理性」(Vernunft)、「理念」(Idee)、更には「神」(Gott) 等と呼ばれる。あらゆる現象を貫いて一つの理法が看取され、歴史は理法を備えた体系と見なされる。歴史はそれによって全体となる。

だが、歴史をこのように語ることは、歴史的事件の渦中に身を置くことなく、超越的な視点から俯瞰するのでなければ可能ではないように思われる。それは歴史家が傍観者の位置に立つことではないか。認識する者とされるもの、主観と客観は分離している。一方では、それによってこそ利害関心を離れた歴史の客観的記述は可能となるという考え方もありえよう。だが、それは歴史記述を恣意的な構成に委ねる危険もはらんでいる。ヘーゲルの理性の思想はまさにそうした構成物であるという批判もある。それは無批判的独断的な実体論的仮定であると言うのである。

しかし、『精神の現象学』によれば、絶対知、絶対者の知に到達するためには、われわれは予め絶対者の臨現（Parusie）の下にいなければならない（Phä.d.G.,S.53.）。絶対者のうちにすでに包摂されているからこそ絶対知を獲得することもできるのである。歴史を指導しているものが認識する者のもとに居合わせており、この者を歴史的過程のうちに包摂している。それによって、認識する者は歴史の生動に触れ、歴史的事象と関わることもできる。歴史に眼を向けることは歴史のうちに包摂されているからこそ可能であるということを、『精神の現象学』は教えている。

では、一体どのように包摂されているのか。もし認識者が頂点におり、既に絶対知を所有しているのであれば、歴史について語ることの意味は半減する。途上にあるからこそ、歴史は重大な関心事となるのである。とはいえ、全体を俯瞰する視点なしに歴史を貫く理性について語ることは可能なのか。この二つの問題を結合するならば、未完結な歴史の段階にあって歴史の全体とそれを貫く理性について語ることは如何にして可能かという問いとなる。歴史の理性とは却って不条理と見える歴史の現実からこそ抱懐される思想ではないか。

このように問うことは、歴史とともにあるヘーゲルにおける哲学の成立を問うことでもある。哲学もまた、歴史の只中にある者の探究として、歴史的現在に根ざしていなければならない。またそう考えることによって、ヘーゲルを過去のものとすることなく、現代に活かすことも可能となる。ヘーゲルの歴史哲学は哲学的歴史すなわち哲学者の見る歴史として、哲学と歴史の本来的な関わりについて示唆を与えているはずである。本章では、こうした観点からヘーゲルの歴史哲学のうちに哲学のあり方と時間性を探り、その現代的意義を考察する。

一　歴史の時間性

ヘーゲル哲学とりわけその歴史哲学の現代的意義を問おうとすれば、ヘーゲル以後、まさに現代における諸思想との対決なしにそれに答えることはできない。とりわけ、ここでは一九、二〇世紀の歴史論の幾つかを参照することが求められる。こうした観点から興味を抱かせるのは、ニーチェが『反時代的考察』に収めた『生に対する歴史の功罪』[3]という論文である。

歴史は過去の事柄であるという先入見に対して、ニーチェは「歴史は生きた者に属している」と主張する（Nutzen.,S.258.）。そして、生の様態に応じて三種の歴史の類型があると言う。「記念碑的（monumentarische）歴史」、「骨董的（antiquarische）歴史」、「批判的（kritische）歴史」がそれである（ibid.）。第一の歴史は、活動し努力する者に属する。偉大な闘いに臨む者は典型と教師と助け主を必要とし、それを現代に見出しえない時に歴史に向かう。歴史の中にそれを求め、それを記念しまたそれを継承して、偉大なものの殿堂に席を連ねようとするのである。第二の歴史は、保存し崇敬する者、自分の由来を史実と愛を以て回顧する者に属する。おのれの生存に感謝を捧げつつ、それを育んだ過去を注意深く保護し、未来の者の手に渡そうとするのである。だが、崇敬し保存するだけで生産することを知らない者は、新たに生成するものを過小評価し、力強い決断を妨げがちとなる。生は無気力な過去崇拝のうちに退縮する。その歴史は骨董の蒐集と異ならない。

ともあれ、第二の歴史は、第一の歴史と同様現代において恵まれた者の歴史である。これに対して、第三の歴史は、苦悩し解放を必要とする者に属する。過去は人間の暴力と欠点が権勢を振るい、生の権力意志が支配して来た時代であった。生は常に無慈悲であり不正ですらある。故に、この歴史は批判され断罪されねばならない。このようにして、暗い過去から解放されねばならない。完全な解放を達成することは不可能であるにせよ、この歴史は、人間が生きうるためには過去を破壊し解体する力を持ち、これを時に適用しなければならないという事情によって生まれる。

ニーチェの歴史論は、すべての歴史は現代史であり、歴史は現在における生の関心に根ざしている（Theorie.,S.4.）というクローチェのテーゼを想起させる。[4] 歴史は現在の眼を通し、現代の問題に照らしつつ過去を見るところに成り立ち、歴史家の主たる仕事は記録することではなく評価することである。従って、コリングウッドの言うように、歴史は「過去のもの」を取り扱うわけではない。「過去そのもの」と「それに関する歴史家の思想」の相関関係こそが歴史の核心をなすのである（Idea.,p.2.）。[5]「ある歴史家が研究する過去は、死んだ過去ではなく、何らかの意味でなお現在に生きている過去である」（op.cit.,p.158.）。そして、過去を生かしめるのは、その背景にある思想を理解しうる歴史家に他ならない。従って、コリングウッドによれば「すべての歴史は思想の歴史」なのである（op.cit.,p.115.）。

E・H・カー[6]は、こうした歴史観を、一九世紀のリベラリズムの支配に対して一八八〇年代から九〇年代にかけて行われた挑戦の系譜に位置づけている。それは、歴史における事実の優位性と自律性という信念に対して、主観の権利を回復しようとする努力であったと見ることができる。それは、主観的解釈を斥けた事実の客観的編纂として歴史を見るか、事実を明らかにしこれを解釈によって征服する歴史家の心の主観的産物として見るかの対立である。歴史の重心を過去に置くか現在に置くかの対立であると言うこともできる。

こうした対立を見ながら、カーは歴史家と事実を対等な関係に置く。歴史家は一方を他方の上に置くことはせず、自分の解釈に従って自分の事実を作り上げ、自分の事実に従って自分の解釈を作り上げる。この不断の過程にあるのが歴史家である。事実の仮の選択と仮の解釈から出発しながら、解釈にも事実の選択や整理にも、両者の相互作用を通じて微妙で無意識的な変化の生ずることを経験するのである。歴史家と事実のどちらを欠いても、歴史は成立しない。この相互関係は現在と過去の相互関係でもある。従って、カーによれば、歴史とは、歴史家と事実との間の相互作用の不断の過程であり、現在と過去との尽きることのない対話である（Carr.,p.24.）。

対話は尽きることがない。この無窮性は何に由来するのか。ヴィンデルバンドは、『歴史と自然科学』[7]においてこの事情を解き明かす。歴史学を含む精神科学（Geisteswissenschaft）は、時間的に限局された一回的実在の生起を間然することなく叙述することを目的とする。人間生活において一回的実在として示された諸対象を、あるがままに再現し解釈しようとするのである。それが求めるものは、特殊な歴史的事実である。ここに自然科学（Naturwissenschaft）との相違がある。後者は特殊な諸現象を貫通する普遍的法則を求める。それは、特殊個別的な事象に向かうにも普遍的視点を採る。全称的必然的判断を獲得するのがその狙いである。精神科学は事件科学（Ereigniswissenschaft）であり、自然科学は法則科学（Gesetzeswissenschaft）である。後者は法則定立的（nomothetisch）であるが、前者は個性記述的（idiographisch）である（Präludien, S.145.）。

経験科学は、このように方法上の相違によって二つの分野に区分されるが、それらは共通の源に還元することはできない。勿論、精神科学といえども事実を理解するに当たって法則的認識を必要とし駆使しはする。だが、如何に多くの法則を組み合わせても捉え尽くしえないのが歴史的事象である。ライプニッツは永久真理（vérités éternelles）と事実真理（vérités de fait）を区別したが、人間の思考において両者は統合されえないばかりか、神においてすら事実真理は意志的な決定に委ねられる他はなかった。このことは三段論法の両前提が互いに還元されえないという点にすでに現れている（ibid.S.158.）。

かくて、個別的時間的所与である歴史的事象をあらゆる法則を結集して捉えようとしても、その究極根拠を分析し尽くすことはできない。そこには理解しがたい残余、言い尽くしえないもの、定義されえないものが依然として残る。そこに、個人的自由の感情が働く余地がある。それは、われわれの存在は原因なくしてあるという感情を生む（ibid. S.159.）。人格の最も深奥の究極本質はそこに見出され、そして普遍的範疇による分析を拒む。

ヴィンデルバンドの考察を通して明らかとなるのは、言い尽くしえず捉え尽くしえない歴史的事象に関わりを持つのは、自由の感情を持った個人であり、その人格の究極的本質であるということである。無原因に存在する実体が因果系列によって捉え切れない生の事実に向き合っていることになる。

ヴィンデルバンドの法則定立的科学と個性記述的科学の区別は、その影響を後継者リッケルト[8]を介してマックス・ウェーバー[9]に及ぼしている。ウェーバーもまた歴史的現実の汲み尽くしがたさについて語る。「生活というものをわれわれがじかに対する仕方で反省しようと思えば、われわれの〈なか〉にもわれわれの〈そと〉にも、前後左右にあらわれては消えてゆく現象がまったく無限な多様性をもって現れて来る。またこの絶対に無限な多様性は、もしわれわれがたった一つの〈対象〉を他から引き離して捉える場合にも、この多様性の度合いは全然減ってこない」(Objektivität.S.171.)。従って、このように無限な多様性をもった現実を有限な人間精神が認識しようとする場合には、暗黙の前提が働いていると考えねばならない。それは、科学的認識の対象となるのは現実の有限な一部分だけであり、しかも「知る価値がある」(ibid.)とされる部分だけであるということである。認識価値を有するかぎりで、現実の一側面は本質的であるとされるのである。

何かが知るに値するということ、その認識価値はわれわれの認識関心によって規定される。この関心が現実の一側面を意義あるものとして選択するのである。従って、それは意義に関する評価基準、すなわち価値理念(Wertidee)を宿していると言わねばならない。それに照らして評価され選択されたものが研究の対象として取り上げられるのである。それによって対象は「文化」(Kultur)となる。「経験的現実がわれわれに対して〈文化〉であるのは、われわれがその現実を価値理念と関係させるためであり、そのかぎりにおいてのことである」(ibid.,S.175.)。「文化」とはすでに価値概念である。そして、人間の生活の諸現象を考察するということはこの文化意義の観点のもとで考察することであり、それに携わる学問は「文化科学」(Kulturwissenschat)と名づけられる。

文化意義は現象に客観的に付着しているのでも、法則の体系から導出されるのでもない。それは、現実と価値理念との関係の中で成立する。従って、文化科学の主体は、価値主体として、固有の価値観点に基づいて対象と関係する。この意味で文化科学は価値関係的である。従って、文化科学は、価値主体としての「文化人」(Kulturmenschen)(ibid.,S.180.)の存在を前提する。それは、意識して世界に対して態度を取り世界に意味を賦与しようとする能力と意志を有する者のことに他ならない。

こうして、ウェーバーにおいては文化科学の究極の拠点が主体の価値理念にあることが明らかにされる。それは現在に生きる者の視点が科学の存立を決定しているということである。クローチェが生の関心と言い、カーが現在と呼んだものが価値理念として捉えられ表現されていると言ってよかろう。生の関心に根ざす現在の思索と反省こそが歴史を成立させるのである。このことは、ヘーゲルの歴史論を考察する場合にも欠くことのできない観点である。

二　ヘーゲルの歴史論

歴史が歴史家の観点に応じて成立するということは、ヘーゲルの歴史論においても確認できる。ヘーゲルもまた歴史を三種類に分類する[10]。それらは、

A. 根源的歴史

B. 反省的歴史

C. 哲学的歴史

と呼ばれる（Geschichtsphilosophie.I.,S.11.）。

第一類の「根源的歴史」（die ursprüngliche Geschichte）とは、歴史家が同時代の事件や行為や状況を観念の作品に作りかえるものである。歴史家は、自分たちが目の辺りにし精神を共有できる行為や事件や時代状況を記述し、外界の事実を精神の国に移しかえる。こうして外面的な事象を内面的な観念に変えるのである。それは、慌ただしく過ぎ去っていくものを繋ぎ止め、不滅の記録とするという意味を持つ。

事実の記録といえば、没主体的な事件の単なる記述のように見えるかもしれない。だが、観念の作品という表現が

示すように、歴史家の自覚的な働きがなければ、この歴史すら成立しない。伝説や民話や民謡にとどまらず、あるがままの事実を記録しようという態度は、自分の状態と自分の目指すところを自覚した民族において初めて生まれる。そうした民族こそが固有の歴史を持とうとするのである。従って、そこで書き記される内容は広範囲には及ばない。生きた現在として自分の回りに存在するものが基本的な素材となる。

それ故、歴史家の文化的教養と記録される事件の文化的教養は同一であり、歴史家の精神と歴史家の語る行動の精神は同一である。この同一性にもとづいて歴史家はためらいなく事象に向かうことができる。彼の記述する内容は、彼が多かれ少なかれともに作り上げたものであり、ともに生きたものに他ならない。その歴史に反省が加わらないのは、歴史家が歴史事象の只中にあってその精神を呼吸しているからである。それ故にこそ、事実をあからさまに事実として語ることができるのである。

このように見るならば、根源的歴史とは、歴史家の主体性が最も顕著に現れた歴史であると言うことができる。歴史家の認識関心のみならず、歴史家の実践的関心すらが歴史の関心であり目的と見なされることもありうる。主体なくして歴史もないということがここにおいてすでに洞察されるのである。

第二類の「反省的歴史」(die reflektierende Geschichte) は、このような同一性、一体性が失われたところに成立する (ibid., S.14.)。それには四種がある。第一のものは、一民族、一国土ないし世界の全体を概観する「通史」(die allgemeine Geschichte) である。ここでは、時間的にも叙述の精神においても、歴史家の意識は現在を抜け出ている。歴史家の精神と過去の時代の精神は違ったものであることが多い。従って、素材の精神とは違う歴史家自身の精神によって素材が裁かれる。歴史家は、厖大な対象を簡潔に記すために要約の手段として思考を動員せねばならない。その時問題となるのは、歴史家が記述の対象とする行動や事件の内容と目的をどう捉え、歴史をどう組み立てるのかということである。主観と客観の間に距離があるだけに主観の振る舞い方が問題となる。

だが、こうした距離の存在にもかかわらず、現在と過去の繋がりを見出そうとする働きが起こる。過去の叙述を生かし、現在に通用するものを過去から引き出そうとするのである。これが「実用的な歴史」（die pragmatische Geschichte）である（ibid.,S.16.）。そこには、事件は様々だがそれを貫く内的な繋がりは一つであるという想定がある。そして、この歴史が活気を帯びたものとなるか否かは、矢張り歴史家の精神によるのである。歴史家の洞察力が力を発揮し歴史に現在が確保されるもう一つの形が、「批判的歴史」（die kritische Geschichte）である（ibid.,S.18.）。それは歴史的事実に向かうのではなく、「歴史の歴史」であろうとする。すなわち、歴史的伝承や歴史的研究が真理か否か、信頼できるか否かの批判的考察と判断を課題とする。だが、それは、その意図に反して、高度な批判の名のもとに事実から遊離した想像力の飛翔を許し、非歴史的な妄想を混入させる可能性がある。主観的な思いつきが歴史的事実に取って代わるのである。

高度な抽象を要しながらしかも歴史的事実の内面に透入することを求めるのが、芸術史、法制史、宗教史などの個別史である。だが、精神活動の各分野は民族の歴史の全体と関係を持つから、そこでは一般的な視点が要求される。そして、それが真に一般的な視点であるならば、外面的な繋がりをなぞるだけでなく、事件や行為の内面にあってそれらを導く魂そのものを表すものでなければならない。それは、理念こそが世界を導くとする「哲学的歴史」（die philosophische Geschichte）に通じている（ibid.,S.19.）。

第三類の哲学的歴史すなわち歴史を哲学的に考察することは、思考によって歴史を捉えることに他ならない。ここでは思考が最も重要な役割を演ずる。しかも、哲学は、理性が世界を支配しており、世界の歴史も理性的に進行するという思想を携えて歴史に向かうのである。歴史にとって理性の思想は未証明の前提たらざるをえないが、哲学にとってはそれは証明済みである。理性は実体であり、無限の力であり、自ら自然的生命と精神的生命を成り立たせる無限の素材であり、この内容を活性化させる無限の形式である。あらゆる現実は理性によって理性の中に存在し存在し続ける。理性は単なる理想像や目標ではなく、活動の素材を自分で自分に提供し、自分を糧とし自分を材料としてそれに手を加える。理性は理性のみを前提とし、目的とする。その活動は理性の内実を外に表すことである。かくて、すべての実在と真理は理性に他ならない。そこには自然的宇宙と精神的宇宙つまり世界史が含まれる。世界とは理性が啓示される場のことである。

従って、人が世界史に向かう目的は、こうした理性の現実性の確認、現実に関する理性的な洞察ないし認識を獲得することである。知識の蒐集は副次的なことであり、必要なことは、世界史のうちに理性が存在しており、知と自覚的な意志の世界は偶然に委ねられるのではなく、明晰な理念の光のうちに展開するという信念を以て臨むことである。そこには、反省的歴史におけるように認識主体と対象の隔絶は前提されず、同一の本性を保持する精神がどの領域にも存することが想定される（Vgl.ibid.,S.22.）。認識主体のうちに理性が宿っているからこそ対象のうちに理性を把握することも可能だということになる。

とはいえ、歴史は捏造されてよいわけではなく、そのありのままを捉えるべく史実を経験に即して追うことを怠るわけにはいかない。この探究の過程では右の要求は過大であるとも思われる。それは前提されるだけではなく、全体を通覧して後に確認されねばならず、また全体を把握して初めて獲得できるものに他ならない。全体を認識している者のみがそれを主張しえ、未だ全体を把握していない者にとっては、それは独断的な教条にすぎない。

しかしながら、史実をそのまま受け入れているだけのように見えても、歴史家の思考は単に受動的であるにはとどまらない。自分の思考の枠組みを通して事実を見ているのである。特に学問的に捉えようとするならば、理性を働かせ思考を傾注せねばならない。そのような態度と見方に対してこそ、世界のうちなる理性は見えてくる。「世界を理性的に見る者を世界も理性的に見る」とヘーゲルは言う（ibid.,S.23.）。そして、理性の存在への確信は高められる。そこには循環があるが、それは不可避的かつ生産的であり、二つの事柄は互いに作用を及ぼし合う。

だが、このことを認めるにしても、歴史的過程の中にある有限者にとって、理性の思想は逆説を含む。ヨーロッパにおいては、理性の世界支配という思想はアナクサゴラスに淵源し、キリスト教において具体性を獲得する。それはヘーゲルにおいて神とも精神とも理念とも言い換えられる。「理性が世界を支配している」（ibid.,S.27.）。その支配の内容、その計画の遂行が世界史である。それが目指す目的は、「精神が自己の自由を意識すること」であり、「自由の原理によって世界の状態を形成し貫徹すること」である（ibid.,S.32.）。自由の発展の過程として世界史を見る歴史観がここに成立する。それは、近代の自由主義思想に基づく近代的な歴史観であると言うことができる。

だが、精神はその達成のために無限の力を行使する。無限の力とは有限な主体が意図して遂行することを超えて歴史を推進するということである。それは個人を犠牲にすることすら厭わない。諸個人が情熱によって行動することを許しながら、彼らの意図しなかった事柄のための道具、手段とする。「理性の詭計」がそこにある（ibid.,S.49.）。有限な諸個人から見れば、自らが情熱を賭けて為したことが達成されず、違ったことが実現されたという思いが生まれる。歴史は不条理であり逆説と見えるのである。

自由への道はこのような屈折をはらんでいる。それによって真の自由は達成されるのである。それは「国家」の建設によって完成する。そこにおいて、有限な個人は理性を自己の実体として自覚し存在しうることになる。「実体的なものが人間の現実的行為と人間の心性の中で認められ、現存し、自己自身を保存すること、これが国家の目的である。かかる人倫的全体が現存することが理性の絶対的な関心である」（ibid.,S.56.）。従って、世界史において問題となるのは、「国家を建設する民族のみである」（ibid.）。

ここには、哲学的歴史の持つ三つの観点が認められる。「絶対的な究極目的としての自由の理念」、「手段としての主観的な知と意欲」、「自由の実在性としての国家」がそれである（ibid.,S.30, 68.）。こうした内容的視点から見る時に「世界が途方もなく愚劣な生起であるかのような仮象は消滅し」、世界は神的理念の純粋な光に輝く。貶められていた現実は正当化（rechtfertigen）される。だが、問わねばならないのは、まさに歴史の渦中にあって無限の力に翻弄されているかに見える諸個人にとって、かかる正当化は如何にして可能かということである。反省的歴史とは違って、ここでは「反省の道」（der Weg der Reflexion）は閉ざされる。

「われわれはそもそも始めからあの特殊なものの像から普遍的なものに高まろうとする反省の道を拒否して来た。いずれにせよ、実際にこの感情を超越し、かの考察において課せられている摂理の謎を解くことは、矢張りあの感情に満ちた反省自身の関心ではない。むしろあの否定的な結果の空しい実りなき悲壮さを痛ましげに甘受することがそうした反省の本質なのである」(ibid.,S.35.)。

反省はただ歴史の悲惨な現実を前にして、「常にそうであったしそうであることが宿命であって何も変えることはできない」という宿命論に陥る他はない(ibid.)。歴史とは「民族の幸福や国家の英知や諸個人の徳が犠牲となる屠殺台」に他ならないと見える(ibid.)。とはいえ、そうした悲劇的な体験の中で「次の問いが思考に対して生起せざるをえない。一体誰に如何なる究極目的にそうした途方もない犠牲は捧げられているのか」(ibid.)。人間は歴史の不条理を思考によって正当化しようとする。それは伝統的な弁神論の要求に通じる。「われわれの考察は(……)弁神論に他ならない」とヘーゲルは言う(ibid.,S.28.)。そして、こうした弁神論的要求にとってこそ、神的理念は意味を得るのである。これは悲劇的世界を前にしての逆説的な要請として理解することができる。理性の理念は、歴史の渦中からこのような要請として定立されるのである。神の世界支配という哲学的歴史観の根拠はここに存する。

従って、哲学的歴史観は、常に正義を求める人間主体に根ざして生まれる。主体は過去を背負い未来に差し向けられている。それは単に知の主体であるだけでなく、未来に向けて実践する主体である。正義を実現しようとする価値的主体でもある。そうした主体にとって、知は単に悲劇的現実を諦観するだけでなく、行為を導く指針を提供するものでなければならない。

「行為者は活動しつつ有限な諸目的や特殊な利害関心を有するが、彼はまた知りかつ思考するものでもある。それら諸目的の内容は、権利や善や義務等といった普遍的で本質的な諸規定と織り合わさっている。かかる普遍的な諸規定は、同時に諸目的と行為の方向線である。（……）人は行為しようと思うならば善を意志するだけでなく、あれこれのことが善であるか否かも知らなければならない」（ibid.,S.44.）。

人々が安穏な国家生活を営んでいる時には、「いかなる内容が善であり善でないか、正当であり正当でないか、は国家や法や慣習において与えられる」（ibid.）。それが通常の個人生活を導く。

だが、歴史には「現存の、承認されている義務、掟、権利としての体系」が毀損され、その基礎と現実が破壊され、大きな衝突が生じる危機がある。既存のものに対して、善、有利なもの、本質的で必然的と見える諸可能性が対立する。それは、歴史の転換者、転轍手たる世界史的個人（das welthistorische Individuum）すなわち英雄（Heros）の登場が期待される時代に他ならない。

彼らは「安定し秩序づけられ現存の体系によって聖化されている事柄の秩序から目的と使命を汲み取る」だけでなく、「その内容が隠れていて現存の定在となりえていない源泉から汲み取る」（ibid.,S.45f.）。それこそが「世界精神の意志である実体的なものを含んでいる」のである。世界の隠れた動向を察知しそれを現実化するところに、世界史的個人の洞察と創造的活動がある。彼はすぐれて「実践的政治的人間」として「何が必要であり、何が時に適っているか」を洞察する。「世界の必然的な次の段階を知り、これを自己の目的とし、その力をこの目的に注ぐ」のである（ibid.）。その目標は、新たな国家（Staat）の形成に他ならない。だが、「或る民族が真なるものとみなすものの定義を与える場」は宗教（Religion）に他ならない（ibid.,S.70.）。従って、世界史的個人はまた宗教の創設者でもなければならない。さらには、哲学と芸術（Kunst）も彼の洞察に参画しなければならない。こうして、哲学は世界史的個人とともに歴史的変革の現場に臨むこととなる。

哲学は世界史的個人の実践的営為と深く結びつくことが分かる。哲学的歴史観は合理的なものを達成せんとする実践的関心とともに成立する。この意味で、「世界を理性的に見る者を世界もまた理性的に見る」という言葉が理解される。実践的合理性を追求する者に対して、世界は合理的なものという評価と位置づけを与えるのである。

とはいえ、理性的なものの一般的な追求は課題として明らかであるとしても、何を理性的としまたしないかは個別的判断に委ねられる。それは世界史的個人の洞察にのみよることであり、その洞察の内容は実践的行為において示される他はない。従って、ただ彼の為しえたこと、すなわち結果のみが洞察の正しさを証することができる。ここではプラグマティズムの真理基準が適用される。従って、世界史的個人はおのれの信念に基づいて前進し、その結果を確認する以外にはない。自己の意図の実現のために諸々の価値観との熾烈な闘争も辞することはできない。

「世界史的個人は、あれこれのことを欲し多くの観点を採用してみる冷静さを持たない。それは何の顧慮もなく一つの目的に仕える。従って、次のような事態も生じうる。他の偉大な、それどころか聖なる諸々の関心事を軽率に扱うため、その挙動は明らかに道徳的非難に曝される。だが、彼ら偉大な人物は多くの罪なき花を踏みしだき、多くのものを自分の道中で破壊せねばならない」(ibid.,S.49.)。

三　歴史的思考

この事情はマックス・ウェーバーが「神々の闘争」と呼んだものに酷似している。ウェーバーは次のように言う。

「認識の樹によって育まれて来た一文化期の宿命は、世界生起の研究の成果がどれほど完成されたところで、われわれはそれから世界生起の意味を読み取ることはできず、却って意味そのものを創造しえなければならないこと、また〈世界観〉は決して進歩して行く経験的知識の産物ではありえないこと、従ってまたわれわれを最も力強く動かす最高理想はいつの世でも他の理想との闘争においてのみ実現されるのであり、しかもこれらの他の

> 理想が他人にとって神聖なのはわれわれの理想がわれわれにとってそうなのと同じなのだということを知らねばならないということである」(Objektivität,S.154.)。

諸々の価値観が対立・抗争する中での歴史的認識のあり方をウェーバーは追求しているのである。そして、それ自体価値関係的であらざるをえない文化科学は不断の流動のうちにあり、相対化に曝されているということになる。

それはまず、経験的現実の一部分の認識にその都度限局される。「経験的現実は、われわれがそれを価値理念に関係させるが故に、またそのかぎりでわれわれにとって〈文化〉なのであり、文化は価値への関係によりわれわれにとって有意義となるような現実の部分のみを包容する」(ibid.S.175.)。価値理念に制約されたわれわれの関心によって現実のわずかの部分が色づけを与えられ意義を獲得する。そして、その意義によって、その部分のみが知るに値するものとなるのである(ibid.)。しかも、探究の方向そのものが価値理念によって規定される。文化科学は個々の現象の連関と文化意義とを今日の姿において理解するばかりでなく、その歴史的根拠、こうなって他とならなかった存在の根拠を理解しようとする(ibid.S.170f.)。だが、この因果連関のすべてを遡及することは事実上不可能であり、無意味である。「われわれは一つの事件において本質的な部分を帰属させるべき原因だけを掴み出すのである」(ibid.S.178.)。

さらには、意義ある部分を選び出す標識そのものも変転する。「測定しがたい生起の流れは永遠に向かって限りなく流転する。人間を動かす文化問題は常に新たな異なる色彩で構成される。従って、常に同様に無限な個性的なものの流れの中でわれわれに対して意味と意義を獲得するもの、すなわち〈歴史的個体〉となるものの範囲もまたいつになっても流動的である。歴史的個体を考察し科学的に把握する思想連関が変転するのである」(ibid.S.184.)。このことは、人間の価値観は絶えず発展し創造されつつあるということを意味する。そして、そこにこそ文化科学の発展の根源はあるのである。

このような文化科学は、その都度の価値理念に基づいて対象の意義を捉えようとする時、その意義を最も鮮明な形で浮かび上がらせなければならない。そのために用いられるのが「理念型」（Idealtypus）を構成するという方法である。それは、価値理念に応じて意義あるとされた文化の一様相を現実から抽出して統一的な理想像にまとめあげたものである。それを構成する諸要素は必ずしも現実のうちでまとまって存在するわけではない。分散した個々の現象を統一し、一つの思想像に結晶させることが必要である。このようにして多様な形態と側面を持つ諸対象の本質を捉える概念装置が得られる。それは、思想の高昇によって獲得されるのであるから、純粋な形では存在せず、ユートピアの性格を帯びる。とはいえ、「実在を測定し、比較し、それによって経験的内容の一定の意義ある部分を明確にする」ことに寄与するのである（ibid.,S.194.）。

だが、かかる理念型も、価値によって規定されているかぎり、それ自体可変的である。「現象をわれわれにとって意義あるものとして考察しうる種々の観点があるように、或る一定の文化の理念型に取り上げるべき諸連関の選択にあたって、極めて多様な原理が使用されうる」（ibid.,S.192.）。それ故、理念型を構成する際には、その暫定的性格と相対的性格が自覚されていなければならない。それによって文化科学は永遠の若さを持つ科学となる（ibid.,S.206.）。「永遠に進み行く文化の流れが不断に新しい問題提起を供給し」、不断に観点の動揺を誘発するからである。

「歴史学が不断に使用する総合は、単に相対的に規定された概念にとどまるか、それとも概念内容の明確さを是非とも獲ようとすれば、その概念は抽象的な理念型となり、従ってまた理論的な、すなわち〈一面的な〉観点であることが明白となって来る。実在はこの観点の下に吟味され、これに関わらされるが、しかしこの観点は実在を余すところなく組み入れるような図式であるには勿論不適当である」（ibid.,S.206f.）。

それ故、「概念の間断なき変形過程」が正当なものとして承認され、古い「思想装置」にとって代わろうとする新たな観点の抗争が認められなければならない。科学的研究の進歩はこの闘争のうちにこそある（ibid.,S.207.）。勿論、理念型は現実を理解し解釈するための理論的概念であって、評価的価値判断や実践的「理念」とは本来関わりを持たず、関わりを持つべきではない。だが、両者を完全に分離することも困難であり、また両者が混和されることのあることを否定することはできない。或る時代の人々が信奉する「理念」は、その時代を支配し形成する「原理」であり、同時にそれがその時代ないし世界を理解するための範型を与える。

「実践的または理論的思想傾向の意味における〈理念〉と概念的補助手段としてわれわれが構成した或る時代の理念型の意味における〈理念〉との間には、通常一定の関係がある。一定の社会状態の理念型は或る時代の性格を表す一定の社会現象から抽出されるのだが、それは当時の人々自身には、実際に追求されるべき理想、または少なくとも一定の社会関係を規制する原則だと考えられていたかもしれない――むしろこの場合が非常に多い」(ibid.,S.196.)。

実践的に追求すべき当為が認識に関与し、その内容と方向を規定する。認識は実践に向けて開かれており、これに接合する。認識の課題は実践の側から与えられ、実践は未来への投企であるから、現在と過去は未来から照射されると言わねばならない。

そして、そうした認識を備えるべきものこそは、ヘーゲルの「世界史的個人」である。世界史的個人はおのれの信ずる理念を実現せんとする行動主体であり、彼にとって世界とは彼の行跡と同一である。彼は世界をおのれの意図ないし理念の現実態として認識する。実践的理念こそは世界の了解形式なのである。

従って、ここでは主観と客観の対立を前提し、認識から独立の実在を想定することは無意味となる。それを想定するにせよ、それは無性格で未規定な存在と言わねばならない。それは主体をまって、また主体によって初めて何かであるとして存在を獲得するのである。実在それ自身は半端な存在にすぎず、主体との相関において一つの歴史的世界をなす。そして、それが主体自身の現実的世界、主体の現存の境位となる。主体は認識によって歴史的事象を措定した時、それをおのれの世界として引き受けねばならない。主体はまさにそれを発展させる課題を持つ。こうして、文化科学の開示する世界は主体の態度決定に繋がっており、或る態度決定をなした者のみが特定の事象を自己自身の世界の契機として引き受けることができるのである。

従って、歴史的事象は現在ないし未来の手に委ねられている。メルロ＝ポンティが「後から来る者の手を借りなければ完全に存在するに至らず、この意味で未来に懸かっているということが歴史の定義をなしている」[11]と言う所以である。ここからウェーバーの言うところも理解される。

「一切の文化科学の超越論的前提は、われわれが一定の、もしくは一般にいずれか或る〈文化〉を価値ありと認めることではなく、われわれが意識的に世界に対して態度をとり、これに意味を与える能力を備えた文化人であるということである。右の意味がどのようなものであろうとも、それによってわれわれは人生において人間の共存の一定の現象をこの意味から評価し、意義あるものとしてこの現象に積極的なまたは消極的な態度をとるようになるのである」（Objektivität.,S.180.）。

こうして、ヘーゲルの世界史的個人は過去を負い未来に向かう主体、未来を投企しつつ過去を捉え返そうとする行為的認識主体である。そこで時の三次元が出会い統一される。それは過去、現在、未来を統一する者であり、過去と未来を現在のうちに統合する者として全体である。現在もまた単に過ぎ行く一瞬間ではなく、過去を宿し未来をはらむ全体的時間である。その全体性によって、それは永遠の今となる。まさしくこの永遠の今にあるとの確信によって、世界史的個人は妥協なき行為を遂行することができる。理性の支配への確信と自己の洞察と行為の整合性の意識もこの構造によって支えられる。歴史に対する超越的構成的仮定と思われがちな理性の思想が歴史に内在的な立場から生まれる様が発生的に明らかにされたと言えよう。

四　哲学の現在性

世界史的個人は随所で非妥協的な闘争を演じながら、その意識は一貫した同一的世界のうちにある。彼の使命感はそのまま世界が成り行くあり方を映している。世界が成ろうとするものを彼は実現せんとする。知が行為に指針を与え、行為は知の正しさを確証する。ヘーゲルが『論理の学』[12]の「絶対理念」の究極点で説いたものも、このような知と行為の一致する場面であった。理念が絶対的であるということは、それがあらゆる対立を止揚し、同一性を確立しているということである。世界はこの同一性に貫かれたものでなければならない。従って、知といっても疎遠な対象を知ることではなく、知と対象の同一性を基底として同じものが同じものを知ることに他ならない。行為といっても、現実と対立する当為を追求するのではなく、現に成りつつあるものを成就させるのである。あるものをあらしめる自然法爾に似たものがそこには認められる。

ヘーゲルの絶対理念とはこうした知と行為の働く場である。そこにヘーゲルは概念の最高の意味を認めた。そして、その認識を哲学の究極的な課題としたのである。しかし、そこには哲学の対象と主体の違いもなく、知の自己知があるのみである。そうした主体でもあり対象でもある知をヘーゲルは絶対的真理とし、「人格」（Persönlichkeit）と呼んだ（W.d.L.II.,S.236.）。

ここには、絶対的理念を語りながらそこに人間の位置を確認しようとするヘーゲルの意図が認められる。それは超越的な絶対者の境涯というわけではない。ヘーゲルが内在の見地を保持していることは次の記述からも読みとれる。

「さて、理念は、客観の中で概念が落ち込んでいる直接性からその主観性へと解放された概念として示された。この概念はその客観性から区別されてはいるが、客観性の方は等しく概念によって規定されており、その実体性を概念の中にのみ持っている。かかる同一性は、従って、正当にも主観＝客観として規定された。よってそれは形式的または主観的な概念でもあり、客観そのものでもあるのである」(ibid.,S.176.)。

概念が形式的主観的なものとして客観に対立しながら、しかも客観との同一性を保持しているというダイナミックな構造が洞察される。無限なものに包摂された有限なものへの視点があるのである。

とはいえ、ウェーバーは、ヘーゲルの同一性の思想に同意することには躊躇するであろう。理念型の機能にはそれの相対性を自覚することが含まれている。それは現実の連関の特性を明瞭にし理解しやすくするという機能を果たす。但し、それは、その理念型に合致する連関が現実の中に見出されるかぎりにおいてである。そうした連関がまったく見出されない場合、それは現実の非理念型的な部分をその特性と歴史的意義において更に鋭く把握する方向に道を譲らねばならない。それは自己否定的に新たな探究の道を拓く。それは現実との比較・照合を通して暫定的・相対的な性格を自覚せねばならない。それは完結した閉鎖的世界をなすものではありえない。経験に対して開かれているということがその特性である。理念型を経験的なものに対比する方法を理念型から削除するわけにはいかない(Objektivität.,S.212.)。

このことは、ウェーバーにおいて前提されている価値理念の相対性に由来する。多数の価値理念のもとで多数の世界光景が現出する可能性が予め認められている。従って、把握される歴史的世界の全体はその都度相対的な全体、部分的な全体にすぎない。ウェーバーにおいては、全体の概念そのものが相対的となっている。ヘーゲルはこうした帰結に対してどう答えるであろうか。

一般的に言って、ヘーゲルが相対論に対して対置するのは弁証法である。ウェーバーが理念型と経験的現実の対比を不可欠とし、理念型の妥当性の検証を通して研究の方向を見出そうとすることにも弁証法的な態度があるとは言える。だが、ウェーバーは探究を無限の進行としなければならなかった。これに対して、ヘーゲルは諸々の対立・抗争を直視しつつも、これを止揚しようとする。ウェーバーが無限進行に陥ったのは、現実を汲み尽くしえない混沌と見、それに部分的な光を投じることを科学的認識と考えたからである。ヘーゲルは如何にしてこの体制から脱却することができたのであろうか。

ヘーゲルは相対的なものの差異を単に差異として放置することはしない。それを対立、矛盾として捉え、そこに不可分の連関を見て行く。それが弁証法的な思考様式である。すべてのものは対立的緊張のうちにあり、自己崩壊の危機に曝されている。だが、そのために却って他のものなしに自己はないという相互依存性を示す。ここに対立しあうものの調和的結合を見るヘラクレイトス主義が生まれる。それを踏まえて対立しあうもの相互の反照性と統一を認識するのが、「思弁」（Spekulation）である。

これによって、相異なるものは、限りなく拡散するのではなく、一つの連関のうちに置かれ、統括されて有機的構成を持った全体を成すこととなる。真の意味で全体の概念が成立するのはこのようにしてである。それは、真の無限、絶対的なものの概念に通じている。

ヘーゲルの厳密な規定によれば、弁証法（Dialektik）とは、一つの規定がその限界を超出して他の規定へと移行することである。それは限定された視点に囚われている者がおのれの限界を自覚し、これを超えることを求める。自己と異なり自己に対立するものを包摂しうる見地に立つのである。自己の世界を全体と考え絶対化していた視点を相対化する否定的な自己関係が成立しなければならない。それはより広い視野から自己の限定を省みることに他ならない。そうすることによって相対的なものは全体の契機として捉え返され、それ固有の位置を指定されるのである。

ヘーゲルの哲学的歴史とはこのような否定的な自己関係によって成立する。それは一面的な観点の自己絶対化によって閉鎖的な体系を構築することではない。歴史の不条理に対する弁神論（Theodizee）的な要求をここに重ねるならば、不条理なものの「なぜ」を問い、それをより普遍的な視野において理由づけることに他ならない。それは歴史を不条理と思わせている視点を脱し、新たな意味連関を見出すことである。おのれを拘束している境位を突破することによって新たな地平を開くのである。それが歴史のうちに理性を見る方途なのであった。世界史的個人の担うべき課題もそこにあった。彼は世界を単に解釈的に合理化するのではなく、過去の矛盾・対立の中に一の動向を見出し、これを促進しようとする。彼の同一的世界は対立を含んでのそれなのである。

世界史を自由の発展史と見る見方も同じ事情においてであると言えよう。東洋におけるただ一人の者の自由と他の者の隷従、ギリシア・ローマ世界における自由市民と奴隷との対立はゲルマン世界における万人の自由の達成へと方向を指示していたと見なされる。従って、近代人は自由の獲得を実践的目標とすべきである。それが成就した時に、世界史は真の意味で正当化されることになる。

ここで『差異論文』(13)を参照するならば、有限なものの否定的自己関係と自己措定こそは無限なもの、絶対者に関係する方途である。絶対者は自己否定の目指す目標であり、一切の光線が収斂する焦点である。逆に、有限なものはそこからの放射物として把握される（Diff.S.28）。それによって、歴史の各々の時点は永遠の絶対者に繫がれる。それらは不断に移行し流出しながら、永遠の今であることができる。そして、そのような時間観念によって、一なる理性が歴史を貫いているという思想が成立する。そこで、ヘーゲルは理性はいかなる時代にも同一のものを産出して来たと言うのである。

哲学的歴史が歴史を神意の発現と見、摂理を見るのも同様の構造においてである。それは歴史のうちにある者が水平的連関を超えて垂直的連関のうちに立つことを意味する。そこでは、過去も現在も未来も永遠の今のもとに立つ。カーに倣って、主体的な歴史が未来性を不可欠の契機となし、未来から光を当てていると言う場合、その未来性もこのような時間構造のうちにある。永遠の今に繫がる過去と未来の接点として現在はある。自己否定的に神に通じることが未来を先取し、過去を省み、そこに同一のものを認めることになる。歴史上の各時点はこのような意味でその都度現在である。

さて、このような時間性が哲学的歴史の時間性であるとするならば、哲学的歴史は何時如何なる時にも成立しうる歴史であることになろう。またそれは世界史的個人の洞察に通じ、しかも本来哲学が遂行すべき歴史であることによって、哲学と歴史的主体はここで一致する。ヘーゲルは「ミネルヴァの梟は黄昏に飛び立つ」と述べて哲学が終末に現われるかのような印象を与えた。だが、一時代の終末に立つということは、過去を総括し未来を指示することに他ならない。それは、退嬰的に過去を諦観することではない。右のような時間性のうちに立つことである。

このように見れば、哲学は内在の見地を失うことなく永遠を語りうるものとなる。絶対者を意識において構成することが哲学の課題であるとされたが、その解決をここに見ることができる。哲学は、知の探究として本来無知なる者の営為である。だが、その探究は果てしなく進み行くことではなく、右の時間構造の中に立つことによって閉じた円環をなす。それは、永遠の今を眼差しつつ、常に現在にある。この意味で、哲学は現在である。そこに哲学の生きたあり方がある。

従って、ヘーゲルの哲学は過去の遺物か、現代にアクチュアリティーを持つのかという問いは本来意味をなさない。ヘーゲルにおいて、哲学は現在のうちに成立し、現在を離れては存在しないからである。それは、ヘーゲルを過去のものと見ようとする眼を不断に現在に差し返す。現代において真に主体的に哲学することを求める。そのような指導力を持つことによって、ヘーゲルの哲学は真の哲学と言える。現代において思索しようとする者の伴侶となりうる所以である。ヘーゲルの一見思弁的形而上学的な歴史論は、哲学の持つべき時間性を明らかにし、それの境位が現在であることを教えているのである。

注

（1） G.W.F.Hegel, *Grundlinien der Philosophie des Rechts, oder Naturrecht und Staatswissenschaft im Grundrisse*, 1821, in: *Werke in zwanzig Bänden*, 7, Frankfurt a. M.,1970. Abk.: Rechts.

（2） G.W.F.Hegel, *Die Phänomenologie des Geistes*, 1807, in: GW.,9., Hamburg, 1980. Abk.: Phä.d.G.

（3） F.Nietzsche, *Vom Nutzen und Nachteil der Historie für das Leben*, in: *Unzeitgemäße Betrachtungen*, in: Nietzsche KSA I., Berlin/New York, 1988. Abk.: Nutzen.

（4） B.Croce, *Theorie und Geschichte der Historiographie und Betrachtungen zur Philosophie der Politik*, in: *Benedetto Croce, Gesammelte Philosophische Schriften*, I, 4.,Tübingen, 1930, S.4. Abk.: Theorie.

（5） R.G.Collingwood, *The Idea of History*, Oxford, 1946. Abk.: Idea.

（6） E.H.Carr, *What is History?* London, 1961. Abk.: Carr.

（7） W.Windelband, *Geschichte und Naturphilosophie*, 1894, in: *Präludien*, 2, Tübingen, 1921. Abk.: Präludien.

（8） H.Rickert, *Kulturwissenschaft und Naturwissenschaft*, Tübingen, 1915. Abk.: Kulturwissenschaft.

（9） G.W.F.Hegel, *Vorlesungen über die Philosophie der Geschichte*, in: *Werke in zwanzig Bänden*, 12, Frankfurt a.M., 1970. Abk.: Geschichtsphilosophie.

（10） M.Weber, *Die "Objektivität" sozialwissenschftlicher und sozialpolitischer Erkenntnis*, in: *Gesammelte Aufsätze zur Wissenschaftslehre*, J.G.B.Mohr, 1988. Abk.: Objektivität.

（11） M.Merleau-Ponty, *Les aventures de la dialectique*, Paris, 1955, p.19.

（12） G.W.F.Hegel, *Wissenschaft der Logik*, II, 1816, in: GW.,12., Hamburg, 1981. Abk.: W.d.L.II.

（13） G.W.F.Hegel, *Differenz des Fichte'schen und Schelling'schen Systems der Philosophie in Beziehung auf Reinhold's Beyträge zur leichtern Übersicht des Zustands der Philosophie zu Anfang des neunzehnten Jahrhunderts, 1stes Heft*, Jena, 1801, in: GW.4., Hamburg, 1968. Abk.: Dif.

第三章　ヘーゲル哲学と現代

序

ヘーゲル哲学とは何か、現代におけるその意義はどこにあるのか、という問いに接することがある。そうした問いに答えるには、問いかつ答える者が生存している現代とは何か、そして意義を問う視点はどこにあるのか、を考えておかねばならない。意義とは、現代の「われわれ」と「ヘーゲル哲学」の関係を表す言葉であり、現代の如何なる観点と関心からヘーゲル哲学を捉えようとしているのかを糺す言葉に他ならない。問うことによってヘーゲル哲学に光を当て、その反射によって現代が照らし出されることになる。

このことはあらゆる歴史的考察に共通の事情であると言えよう。結論がどのようなものになるにせよ、われわれは対象との関係において自己を反省し、われわれとの関係において対象を現出させるのである。両者の交流ないし相互反照がそこに成立する。(1) ヘーゲル哲学と現代はこの反照関係の項となる。両者は、当面、時間的、空間的に隔たっている。そこには文化的な差異もある。だが、この差異を超えて関係を生み出そうとするのである。関係を持つということは隔たりを超えるということであるとすれば、それは差異を超えた同一性の追求となる。そして、この同一的なものから差異を捉え、それを一定の連関のうちに置こうとするのである。もとより、両者が余りにも異質であって何の共通性もないように見えることがあるかもしれない。だが、差異のみが見えるにせよ、両者の差異を顕在化させる一定の視点がそこに立ち会っていなければならない。この「比較の第三者」によって両者は関係させられるのである。だが、このように考えることは、すでにヘーゲルの絶対者論の圏内にあることを意味する。ヘーゲルの絶対者とは、多様な差異をうちに含む同一性である。ヘーゲルはこうした観点から、歴史を貫く一なる「理性」（Vernunft）という思想を手に入れた(2)。諸々の文化的現象はまさにこの理性の現象に他ならず、哲学思想もまたそうである。理性によって生み出されたものとして、諸々の哲学は本質において同一であることになる。すべての哲学は同一の課題と取り組み、同一の解決を与えてきた、とヘーゲルは言う（Dif.S.10.）。

哲学とは絶対的なものの探究であるとすれば(3)、それはこのような関係構造を把握することに他ならない。絶対的なものとは、有限なものに対する抽象的な無限者ではなく、有限なものをうちに含む無限者であり、差異を貫く同一性に他ならないからである。哲学とは、このような見方において諸現象と関わることであり、諸現象と関わることにおいて絶対者を現出させることである。それは、異なったものを同一なものとして捉え、あらゆる哲学は同一であるという認識を獲得することに他ならない。

それは、究極的には「永遠の哲学」（philosophia perennis）を追求することに通じる。もとより、永遠に同一の哲学が何であるかを言うことは困難である。ヒルシュベルガーの言うように、歴史ないし哲学史的認識に関して対象を無前提的、客観的に捉えるということは不可能である。人は自己の置かれている時代的制約を超えることはできない。にもかかわらず、それは理念として保持される。過去と現在の同一性が理念として研究を導き、また追求される。哲学史（研究）とは、他の見解を知ることによって個人的時間的制約から抜け出し、永遠のもとに立とうとすることに他ならない。「歴史によってわれわれは歴史から解放されるのである(4)」。

すべての哲学が一致すると言えるのは、こうした探究が哲学的営為の核心であり、それが共有されるかぎりにおいてである。そして、絶対者が探究されるかぎり、それは共有される。個々の哲学者は様々な個人的時間的な制約の中

にありながら、それを条件としつつ、絶対者を構成し提示しようとするわけである。(5)

ヘーゲルの歴史主義は批判を被りがちだが、それは歴史的研究のこうした特性をよく洞察することを踏まえている。それは、過去を、劣ったもの、完成のための助走と見なすラインホルトの進歩主義や歴史を無視するフィヒテの独断主義とは異なる(6)(Dif.S.11.)。そして、それが歴史研究の偏りのないあり方を示しているとすれば、現代とヘーゲル哲学の関係を問う者もまたヘーゲルの思索圏のうちにあるのである。ヘーゲル哲学に現代的意義はあるか、という問いに対しては、この問いそのものがすでにヘーゲルが生み出した歴史観の中にある、と答えることができる。或いは、ヘーゲルがすでに現在に臨んでおり、その歴史意識は現在を包摂する広がりを有しているのである。

これは、問いの困難さに対して安易すぎる答え方のように聞こえるかもしれない。だが、このような包括性と普遍性こそはわれわれの問うべきものの一つであろう。ヘーゲルがこうした普遍的な視野を獲得しえたのはどのようにしてか。彼は如何なる時代状況において如何なる経緯で哲学の道に進んだのか。われわれは如何なる境位にあり、如何に哲学するべきか。その差異を確認しながら、ヘーゲルとの対話の可能性を追求するべきである。それは、ヘーゲルを現代の思索の導き手となしうるか否かと問うことに他ならない。それ故、まずは、ヘーゲルが哲学の課題を掴み取った時代について、彼がどのような認識を持っていたかを見ることが必要である。

一　ヘーゲルの時代意識

ヘーゲルは彼の時代と哲学的思索の関係について極めて敏感であった。彼がどのような時代にあったかは、彼の時代意識に映し出されている。それを端的に示しているものは、『精神の現象学』序文における「実体喪失」(Substanzlosigkeit) という言葉であろう。それは実体的生に充たされた古代、中世に対して近代を特徴づける言葉である。(7) 神的なものを頂く共同体の結束が破れ、個々人が拠り所を失って孤立したアトムとして無秩序な世界に投げ出されている様をそれは表している。[8] 政治、社会、経済構造のこの変動と並行して起こったものが、「没実体的反省」（die substanzlose Reflexion in sich selbst）に立脚する近代哲学であった（Phä.d.G.,S.12.）。デカルトの自我の発見に始まる諸思想を、ヘーゲルは「反省哲学」（Reflexionsphilosophie）の名で呼んだ。[9] それは、デカルトの物心二元論を始めとしてあらゆる物事を対立的分裂的に捉えようとするものであり、近代の一切の政治的、社会的、文化的な変革を規定したのである。宗教改革の精神もそこにあった。

パスカルがデカルトを評して言ったように、[10] そこには無神論の萌しが認められる。「私はデカルトを許すことができない。彼はその全哲学の中で、できれば神なしに済ませたいと思った。だが、彼は世界に運動を与えるために、神に最初の一弾きをさせないわけにはいかなかった。それが済めば、もはや彼は神を必要としない。無用にして不確実なデカルト」（Pensées.,Fr.77f.）。少なくとも神は人間の前から姿を消し、「隠れたる神」（Deus absconditus）[11] となった。パスカルは神なき世界の永遠の沈黙に恐怖を覚えた。「この無限の空間の永遠の沈黙は私に恐怖を起こさせる」（ibid.,Fr.206.）。「この空間は私を知りもせず、また私の知りもしないものである」（ibid.,Fr.205.）。それは、デカルトによる確実な知の追求とは裏腹に、近代人が存在に不安を抱いていることを示すものであった。

ヘーゲルは、パスカルの言葉とともに、近代の宗教の根底に「神は死んだ」（Gott ist tot.）という感情のあることを指摘している（GuW.,S.414.）。パスカルは、「自然は人間の内においても外においても至るところで失われた神（un Dieu perdu）を告知している」（Pensées.,Fr.441.）と語ったのである。

それにもかかわらず、近代哲学は反省文化（Reflexionskultur）の大道を歩む。それは、積極的に言えば、自己にのみ立脚しようとする近代的人間の自立と自負の表明であり、自己の世界を構築しようとする意欲の現れである。それが市民革命の理論としての「啓蒙主義」（Aufklärung）に繋がることは言うまでもない。しかし、フランス革命末期の恐怖政治に見られるように、人間の絶対的自由の追求は、人間自身を制御不可能なものとすることが明らかとなった（Phä.d.G.,S.316ff.）。ハイデガーの言う「近代人の蜂起」[12] は大きな挫折に遭遇する。それは、ホルクハイマーらによって「支配の原理の弁証法的反転」、「啓蒙の弁証法」として反省される問題に通じている。[13] 人間は自立性を維持することができず、却ってそれを放棄し、新たな拠り所を求めねばならなくなる。

ヘーゲルは、そうした混乱した時代状況を「分裂の時代」と呼んだ。そして、この分裂を超えることを哲学の課題としたのである。分裂の内に哲学の端緒はあり、「分裂こそは哲学の要求の源泉に他ならない」（Dif.S.12.）。引き裂かれた諸断片が有限なものであるとすれば、哲学はこれら有限なものを超える無限なものの追求であり、相対的なものを超える絶対的なものの探究に他ならない。ディオゲネス・ラエルティウスが「ピュタゴラスは自分を哲学者と呼んだ。なぜなら、人間は知者ではない、ただ神のみがそうだからである」と記したように、[14] 愛知（ピロソピア）としての哲学は、神と人間との断絶を前提し、人間は本来無知なるが故に知者（ソポス）たらんと努めるのだという哲学の原義からすれば、ヘーゲルの態度はまさしく哲学的であった。そして、この意味で自分を哲学者と名乗ったのは、ソクラテスであった。ヘーゲルが、『差異論文』において、哲学の課題は「絶対者を意識に対して構成すること」であるとするのは、この伝統に適っている（Dif.S.16.）。

それは、分裂によって生きた連関を見失った近代人が生（Leben）を回復しようとする努力である。[15]「哲学の課題は、存在を非存在へ、生成として、分裂を絶対者のうちに――その現象として、有限なものを無限なもののうちに――生として措定することである」（ibid.）。そして、分裂によって引き裂かれた全体は、「最高の分裂からの回復を通してのみ最も生き生きした形で可能となる」（ibid.,S.13）、とヘーゲルは言う。キリスト教に依拠した初期以来の生の思想が、[16] この問題と繋がりを持つ。それによって、ヘーゲルは近代を超克しようとするのである。

このように見るならば、『精神の現象学』において「不幸な意識」（das unglückliche Bewußtsein）が「精神の生誕の中心地」として意味づけられていたことが納得される（Phä.d.G.,S.403.）。まさしくパスカルが「神なき人間の悲惨」を捉えたように、分裂の只中で絶対的なものを見失った近代人による神の探究として不幸な意識を捉えることが可能である。そして、それは、究極のところ、自己意識に傲る近代人が見かけの自立を放棄するのでなければ達成されないことになっている。『差異論文』の言葉を引けば、「死の跳躍」（saltus mortalis）が必要とされるわけである。近代人における死の意味が問われることになる（Dif.,S.76.）。

二　現代における死と生

このようにして、ヘーゲルは、近代における神、絶対者の喪失という問題と取り組んだのである。そして、絶対者の探究はなお可能とされていた。神の死の感情は、最高の理念の「契機」としてのみ捉えられるべきであった（GuW.,S.414.）。これに対して、現代と現代人はどうであろうか。この問題を巡るヘーゲル以後の思想的事件は言うまでもなくニーチェである。彼は、現代において神は隠れたわけではなく、死んだのだと認定した。しかも、その死因は人間の手による殺害であると断じたのである[17]。この途方もない凶行をしてのけた人間は、もはや何の同情にも値せず、それを受け付けることもなく、寄る辺のない自己を自ら支えていく他はないのである[18]。

この殺害の動機を探るならば、それは、神の執拗な監視に耐えられなくなった人間がなした復讐であったことが分かる。神の眼から逃れようとする傾向は、禁断の知恵の木の実を喰らい自己に目覚めたアダムの「堕罪」以来人間に付きまとってきた問題でもある[19]。人間は自己の秘匿領域を確保するため、神の眼を潰したのである（Zar.,S.331.）。パスカルがデカルトに見たような科学的合理的世界の開拓に伴う悲劇的な裏面がそこに露呈している。それは、ハイデガーの言う「世界像の時代」の裏面である[20]。

それは、一九世紀後半以降の科学的実証主義の台頭とともに、一切の形而上学を無化する結果をもたらした。それによって、人間は、世界支配のための圧倒的な手段と道具を手にするのである。だが、科学、学問の発展は、先ず学問自身の領域から目的や意味への問いを排除する方向に進んだ。マックス・ウェーバーは、かつて学問の内的前提であった「真の実在への道」、「真の芸術への道」、「真の自然への道」、「真の神への道」といった観念がすべてイリュージョンとして滅び去ったと指摘し、学問の職分を尋ねて、「それは無意味な存在である、なぜならば、それは私にとって最も大切な問題、すなわち私は何をなすべきか、如何に私は生きるべきかに関して何ら答えるところがないからである」というトルストイの言葉を答えとしている。「学問は、諸々の事実的連関の自覚および認識を役目とする」のみである。それは、生の意味への問いには一切答えない事実学となった[21]。これを承けて、フッサールは、「この事実学はわれわれの生存の危機に際してわれわれに何も語ってくれないということを、われわれはよく耳にする。この学問は、この不幸な時代にあって、運命的な転回に委ねられている人間にとっての焦眉の問題を原理的に排除している。その問題というのは、この人間の生存全体に意味があるのか、それともないのかという問いである」と語る[22]。

のみならず、科学技術の支配の鉾先は、人間自身に向けられることになった。第二次世界大戦後ヒロシマに眼を向けたリフトンは、巨大技術の時代はまったく不条理な死を生み出した、と述べている。生のみならず死についてすら、「何のために」という問いをより一層重いものにしてしまったのである。「人間だけが『死を知っている』、少なくとも自分の死すべき運命を知っているということはよく言われることである。しかし、われわれは更に次のように付け加えておかねばならない。ただ人間だけがグロテスクなまでに不条理な死を発明することができたのだ。自らの技術を通じて、意味のあるものをまったく無意味なものにすることができたのだ。そしてまた、自ら『発明』した不条理な死を、われわれすべてに影のごとく付きまとう隠れた運命にも似た何かにしてしまったのだ」[23]。それは人間から未来の次元を奪い、人間を生きながらにして死せる者と化した。ロベルト・ユンクが言うように、人間の「不死への信仰、子孫の中で生き続けるという希望」を根底的に動揺させ、生命感情の根本的な変化を生じさせたのである[24]。リフトンは続けて言う。「けれども、周知のように、現実の大災禍においても死に瀕した歴史的時代においても、その生存者によってこれまで数多くの発見がなされてきた。苦難に立ち向かうことによって、彼らは生存者体験が克服されない時に付きまとう麻痺や停止の障害をうち破り、人間の意識を拡大することに貢献することができた。現代が直面している困難とは、われわれにそのような機会が与えられているという保証はもはやないところにある。際限のない破壊力を持つ兵器の災害を生き延びて、生存者の英知を獲得できるとは、もはや期待できないのである」。人間のアトム化どころか、原子の核分裂に伴って人間自身の核が分裂し、「人間とは何か」、「私とは何か」が不可解なものとなったのである。[25] ニーチェの予言した無意味さが現実のものとなっているかのようである。こうした絶望的な状況に対して、ヘーゲルの哲学と問題意識はなお語りうるものを有しているであろうか。

一方、フランクルのアウシュビッツ体験[26]は、人間があらゆる可能性を奪われた環境の中で、なお生きることの意味を見出しうるかという考察を促した（Psy..S.124.）。それは、不条理な時代において人間が問うべき普遍的な問いとなった。フランクルが学び知ったことは、この時代には、生の意味への問いのコペルニクス的転換が求められているということであった。「私は生から何を期待できるか」と問うのではなく、「生は私に何を要求しているか」と問うべきであるということであった。それは、人間が生に対して責務を帯びており、責任ある存在であるということに他ならない。「われわれが生の意味を問うのではなくて、われわれ自身が問われたものとして体験されるのである。生はわれわれに毎日毎時間問いを提出し、われわれはその問いに、詮索や口先ではなくて、正しい行為によって応答しなければならない。生というのは、結局、生の意味の問題に正しく答えること、生が各人に課する使命を果たすこと、日々の務めを行うことに対する責任を担うことに他ならない」（ibid..S.124f.）。この生は、家族、友人、死者とすら繫がっており、この生を如何に形成するかは、そうした他者、更には神の眼差しに曝されている。その問いかけに対して、人間は不断に応答せねばならない（ibid..S.133.）。その意味は、如何なる苦悩も正しく苦悩されねばならず、それが内的な業績となって人間は評価されるということである。対他存在であることの自覚が生きることには不可欠である。[27]

西田幾多郎は、『私と汝』において言っていた。「（我々は）自己自身の底に絶対の他者を蔵する（……）。自己自身の底に蔵する絶対の他と考えられる者が絶対の汝という意義を有するが故に、我々は自己の底に無限の責任を感じ、自己の存在そのものが罪悪と考えられねばならない。（……）唯、私自身の底に汝を蔵しそれによって私が私自身であるということから、私は私の存在そのものの底に無限の責任を有するのである」[28]。生の意味や価値は所与の果実として受けとるべきものではなく、他者に対する責任を負うことによって積極的主体的に形成し創造するべきだという考え方がそこにはある。

三　自己の開拓

フランクルの思想は、個々人が完全に分断された状況の中でも、人間は汝と呼びかける他者を有しうること、いやむしろ分断された状況にあるが故にこそそれを必要とすることを示している。人間は、神を究極の汝としつつ他者の眼差しの中で生きるのである。この眼差しに応答することを怠るならば、それは罪の意識として人間を苛む結果となる。それは、極度のエゴイズムに対する反証である。これに対して、ニーチェによれば、人間はそのような眼を煩わしいものとし、それを潰した。両者の思想にはこのような顕著な対照がある。それ故、ニヒリズムの問いは、ここでは一切の他者を欠如した生はなお可能か、という問いに定式化することができる。

この観点からすれば、フランクルとニーチェの間には超えがたい深淵があるように思われる。だが、両者の間にはまた共通の考え方もある。それは、生命には運命や苦悩や死も宿されており、「苦難や死が人間の実存を初めて全体にする」という思想である（Psy.S.110.）。苦悩を正しく苦悩することは、苦悩に対して積極的な関係を持つことであり、積極的な態度決定をなすことであって、そこに内的な自由が示されている。それは、一つの内的な業績であり、それによって人間は独自性と一回性を獲得し、自己の生存にかけがえのない意味と完結を与えるのである。それは、一つの形成活動、創造活動である。人間は「苦悩の極みによって昂められる」（ibid.S.127.）。その昂みにおいて、フランクルは言う。「かくも悩んだ後には、この世界の何ものも（……）神以外には（……）恐れる必要はない」（ibid.S.148.）。

ニーチェも『善悪の彼岸』で言う。「生長というものはいつでも、それと逆の条件のもとで行われた。そのためには、人間の状況の危険性がまず巨怪なものにまで増大し、人間の独創力と調整力（人間の「精神」）が長い間の圧迫のもとで精緻さと大胆さにまで発達し、人間の生の意志が無制限な力の意志にまで高まらねばならなかった」[29]。その向上によって獲得されるものは、あらゆる先入見から解放され何ものにも囚われない「自由な精神」(der freie Geist)である。そして、フランクルも、如何なる状況においても人間は自由でありうるか否かが問われていると語るのである[30]。

神を立てるか立てないかを別とすれば、ニーチェとフランクルの間には僅かの隔たりしかないように思われる。ニーチェの「超人」の思想は、フランクルの百尺竿頭一歩を進めて神の位置に立とうとするもののように思われる[31]。生は絶えずより高いものを目指して努力する。その向上の過程には、様々な矛盾や対立が待ち受けている。それを動機とし、それに打ち勝たなければならない。『ツァーラトゥストゥラ』は唱う。「生は高みを必要とする故に階段を必要とし、また諸々の階段、そしてそれを登り行く者たちの矛盾を必要とする。生は登ろうとする。登りながらおのれを乗り越えようとする」(Zar.,S.130.)。それは、苦痛、深淵に立った時の目眩、苦悩への同情、死をも乗り越えなければならない。それらを征服し得た時に、「これが生だったのか。よし、もう一度」という言葉が発せられる。一切を引き受け肯定する心胸が拓かれる。同じものの「永劫の回帰」を認めることができるのである。

この永劫回帰を肯定する精神は、一切の対立を包摂し、対立しあう両極の間を行き来することのできる魂である。「自分自身のうちに最も広い領域を持っていて、その中で最も長い距離を走り、迷い、さまようことのできる魂。最も必然的な魂でありながら、興じ楽しむ気持ちから偶然の中に飛び込む魂。――存在を確保した魂でありながら、生成の河流の中へくぐり入る魂。――自分自身から逃げ出しながら、しかも最も大きな弧を描いて自分自身に追いつく魂。――最も賢い魂でありながら、もの狂いの甘い誘惑に耳を貸す魂。――自分自身を最も愛する魂でありながら、その中で万物が流れ行き、流れ帰り、干潮と満潮を繰りかえすような魂」である。そのような魂はまた「最悪の寄生虫」を宿しうるとニーチェは言う(ibid.,S.261.)。それは、一切の流動を許容するヘラクレイトス主義であり、対立の一方に偏することなき弁証法的思弁的精神である。

だが、最悪の寄生虫をも宿すことができるということは、二十世紀に起きた悲惨な出来事を悉く肯定するということとに等しい。現代人にとって、それははたして可能であろうか。可能だとすれば、どのようにしてか。ニーチェは次のように言う。「過去に存在したものたちを救済し、いっさいの『そうであった』を『私はそう欲したのだ』に造り変えること——これこそはじめて救済の名に値しよう。（……）いっさいの『かつてそうであった』は一つの断片であり、謎であり、残酷な偶然であったにすぎない。——だが、創造する意志は、ついにこれに対して、『しかしわたしはそれがそうであったことを欲したのだ』と言うのだ」（ibid.S.179ff.）。いっさいの生起を自己の意志のもとに置くことのできる精神とは、まさしく神の精神であり、一切のものの創造に携わる精神に他ならない。ニーチェは、人間がそこまで高まることを要求するのである。そして、歴史に対する責任が問われうるのもそこにおいてに他ならない。或いは、責任を問うということが、人間にそこまで高まることを求めていると言ってよい。偏狭さを脱した普遍的な愛もそこにおいて現実的となる。[32] ニーチェの肯定の意味をこのように捉えるならば、フランクルの責任の思想に通じるものが認められよう。

では、ヨーロッパのこのような問題状況は、アジア文化圏に属する我々にはどのように映ずるであろうか。目を転ずるならば、東洋の思想には、ニーチェの超人に比すべき絶大の心の開拓に努めてきた跡がある。栄西は『興禅護国論』で「大いなる哉、心や。天の高きは極むべからず、しかるに心は天の上に出づ。地の厚きは測るべからず、しかるに心は地の下に出づ。日月の光は踰ゆべからず、しかるに心は日月光明の表に出づ。大千沙界は窮むべからず、しかるに心は大千沙界の外に出づ」と語った。[33] 唐の鑑智僧璨の『信心銘』には「至道無難、唯嫌揀択」（至高の道に困難はない。ただ選択を嫌うのみである）という言葉がある。選択をしないということは、対立の一方に執しないということである。それは、一切の矛盾を超克したニーチェの「自由精神」の境地であると言うことができる。「二由一有」、すなわち対立しあうものは一なるものによって成立しているのである。とはいえ、「一」を絶対化することも許されない。「一亦莫守」。そうした囚われのなさが、物事をあるがままに見る所以となるのである。[34]

道元もそうした心の開拓に努めた。「仏道をならふといふは、自己をならふ也」、「自己をならふといふは、自己をわするるなり」と言いつつ、それが弁証法的な構造を持った自己として成立することを示している。「万法ともにわれにあらざる時節、まどひなくさとりなく、諸仏なく衆生なく、生なく滅なし」。「仏道、もとより豊倹より超出せるゆへに、生滅あり、迷悟あり、生仏あり」。「諸仏の仏法なる時節、すなわち迷悟あり、修行あり、生あり、死あり、諸仏あり、衆生あり」。生滅から解脱したさとりの境地は、生滅を含んで成立しているのである。従って、「花は哀惜にちり、草は棄見におふる」ことがそのまま肯定されることとなる。[35] そして、自己を忘じ、執着を離れた境地に慈悲が宿るのである。

自己を捨てることによってより大きな自己に至り、或いは出会い、真の生命を得るという思想は、キリスト教の根幹をなす思想でもある。「マルコ伝」における「アバ父よ、父に能わぬことなし、此の酒杯をわれより取り去り給え。されど、我が意のままになさんとするにあらず、御心のままを成し給へ」[36]という祈りは、父に対する子イエスの「敬虔」(devotion, pietas) を表している。[37] そして、帰依の対象たる「神」の愛によって世界が運行するのと同様に、ニーチェもまた永遠に達した者たちの世界への愛を説いたのである。「おまえたち、永遠な者たちよ、世界を愛せよ、永遠に、また不断に。痛みに向かっても『去れ、しかし帰ってこい』と言え」(Zar.S.402.)。

四　弁証法の精神と論理

さて、弁証法に言及したことによって、ヘーゲルの思想と右の諸思想の親近性は明らかになっている。ヘーゲルは絶対者ないし無限なものの探究に当たってどのような論理の道を辿ったのであろうか。

ヘーゲルは、単に有限なものに対立するものとして無限者を捉えることを拒否した。[38] 彼はそれを悪無限と呼び、それを超える真無限を追求しなければならなかった。それは、有限者をも無限者をもともに包摂するものとしての無限者であり、右に見たような二を含む一に相当する。有限を+A、悪無限をそれの否定−Aとするならば、それは、それらのどちらでもないという意味で、～（$+A \lor -A$）であり、しかもどちらをも包摂するという意味では（$+A \land -A$）である。真無限は、これら四つの式を含む形で成立するのである。それが仏教に言う四句分別と類似していることが気づかれる。仏教の真理もまた「有、無、有亦無、非有亦非無」という「単、単、両、非」の言明によって表現されるのである[39]。

　対立を含む思想の論理的骨格がこのようなものであるとすれば、ヘーゲルの思想は現代の問題に十分答えうる体制を有していると考えられる。もとより、ヘーゲルがそれを絶対者の論理的構造としたのに対し、ニーチェや仏教はそれを「自己」の心的構造と見なしたという相違がある。ヘーゲルはキリスト教の伝統の中で思索したのに対し、ニーチェはそれを否定する地点に立った。だが、ニーチェの「超人」の企てに対応するように、ヘーゲルは青年期に「神に近づくとは如何なることか」という問いを立て[40]、絶対者への道を哲学によって切り開こうとした。そして、その努力は、真無限の表現となるべき右のような論理を構築することとなった。そこには形式論理学の限界を見極め、それに基づく論理的思惟が挫折せざるをえないことの洞察があった。矛盾律を原理とする反省は自己否定を遂行せねばならず、反省は自己破壊の掟を自己に課することによって絶対者に関係することができるのである。それは、宗教的な回心に比すべき転換であると言えよう[41]。

　そうすることによって、哲学知は絶対者を映し出すものとして、或いは絶対者の現象として自己を理解することができる。自己を神ではないとすることによって、神に近づくのである[42]。こうした自己否定の思想は、『精神の現象学』における「不幸な意識」の自己放棄に現れ、後期フィヒテの『浄福な生への指教』[43]にも現れる。それによって、フィヒテは自己を神の愛のうちにあるものとして、また神の定在として自己を知ることができたのである。これらの思想は、道元が「自己を忘るること」と言い、ニーチェが没落の意志を語ったことに通じよう。それによって、本来の自己が目覚め、何ものにも偏することのない眼が開かれるのである。

　このように見るならば、我々は外見上の様々な相違を超えて、哲学に通有の本質を認めることができると思われる。

既述のごとく、哲学、ピロソピアとは、神ならざる無知の人間が神を憧憬してなす努力であった。この観点からすれば、ヘーゲルの絶対者の探究もニーチェの超人の道も同じ努力であったと言うことができる。そして、それは、有限な人間の自己否定なくしては遂行されえないのである。[44] 自己否定を介して真理を開顕すること、或いは真理への眼を所有すること、哲学の営為をそこに認めるならば、ヘーゲルも現代思想も同じ課題を遂行しているのである。

もとより時代状況に相違はある。現代は、生の意味が不可解となったばかりでなく、人為的でしかも無意味な大量死を死なねばならないという現実を見せつけたのであった。この現実に人間はどのように立ち向かうことができるのか。二十世紀後半の世界はこの問いから出発したと言って過言ではない。[45] 現代は、ヘーゲルがなお生の回復を信じえた時代以上に、より徹底したニヒリズムを現実の問題として経験しているのである。

だが、生を無化せんとする力とその作用の徹底性に応じて、生の意味への問いも一層真摯なものとなる。世界とその歴史は必然的に対象化される。その本質、来歴、方向、更にはそもそも何故にそれは存在するのかが問われる。一切が無に帰し、自己の非力を知ったところで、究極の問いは生起する。絶対的なものに出会う可能性もそこにある。或いは、無限の赦免もここにおいて見出される。西田の最後の論文『場所的論理と宗教的世界観』は、このことを語っている。「相対的なるものが絶対者に対するとはいえない。また相対に対する絶対は絶対ではない。それ自身また相対者である。相対が絶対に対するという時、そこに死がなければならない。それは無となることでなければならない。我々の自己は、唯、死によってのみ、逆対応的に神に接するのである。神に繋がるということができるのである」[46]。

人間は自己の限定を超え、無限なものを把握せんとする。或いは、世界史的な主体として自己を形成しようとする。ヘーゲルの言うように、「分裂こそ哲学の要求の源泉である」とするならば、現代こそはその源泉を提供しているのである。絶対的なものが見失われ、神の死が宣告されるだけに、人間は新たな探究を促され、無限な精神の道を進む。冒頭で述べたように、自己の制限を超えて普遍的同一的なものを獲得しようとする。この努力の中で相見えるものは、悉く同じ志向を持つものとして同一である。この同一性の確認が哲学史認識に他ならない。そうだとすれば、哲学することにおいて、またそうすることによってのみ現代はヘーゲルと出会い、一致することができる。換言すれば、現代こそは哲学の動機と源泉を宿し、ヘーゲル哲学を受容する条件を有していると言うことができるのである。

注

（1）法則定立的科学、解釈学的科学、解放的科学を分かつハバーマスは、伝統と解釈学的に関わり、それをわがものとする仕方を明らかにする。「伝承された意味の世界が解釈者に示されるのは、解釈者自身の世界が同時に明らかになるかぎりにおいてである。了解者は二つの世界を交流させる。かれは伝統を自分と自分の世界に適用することによって、伝統の実質的な内容を捉えるのである」。解釈とは、「行為を導く可能な合意をわかちあう相互主体性を維持し拡大することを主要な関心事として現実を解明する」ことに他ならない。J.Habermas, *Technik und Wissenschaft als Ideologie*, Frankfurt a. M. 1969, S.158. 長谷川宏訳『イデオロギーとしての技術と科学』紀伊國屋書店、一九七〇年、一六一頁。

（2）ヘーゲルによれば、「自己自身を目指し自己自身を認識した理性はいずれも真の哲学を産出し、あらゆる時代に同じ課題を解決してきたのであり、その解決も同じである」。G.W.F.Hegel, *Differenz des Fichte'schen und Schelling'schen Systems der Philosophie in Beziehung auf Reinhold's Beyträge zur leichtern Übersicht des Zustands der Philosophie zu Anfang des neunzehnten Jahrhunderts, Istes Heft*, Jena 1801, in: GW.,4., Hamburg 1968, S.10. Abk.: Dif.「哲学は一つでしかなく、一つでしかありえない。このことは理性が一つでしかないことに基づく」。Ders, *Ueber das Wesen der philosophischen Kritik überhaupt, und ihr Verhältniß zu dem gegenwärtigen Zustand der Philosophie insbesondere*, 1802, in: *Kritisches Journal der Philosophie, Einleitung*, in: GW. 4., S.117.

（3）「絶対者が反省され措定されなければならない」。Dif.,S.16.

（4）J.Hirschberger, *Geschichte der Philosophie*, I, Freiburg, Basel, Wien 1976, Einleitung. Vom Wesen und Wert der Philosophiegeschichte überhaupt, S.2ff.　高橋憲一郎訳『西洋哲学史』I、理想社、一九六二年、二九頁以下。

（5）Dif.,S.16.「絶対者が意識に対して構成されるべきである」。

（6）W.Ch.Zimmerli, *Die Frage nach der Philosophie*, Bonn 1974, S.261.　山口祐弘訳『哲学への問い――ヘーゲルとともに』、哲書房、一九九三年、三〇―五七頁。

（7）G.W.F.Hegel, *Die Phänomenplogie des Geistes*, 1807, in: GW.,9., Hamburg 1980, S.12. Abk.: Phä.d.G.

（8）フロムは、中世的社会組織の崩壊とともに個人を支えていた固定性と安定性が失われ、個人が孤独になっていく様を社会心理学的に描出している。E.Fromm, *Escape from Freedom*, New York 1941. Deutsche Übersetzung, *Die Furcht vor der Freiheit*, in: *E. Fromm, Gesammtausgabe*, 1, München 1989, S.252, 254. 日高六郎訳『自由からの逃走』、創文社、一九五一年、六八、七二頁。

（9）Vgl. Dif.,S.14; Wesen., S.126; G.W.F.Hegel, *Glauben und Wissen, oder die Reflexionsphilosophie der Subjectivität, in der Vollständigkeit ihrer Formen, als Kantische, Jacobische, und Fichtesche Philosophie*, in: GW.,4.,S.315～324. 上妻精訳『信仰と知』、岩波書店、一九九三年、三―一九頁。

（10）Blaise Pascal, *Pensées sur la religion et sur quelques autres sujets*, 1669～70, Paris 1964, Fr.77f. Abk.: Pensées. 松浪信三郎訳『パンセ』、河出書房新社、一九七四年、五四頁。

（11）「イザヤ書」第四五章第十五節のラテン語訳から取られ、ルター神学の用語となったものである。神が愛を啓示する時は、それを怒りの仮面の下に隠すという意味を表す。愛は神本来のわざであり、怒りは非本来的なわざである。神の愛の啓示があらわに愛の形においてではなく、怒りの形で隠されて啓示されるために、その啓示は信仰の対象となる。『キリスト教大事典』、教文館、一九七七年。Max Weber, *Die protestantische Ethik und der 》Geist《 des Kapitalismus*, Tübingen 1904/5. 梶山力、大塚久雄訳『プロテスタンティズムの倫理と資本主義の精神』下、岩波書店、一九七二年、二四頁、注（3）。

（12）M.Heidegger, *Nietsches Wort, "Gott ist Tot"*, in: *Holzwege*, Frankfurt a.M. 1963, S.193ff.,207.

（13）Th.W.Adorno, M.Horkheimer, *Dialektik der Aufklärung*, Frankfurt a.M. 1947. 徳永恂訳『啓蒙の弁証法』、岩波書店、一九九〇年。

（14）Diogenes Laertius, *Leben und Meinungen berühmter Philosophen*, Hamburg 1967, S.8. ヘーゲルはこの記事を伝えて次のように言う。「ピュタゴラスが初めて知者（σοφός）という代わりに、愛知者（φιλόσοφος）と名乗ったと言われている。彼はそれによって知を所有しているのではなく、到達不可能な目標としての知を目指して努力するだけであると主張しているにすぎず、その態度を謙虚さ（Bescheidenheit）と名づけることができる」。G.W.F.Hegel, *Vorlesungen über die Geschichte der Philosophie*, I, in: *Werke in zwanzig Bänden*, 18, Frankfurt a. M. 1971, S.225.

（15）生への関心は、『差異論文』第一章第一節冒頭における疎遠な客体についての知識と対象との生きた関与の対照からも読み取ることができる。Dif.,S.9.

（16）G.W.F.Hegel, *Der Geist des Christentums und sein Schicksal*（1798～1800）, in: H.Nohl, *Hegels theologische Jugendschriften*, Tübingen 1907, S.308.

（17）F.Nietzsche, *Die fröhliche Wissenschaft*, 1882, 1887, in: KSA.,3., hrsg. von G.Colli und M.Montinari, Berlin/New York 1988, §125. 信太正三訳『悦ばしき知識』、「ニーチェ全集」第八巻、理想社、一九八六年、一八八頁。

（18）F.Nietzsche, *Also sprach Zarathustra*, 1883~85, in: KSA.,4.,S.330. 手塚富雄訳『ツァーラトゥストラ』、中央公論社、一九六六年、三七二頁。

（19）『旧約聖書』「創世記」第三章第十節。

（20）M.Heidegger, *Die Zeit des Weltbildes*, in: *Holzwege*, Frankfurt a.M. 1950.

（21）Max Weber, *Wissenschaft als Beruf*, 1919, in: *Gesammelte Aufsätze zur Wissenschaftslehre*, Tübingen 1968, S. 598, 609. 大塚久夫訳『職業としての学問』、岩波書店、一九三六年、四三、六四頁。

（22）E.Husserl, *Die Krisis der europäischen Wissenschaften und die Transzendentalphänomenologie*, 1936, Haag 1962, S.3f. 細谷恒夫、木田元訳『ヨーロッパ諸学の危機と超越論的現象学』、中央公論社、一九七四年、一七頁。

（23）R.J.Lifton, *Death in Life, Survivors of Hiroshima*, London 1968, p.541. 桝井迪夫監訳『死の内の生命――ヒロシマの生存者』、朝日新聞社、一九七一年、五〇一頁。

（24）R.Jungk, *Der Atomstaat*, München 1977, S.42. 山口祐弘訳『原子力帝国』、日本経済評論社、二〇一五年、六七頁。

（25）福田須磨子『われなお生きてあり』、筑摩書房、一九六七年、一七頁。

（26）Viktor E. Frankl, *Ein Psycholog erlebt das Konzentrationslager*, Wien 1947, 7.Auflage, München 1995, S.124. 霜山徳爾訳『夜と霧』、みすず書房、一九七三年、一八二頁。

（27）J. Lacan, *Les Écrits techniques de Freud*, 1954, in: *Le Seminaire de Jacque Lacan*, Livre I, Paris 1975, p.61. 小出浩之他訳『フロイトの技法論』、上、岩波書店、一九九一年、Ⅳ「自我と他者」「自我の体系はそもそも他者の体系を抜きにしては思い浮かべることすら不可能である。自我は他者の参照に拠る。自我は他者との関係で構成される。自我と他者は相関的である」（同書、八四頁）。

（28）西田幾多郎『私と汝』、一九三二年、上田閑照編『西田幾多郎哲学論集』Ⅰ、岩波書店、一九九六年、三四七頁。

（29）F.Nietzsche, *Jenseits von Gut und Böse*, 1885~6, in: KSA., 5., §44, S.61. 木場深定訳『善悪の彼岸』、岩波書店、一九八三年、七二頁。

（30）V.E. Frankl, op.cit. フランクルは、次のように問う。「強制収容所では、そこでの生活が独自の社会環境として、人間の行為を強制的に形づくるのではないだろうか。しかし、人は当然のことながら異論を立てることができる。そして、一体それではどこに人間の自由があるのかと問うであろう。一体、与えられた環境条件に対する態度の精神的自由、行動の精神的自由は存しないのであろうか。（……）収容所生活という特殊な社会的条件の環境に対する人間の心理的反応において、人間は彼が強制的に入れられたこの存在形式の影響から全く抜け出ることができないといえるであろうか」（Psy.,S.106f.）。これに対するフランクルの答えは次のとおりである。「経験的には収容所生活はわれわれに、人間は極めてよく〈他のようにもできうる〉ということを示した。人が感情の鈍麻を克服し苛立ちを抑圧しうること、また精神的自由すなわち環境への自我の自由な態度は、この一見絶対的な強制状態の下においても、外的にも内的にも存し続けたということを示す英雄的な実例は少なくないのである」(ibid., S.107.)。

(31)「いわばキリスト教的神の無限意志を自己に僭した近代的意志者の、神なき巨姿の典型が、ツァラトゥストラに代表されている」。信太正三『ニイチェ研究』、哲書房、一九八〇年、二四七頁。

(32) 西田もまた『場所的論理と宗教的世界観』(一九四六年)において、「神は愛から世界を創造したというが、神の絶対愛とは、神の絶対的自己否定として神に本質的なものでなければならない」(三二九頁)と述べた上で、「真に神の絶対的自己否定の世界とは、悪魔的な世界でなければならない」(三三四頁)と言う。神は愛によって悪魔的世界を造り出し、しかもこれを見捨てるわけではない。「絶対者は何処までも我々の自己を包む者であるのである。何処までも背く我々の自己を、逃げる我々の自己を、何処までも追い、これを包むものであるのである。すなわち無限の慈悲であるのである」、「何処までも自己自身に反するものを包むのが絶対の愛である」(三六六頁以下)。上田『西田幾多郎哲学全集』Ⅲ、一九九七年。

(33) 栄西『興禅護国論』序、一一九八年、『日本思想体系』10、岩波書店、一九七六年、八頁。

(34) 鑑智僧璨『信心銘』、澤木興道『禅の境涯［信心銘提唱］』、大法輪閣、一九九七年、九〜十四頁。『講座・禅』第六巻、筑摩書房、一九八〇年、三三〜六頁。

(35) 道元『正法眼蔵』「現成公案」、岩波書店、一九九〇年、五三頁。

(36) 西田は、真の懺悔としての宗教的懺悔の意味を問い、それは「自己の根源に対して自己自身を投げ出す、自己自身を棄てる」ことであると言う。「主観的には深く自己自身の根源に反省して、仏者の言う如く人生を、自己を観ずると言うこと」である。「仏教において観ずるということは、対象的に外に仏を観ることではなくして、自己の根源を照らすこと、省みることである」(前掲書、三三八頁)。それは、アウグスティヌスの「汝は我々を汝に向けて造り給い、我々の心は汝の中に休らうまでは安んじない」という『告白』の態度と同じものである(同、三四〇頁)。それは「自己が自己を脱して神に帰する」ことであり、「人間が人間を脱すること」、「神の創造の事実に接すること」である(同、三六三頁)。

(37)『新約聖書』「マルコ伝」第十四章第三十六節、「ルカ伝」第二十二章第四十二節。

(38) G.W.F.Hegel, *Enzyklopädie der philosophischen Wissenschaften* (1830), I., in: Werke.,8., §94.95.

(39) 立川武蔵『「空」の構造』、第三文明社、一九八六年、一三〇頁以下。

(40) G.W.F.Hegel, Brief an Schelling am 30. Aug. 1795, in: *Hegel Briefe*, I., Hamburg 1952, S.29.「私は神に近づくとはどのようなことでありうるかを一つの論文で明らかにしようとしたことがあった。そして、その中で、実践理性が現象世界に命令を下さねばならないという要請や他の要請が充足されるのを見出したと信じたのである」。

(41)　このように見るならば、キェルケゴールとヘーゲルの相違を言うことにも慎重でなければならない。「調和的全体の体系的統一を可能ならしめる純粋思惟（抽象的思惟）ないし論理的思惟――それは永遠の相のもとにおいて（sub specie aeterni）行われる――をとおして、生成する実存が止揚され、個体的生命の純粋存在における平均的様態化が招来される」、「実存は思弁をとおして、自己存在の根源たる永遠性に安らい、時と処とを超えた神性の偏在充溢の中に自己の解脱を完了すると考えられる」として、宗教性Bの逆説的弁証法に対立させられる。だが、本論に見る思惟の転換は西田の言う逆対応に近いものと思われる。武藤一雄『キェルケゴール』、国際日本研究所、一九八七年、九二～三頁参照。

(42)　これは、西田によれば、アダムの堕罪に示されるように、神の自己否定として人間が成立しているということであり（前掲書、三六三頁）、神ならざる自己を神でないと知り、そう知ることによって自己否定的に神に復帰するということに他ならない。「知るということは、自己が自己を超えることである」（同書、三四七頁）。

(43)　J.G.Fichte, *Anweisung zum seligen Leben*, 1806, in: *Fichtes Werke*, V., Berlin 1971. 「人間がなお何かであろうとするかぎり、神は人間には来たらない。人間が神になることはできないからである。だが、人間が自己を純粋にまったく根本的に否定するや否や、神のみが残り、一切のものは一切のもののうちにある。人間は神を創造することはできない。だが、なお本来的に否定としてある自己自身を否定することはできる。そうするならば、人間は神に帰入するのである」（Anweisung.S.518.）。この自己否定の思想は、知識学における次の「見」の態度と同じ構造を有していると言える。「Xを見るということは、見る働きをXとは見なさないということであり、従って見る働きを否定することである。そして、この否定の内でまさに見る働きは見る働きとなるのである。諸君がXを捨象する時に見られるものが端的に生じるわけである」。J.G.Fichte, *Wissenschaftslehre aus dem Jahre 1804*, in: *Fichtes Werke*, X, S.294.

(44)　もとより、この否定は個を解消して全体に帰一させるというものではない。個の尖端における非力性の意識が逆説的に絶対者との接合の意識となるのである。その時、個は絶対者に包摂されたものとして個であり続けることになる。西田は、それを「逆対応」という言葉で示した。「神と人間との関係は、人間の方からいえば、億劫相別、而須臾不離、尽日相対、而刹那不対、此理人々有之という大燈国師の語が両者の矛盾的自己同一的関係を言い表していると思う。否定即肯定の絶対矛盾的自己同一の世界は、何処までも逆限定の世界、逆対応の世界でなければならない。神と人間との対立は、何処までも逆対応的であるのである。故に、我々の宗教心というのは、我々の自己から起るのではなくして、神または仏の呼声である」（『場所的論理と宗教的世界観』、三四〇頁）。絶対者の側から言えば、次のようになる。「真に絶対的なるものは、対を絶したものではない。絶対者の世界は、何処までも矛盾的自己同一的に、多と一との逆限定的に、すべてのものが逆対応の世界でなければならない。般若即非の論理的に、絶対に無なるが故に絶対に有であり、絶対に動なるが故に絶対に静であるのである。我々の自己は、何処までも絶対的一者と即ち神と、逆限定的に、逆対応的にあるのである」（同、三五四頁）。

（45）リフトンは述べている。「広島はあらゆる点で一つの『世界の終末』であった。けれども、世界は存在している。この世界が直面している境位とそれに可能な英知は、ともにほかならずこの世界終末という特質に存するのである。あらゆる時代に、人は挑戦を受け、しかも闘わねばならないような、その時代に深く根ざした問題に直面する。フロイトの時代においては、性的先入見と道徳的教訓主義がそれであった。現代のわれわれが直面しているのは、際限を知らぬ技術の暴力と不条理な死である。われわれはその脅威に名を与え、構成要素を分析したほうが賢明だといえよう。いや、さらに一歩進めて、生命の存続に奉仕するために、技術のみならず想像力そのものをも馴致できるような、新しい形の精神、新しい形の社会を創造してゆくことこそ、真に要求されている課題なのである」。R.J.Lifton, op.cit., p.541.

（46）西田、前掲書、三二六頁。

索　引

〈カ　行〉

〈タ　行〉

〈ナ　行〉

〈ハ　行〉

〈マ　行〉

〈ワ　行〉

《著者略歴》
山口　祐弘（やまぐち　まさひろ）

1944年　東京都生まれ
1968年　東京大学文学部哲学科卒業
1976年　東京大学大学院人文科学研究科哲学専門課程博士課程満期退学
1986年　ブラウンシュヴァイク大学客員研究員
1989年　Ph.D.（ブラウンシュヴァイク大学）
現　在　東京理科大学教授

主要著書
『近代知の返照――ヘーゲルの真理思想』学陽書房、1988年
『ドイツ観念論における反省理論』勁草書房、1991, 2001年
『意識と無限――ヘーゲルの対決者たち』近代文芸社、1994年
『カントにおける人間観の探究』勁草書房、1996年
『ヘーゲル哲学の思惟方法――弁証法の根源と課題』学術出版会、2007年
『ドイツ観念論の思索圏――哲学的反省の展開と広袤』学術出版会、2010年

主要訳書
ヘーゲル『理性の復権――フィヒテとシェリングの哲学体系の差異』（共訳）批評社、1995年
ヴォルフ『矛盾の概念――18世紀思想とヘーゲル弁証法』（共訳）学陽書房、1984年
ホルクハイマー『理性の腐蝕』せりか書房、1987年
シュベッペンホイザー『アドルノ――解放の弁証法』（共訳）作品社、2000年
フィヒテ『一八〇四年の『知識学』』哲書房、2004年
ヘーゲル『論理の学 Ⅰ Ⅱ Ⅲ』作品社、2012～2013年
ユンク『原子力帝国』日本経済評論社、2015年
ユンク『テクノクラシー帝国の崩壊』藤原書店、2017年

ロゴスと存在――ヘーゲルの論理思想　第3巻
概念の主体性

2019年7月20日　初版第1刷発行　　＊定価はカバーに表示してあります

著　者　山口祐弘©
発行者　植田　実
印刷者　河野俊一郎

発行所　株式会社　晃洋書房
〒615-0026　京都市右京区西院北矢掛町7番地
電　話　075(312)0788番(代)
振替口座　01040-6-32280

装丁　野田和浩　　印刷・製本　西濃印刷(株)
ISBN 978-4-7710-3127-2